How to be Perfect

더 좋은
삶을 위한
철학

How to Be Perfect: The Correct Answer to Every Moral Question
by Michael Schur

Copyright © 2022 by Michael Schur
Korean translation copyright © 2023 Gimm-Young Publishers, Inc.
All rights reserved.

Korean edition is published by arrangement with Fletcher & Company LLC through Duran Kim Agency.

더 좋은 삶을 위한 철학

1판 1쇄 발행   2023. 2. 24.
1판 14쇄 발행 2024.11. 26.

지은이 마이클 슈어
옮긴이 염지선

발행인 박강휘
편집 고정용 디자인 조명이 마케팅 백선미 홍보 이한솔
일러스트 홍세진
발행처 김영사
등록 1979년 5월 17일(제406-2003-036호)
주소 경기도 파주시 문발로 197(문발동) 우편번호 10881
전화 마케팅부 031)955-3100, 편집부 031)955-3200 | 팩스 031)955-3111

이 책의 한국어판 저작권은 듀란킴 에이전시를 통한 저작권사와의 독점 계약으로 김영사에 있습니다.
저작권법에 의해 한국 내에서 보호를 받는 저작물이므로 무단전재와 무단복제를 금합니다.

값은 뒤표지에 있습니다.
ISBN 978-89-349-6590-9 03190

홈페이지 www.gimmyoung.com   블로그 blog.naver.com/gybook
인스타그램 instagram.com/gimmyoung   이메일 bestbook@gimmyoung.com

좋은 독자가 좋은 책을 만듭니다.
김영사는 독자 여러분의 의견에 항상 귀 기울이고 있습니다.

더 좋은
삶을 위한
철학

마이클 슈어
염지선 옮김

김영사

이 일은 우리 모두의 일이다.
《페스트》, 알베르 카뮈

더 잘 알게 될 때까지 최선을 다하라.
더 잘 알고 난 다음엔 더 잘하면 된다.
마야 안젤루

수만 년 전, 초창기 인류가 진화의 기본 단계를 끝낸 뒤 불을 발명하고 호랑이나 뭐 그 비슷한 것들을 다 물리치고 나자 도덕 이야기를 시작한 사람들이 있었다. 그들은 사람이 어떤 행동을 하는 이유를 생각하는 데 귀중한 시간과 에너지를 바쳤고 그것을 더 잘, 그리고 더 정의롭고 공평하게 하려면 어떻게 해야 할지 고심했다. 그들이 죽기 전 다른 누군가가 그들의 이야기를 경청하고 다른 사람과 의논했다. 또 다른 사람들 역시 그렇게 했고 그것은 지금까지 계속 이어져 왔다. 그러니까 세상 사람들은 수만 년 동안 윤리에 관한 긴 대화를 계속 이어온 것이다.

이 대화에 삶을 바친 이들은 대부분 돈이나 명성, 영광을 생각하지 않았다. 그런 것을 원했다면 학계는(특히 철학은) 그들에게 맞는 길이 아니었다. 그들은 그냥 도덕이 중요하다고 믿었기에 그렇게 한 것뿐이다. 모두가 더 나은 길을 걸으려면 '인간이 세상에서 어떻게 행동해야 하는지'에 대한 기본 질문을 던질 가치가 있었기 때문이다. 그 놀랍고도 심오한 인간적 대화에 참여한 모든 사람에게 깊은 감사를 담아 이 책을 바친다.

내게 가장 소중한 아내 J.J.와 아이들 윌리엄, 아이비에게도 이 책을 바친다.

차례

3부
슈퍼 인간 되기

오늘부터 당신은 좋은 사람이 되기로 했다.

사실 왜인지는 모른다. 오늘 아침, 잠에서 깨보니 평소 당신을 열받게 하려고 갖은 노력을 다하는 것 같던 세상이 웬일인지 힘과 활력이 넘치고 긍정 에너지로 가득 차 있다. 그래서 침대를 박차고 일어서며 어제보다 나은 사람이 되어보기로 결심했다.

그리 어려운 일은 아니지 않은가? 그냥 살던 방식을 조금만 바꾸면 된다. 밖에 나가 길에 플라스틱 컵이 떨어져 있으면 주워서 버리기만 하면 된다. 참 기분 좋은 일이다! 어제라면 쓰레기가 있든 말든 무시하고 갈 길을 갔겠지만 오늘은 아니다. 잘했다! 오늘의 당신은 어제보다 더 나은 사람이다. 가게에 들러 우리에 갇혀 있지 않은 닭이 낳은 달걀과 인도적 대우를 받는 소에게서 짠 우유를 사느라 평소보다 돈을 좀 더 들인다. 비좁은 공장형 농장이 아닌 들판에서 유기농 풀을 뜯으며 행복한 표정으로 우물거리는 소를 생각하니 절로 입가에 미소가 번진다. 소고기 산업이 기후 변화에 영향을 미친다는 기사를 본 것이 생각나 햄버거 진열대를 그냥 지나쳐 비건 버거를 집어 든다. 이제 소들은 한층 더 행복해졌을 것이다! 심지어 죽지도 않았으니!

당신 오늘 진짜 잘했어. 새로운 당신 정말 멋졌다.

동네를 한 바퀴 뛰고(건강을 위해!) 길 건너 할머니를 도와주고(친절하다!) 다큐멘터리를 시청하고(새로운 지식!) 뉴스도 보고(시민의식!) 잠자리에 든다. 굉장히 좋은 하루였다.

그런데 누워서 천장을 보고 있노라니 어디선가 잔소리가 들려오는 듯하다. 오늘 얼마만큼의 '선善'을 행했지? 좋은 일을 한 것 같긴 하다. 좀 생각해보자. 작년 회사 연말 파티 때도 얼룩말 무늬 페도라로 다 이길 수 있을 줄 알았는데, 어떻게 됐는지 다들 알지 않나.

이런 발상은 어떨까. '우주 선량함 회계사' 같은 게 있어서 당신의 행동을 두고 전지적이고도 정확한 보고서를 받아볼 수 있다면? 오늘의 잘한 일을 입력하자 '최종 선량함 계산기'에서 영수증이 나왔는데 나쁜 소식이 전해진다.

당신이 주워서 버렸던 플라스틱 컵은? 결국 바다로 흘러들어 텍사스주 크기의 쓰레기섬에 당도한 그 컵은 태평양 해양 생물의 목숨을 위협할 것이다(잠자리에 들기 전 관련 뉴스를 읽었지만 당신이 그 일과 상관이 있을 거라고는 생각지 못했다). 비건 버거는 사실 아주 먼 곳에서 출발해 엄청난 양의 탄소발자국(개인 또는 단체가 직간접적으로 발생시키는 온실 기체의 총량―옮긴이)을 기록하며 동네 가게에 도착했고, 아까 행복할 거라 상상한 그 소는 실은 공장형 농장에 갇혀 있던 소가 맞다. 기업형 농축산업 로비스트들이 직접 만든 것이나 다름없는 의심스러운 법 조항 탓에 '유기농'과 '풀을 먹인'의 법적 정의는 당혹스러울 정도로 모호하다. 소들은 전혀 행복하지 않다. 실제로는 슬프다. 불쌍한 슬픈 소들 같으니라고.

상황은 점점 더 나빠진다. 오늘 조깅할 때 신은 스니커즈는 공장 노동자들이 한 시간에 4센트씩 받으며 만들었다. 아까 본 다큐멘터리 제작자는 지하철에서 남의 머리 냄새를 맡고 다니는 변태다. 좋겠네, 당신 덕에 10달러는 확실히 벌었을 거다. 그 다큐멘터리 스트리밍을 서비스하는 회사는 북한 공군이 쓰는 살상용 드론을 만드는 다국적 기업의 자회사 중 하나다. 아 참, 당신이 도와준 그 할머니는 나치 기념품 수집가다. "좋은 할머니 같았는데"라고 말하겠지만 아니다! 몰래 나치를 추종하고 있다. 아까도 나치용품을 구매하기 위해 길을 건너던 중이었는데 더 잘 건너시라고 당신이 도와주었다.

자, 다시 엉망진창이 되었지. 당신 방식대로 잘해보려 했는데 세상에, 정통으로 한 방 먹었다. 이제 당신은 화가 난다. 아무리 그래도 의도가 좋았고 최소한 잘하려고 노력했는데 그건 전혀 쳐주지 않는 것인가? 절망적이다. 오늘 한 것보다 더 잘할 수는 없다. 억만장자가 아니라서 갑자기 거대한 자선단체를 시작할 수도 없고, 매일 살면서 해야 할 일이 얼마나 많은데 어떻게 윤리 같은 것에 시간과 돈과 에너지를 쓴단 말인가?

간단히 말해 선하게 사는 것은 불가능하다. 심지어 시도하는 것조차 의미가 없다. 그냥 포기한 채 호르몬으로 가득한 치즈버거를 먹고 쓰레기는 태평양에 바로 갖다 버리는 것이 낫다.

재미있는 실험이었다. 그럼 이제 무엇을 해야 할까?

사람들은 대부분 자신이 '선하다'고 생각하며 다른 사람이 자신을 '좋은 사람'으로 여기길 바란다. 많은 사람이 (선택의 여지가 있으면) '나쁜 일'보다 '좋은 일'을 하고 싶어 하는 이유다. 하지만 이 혼란스럽고 프레첼처럼 배배 꼬인 세상에서는 무엇이 좋고 나쁜지 결정하는 것조차 쉬운 일이 아니다. 난해한 선택지들과 여러 함정과 위장 폭탄 그리고 얼핏 보기에 믿을만한 웬디("이상하면서도 귀엽다"며 당신에게 얼룩말 무늬 페도라 구매를 종용한) 같은 멍청한 친구의 나쁜 조언으로 가득한 세상이다. 만에 하나 당신이 지뢰밭 같은 현대 사회를 어찌어찌 잘 헤쳐 나가 선해져도 당신 한 사람이 전부다! 지구상에는 인간이 80억 명이나 있고 그중 많은 사람이 '선함' 따위에는 조금도 관심이 없다. 부패한 정치인과 음모를 꾸미는 CEO, 악마 같은 독재자, 자기 개가 산책 중에 길에 똥을 싸도 처리하지 않고 그냥 가는 사람 그리고 멍청한 웬디(대체 왜 그런 거야? 애는 남의 불행을 즐기는 건가?)가 있는데 단지 '선한' 사람 하나가 있다고 달라질 게 있을까 싶다. 내가 윤리학에 처음 관심이 생겨 공부하면서 이 거대하고 풀리지 않는 얽히고설킨 문제를 생각하기 시작했을 때 품은 의문이다. 대체 나는 무엇을 해야 한단 말인가?

어떻게 하면 좀 더 윤리적인 삶을 살 수 있을까. 이 문제는 지난 수천 년간 사람들을 괴롭혀왔지만[1] 요즘처럼 이 질문에 답하기 어려웠던 적은 없었다. 하루하루 일상에 범람하는 크고 작은 문제와 어려운 결정, 그로 말미암은 의도치 않은 복잡한 결과에 잠식당하는 상황이니 말이다. 더구나 '윤리적인 사람'에 가까워지려 할 때 필요한 매일의 생각과 자기 성찰, 꾸준한 노력 같은 것까지. 모두가 알다시피 '윤리적인 사람'은 한 달에 한 번 어쩌다 하는 게 아니라 말 그대로 '언제나' 선할 방법을 생각해야 한다. 이 부담을 조금이라도 덜기 위해 이 책에서는 크든 작든 어떤 윤리적 딜레마에 봉착할 때마다 자신에게 묻도록 우리 삶의 총체적 난국을 다음 네 가지 질문으로 요약하고자 한다.

무엇을 하고 있는 것일까?

왜 그렇게 하는 것일까?

---

1 음…, 솔직히 말하면 그렇게 많은 사람을 괴롭힌 것은 아니다. 착하고 성실하게 살아가는 사람이 볼 때 이 세상에는 속임수와 거짓말이 난무한다. 또 윤리 따위란 원하는 걸 얻는 일을 방해하는 짜증 나는 것이라고 여기는 〈더 울프 오브 월 스트리트 The Wolf of Wall Street〉에서 튀어나온 것 같은 미치광이가 우글거린다.

더 잘할 수는 없을까?

그것은 왜 더 나은 행동인가?

이 네 가지 질문의 답을 찾는 것, 간단히 말하면 이것이 도덕 철학과 윤리학[2]이라 할 수 있다. '우주 선량함 회계사'는 대개 나쁜 소식을 전해주게 마련이지만 좋은 소식도 있긴 하다. 철학자들 역시 이들 질문에 정확히 답하기 위해 굉장히 오랫동안 고심해왔다는 점이다. 그들은 우리를 위해 답변을 준비해놓았다. 최소한 자신만의 대답을 마련하도록 도와줄 '아이디어'는 준비했다. 철학자들이 격정을 못 이기고 쓴 듯한 어마어마한 양의 글이 두통을 유발한다는 점만 어떻게 잘 넘기면 다양한 철학 이론으로 무장해 어떤 결정을 내려야할 때 활용하거나 어제보다 오늘의 내가 더 나아질 수도 있다.

나는 TV 시리즈 〈굿 플레이스The Good Place〉를 제작하면서 윤리학에 관심을 기울이기 시작했다. 이 시리즈를 본 적 있다면 이 책에 등장하는 여러 개념을 이미 사용했음을 알 것이다. 본 적 없다면 어떨까. 첫째, 어떻게 그럴 수 있는지 매우 모욕적이다. 둘째, 그냥 농담일 뿐이다. 셋째, 걱정하지 않아도 된다! 이 주제에 완전히 문외한이던 나는 이제 윤리학 책을 쓸 정도가 되었는데(최소한 출판사 사이먼

---

2 다른 사람들과 마찬가지로 나 역시 하드코어 철학자나 용어에 집착하는 범생이들의 반대를 무릅쓰고 '도덕'과 '윤리'를 섞어 사용하겠다.

앤 슈스터Simon & Schuster에 내가 책을 쓸 수 있다는 믿음을 줄 정도는 된다),
이 프로젝트의 목표는 내가 갔던 그 세계로 당신을 인도하는 일이
다. 내가 윤리학의 매력에 빠져든 이유는 간단하다. 우리가 인지하
든 그렇지 않든 세상의 거의 모든 일은 어떤 윤리적 요소를 내포한
다! 이는 모든 사람이 대체 윤리학이 무엇인지, 어떻게 그것을 활용
할 수 있는지 배워야 한다는 뜻이다. 그러면 늘 모든 것을 망치는 일
만큼은 피할 수 있다. 인간은 다른 사람과 함께 살아가는 존재다. 내
가 하는 행동은 함께 사는 다른 사람에게 영향을 미친다. 조금이라
도 그들을 생각한다면 온 힘을 다해 최선의 결정을 내릴 방법을 찾
아내야 한다.

　내가 윤리학을 사랑하는 또 다른 이유는 공짜라는 점이다![3] 윤리
적인 사람이 되는 데 면허증이 필요한 것도 아니고 올바른 결정을
내리기 위해 구독료가 드는 것도 아니다. 이 세상을 박물관이라고
해보자. 도덕 규칙은 박물관의 자원봉사자로 녹색 유니폼을 입고 손
을 등 뒤에서 깍지 낀 채 조용히 대기하고 있다. 관객은 박물관을 돌
아다니며 미술품(참고로 여기서 미술품은 도덕적으로 혼란스러운 상황의
은유다)을 관람한다. 어떤 것은 이해가 가지만 또 어떤 것은 이해가
가지 않는다. 미술품은 대부분 비틀어지고 추상적이라 혼란스럽기

3　이 책을 샀다면 책값을 빼긴 해야 할 것이다. 또 윤리적 행동에는 사실 시간과 돈이 들기도 한
다. 다만 윤리적 생각이나 개념 같은 것을 돈 주고 사지 않아도 된다는 뜻일 뿐이다.

때문이다. 이때 어떤 작품을 해석하는 게 어렵다면 녹색 유니폼을 입은 친절한 직원에게 그냥 물어보면 된다. 궁금한 작품이 무엇인지, 그 작품의 의미가 무엇인지 물으면 그 직원이 무료로 알려준다! 물론 몰라도 신중하게 고개를 끄덕이며 이해하는 척할 수도 있지만 (이것이야말로 미술관과 인생의 유서 깊은 전통이다) 다음 방에는 더 혼란스러운 무언가가 있을 것이므로 차라리 지금 보고 있는 것이라도 일단 이해하도록 도움을 구하는 편이 낫다.

정식으로 시작하기 전에 좋은 소식이 하나 더 있다. 이런 생각을 하고 의문을 품는 것 자체가 이미 중요한 걸음을 뗀 셈이다. 자기 행동이 좋은지 나쁜지에 마음을 쓰기로 했다는 의미이자 더 나아지기로 했다는 뜻이니까.

그 자체로 큰 결정이다. 한 번만 주위를 둘러봐도 윤리적 인간이 되는 것 따위는 상관하지 않기로 확실히 결정한 듯한, 즉 더 나은 사람이 될 생각이 아예 없는 사람이 무수히 많다는 것을 알 수 있다. 사실 품위 있는 도덕적 행위자가 되려는 시도('옳은 일을 하고자 하는 노력'의 고상한 표현)는 본질상 실패를 전제로 하므로 무조건 그들을 비난할 수는 없다. 좋은 사람이 되려고 아무리 노력해도 결국 망치고 만다. 그것도 끊임없이. 옳은 일이고 좋은 일이라고 생각하며 내린 결정은 결국 틀린 일, 나쁜 일로 밝혀진다. 누구에게도 피해가 가지 않으리라고 여겨서 한 행동은 분명 누군가에게 피해를 주고 그로 인해 곤란해진다. 친구들의 마음을 다치게 하고, 환경을 해치고,

악덕 기업을 지지하고, 나치 할머니가 길을 건너는 걸 우연히 돕는다. 실패하고 또 실패하고 계속해서 실패한다. 원하든 원치 않든 매일 이어지는 이 시험에서 실패는 기정사실이다. C+ 정도를 받는 것도 말도 안 될 만큼 먼일처럼 느껴진다. 어떻게 행동할 것인지에 신경 쓰는 것(쉽게 말해 '오지랖')은 의미 없는 일처럼 보인다.

그러나 마음을 쓰면 실패도 더 큰 의미와 잠재적 가치를 지닌다. 옳은 일을 하고 싶은 마음이 있으면 왜 실패했는지도 알고 싶어지고 덕분에 언젠가 미래에 성공할 수도 있기 때문이다. 실패는 아프고 당황스럽지만 이로써 배울 수 있다. 이것을 '시행착오'라고 하며 세상에 완벽한 단 한 번의 시도로 성공하고 끝낼 수 있는 것은 없다. 더구나 잘 들여다보면 윤리적 삶의 대안이라고 하는 것은 사실 전혀 대안이 아니다. 자기 행동을 두고 아무 질문도 하지 않는다고? 그냥 대충 살자고? 그것은 도저히 옳은 길이라고 할 수 없다. 세상에 마음 쓰이는 일이 하나라도 있다면 자기 행동이 좋은 것인지 나쁜 것인지 생각해야 한다(책 후반부에서 신은 존재하지 않고 우리는 그저 우주에 있는 큰 바윗덩어리 하나에 붙어 있는 아무것도 아닌 반점일 뿐이라고 생각하는 비관론자 프랑스인을 살펴볼 텐데, 심지어 그들조차 윤리를 던져버리면 안 된다고 했다). 이 책은 나 자신의 도덕 철학 여행 기록이자 실패를 인정하는(엄밀히 말하면 받아들이고 포용한다는 표현이 더 낫다) 방법을 배우는 것에 관한 기록이다. 실패는 시도하고, 배우고, 더 나은 사람이 되기 위해 노력하는 데 꼭 필요하면서도 유익한 부산물이다.

자, 이제 어떤 상황에서 어떤 행동을 해야 할지 묻고 2,400년 전의 생각과 함께 바로 어제 나온 최신 윤리학 이론을 바탕으로 그 질문에 답해보자. 일단 윤리학은 어떤 이야기를 하고자 하는지, 우리에게 무엇을 요구하는지, 그 규칙을 따랐을 때 어떻게 더 나은 사람이 될 수 있는지 같은 개념을 소개하며 가볍게 시작해보자. 그런 다음 단계를 높여 앞서 배운 것을 더 어렵고 복잡한 문제에 적용하면서 다시 새로운 개념을 소개하려 한다. 책을 끝낼 즈음에는 가능한 모든 도덕적 선량함을 갖추고, 생각할 수 있는 모든 상황에서 정확히 어떻게 행동해야 할지 알게 되리라. 우리는 완벽해질 것이다. 모든 사람이 선망하며 우리를 우러러볼 만큼, 친구들이 모두 부러워할 만큼.

농담이다. 책을 다 끝내도 우리는 여전히 계속해서 실패할 것이다. 하지만 괜찮다! 이제 실패를 시작해보자. 아니면 아일랜드 출신 극작가 사뮈엘 베케트Samuel Beckett의 말처럼 다시 시도하라. 그리고 다시 실패하라. 더 잘 실패하라.

이 책을 읽기 전에 미리 알아두어야 할 윤리학 지식이 있는가?

없다. 윤리학과 관련해 사전 지식이 없어도 누구나 이해
할 수 있는 책을 쓰는 게 내 목표였다. 윤리학 공부를 시작
하기 전의 나 같은 일반인에게 윤리학 개념을 소개하고자
이 책을 쓰게 되었다.

철학자인가, 아니면 교수인가? 전공생이기라도 한가?

아니다. 나는 그냥 한 사람이다. 그러나 바로 그 점이 중요
하다! 지금 이 책을 들고 있는 사람은 모두 '그냥 남자'거
나 '그냥 여자'거나 아니면 '어떻게 행동해야 할지 고민하
는 사람'이거나 '친구에게 이 책을 선물로 받고 그 친구가
하고 싶은 말이 뭔지 이제 막 깨달은 사람'일 것이다.[1]

---

1 지금 이 책을 들고 있는 사람 중 '윤리학 같은 것에 관심 없는' 또 다른 타입: 벌레를 죽이기 위
해 무게감 있는 물건(이 책)이 필요한 사람, 수업 시간에 만화책을 뒤에 숨기고 볼 책이 필요한 50년
대 어린이, 직장 크리스마스 파티에서 시크릿 산타에게 이 책을 받고 동료 앞에서 책장을 넘기며

윤리학을 배우고 싶은데 좀 더 학자다운 작가의 책이 아닌 이 책을 읽어야 하는 이유가 있는가?

핑장히 무례한 질문이다. 어쨌든 그보다 더 중요한 점이 있다. 나는 사람들이 이 책을 읽고 머리가 아프지 않았으면 하는 바람으로 오랫동안 윤리학을 공부했고, 아주 똑똑하고 재미있는 사람들과 오랜 시간 토론했다. 그렇다고 내가 윤리 철학계에 혁명을 일으키려는 것은 아니다. 다만 기본을 차곡차곡 쌓아 윤리학을 현실의 삶에 적용하게 하고 싶을 뿐이다.

그럼 그냥 평범한 사람에 불과하지 않은가. 당신이 뭔데 나를 판단하려 하는가?

그렇지 않아도 이 질문이 나올 것이라 예상했다. 당신이 지금까지 살면서 어떤 멍청한 짓을 했든 이 책을 읽고 기분이 나빠지라고 쓴 게 아니다. 나 역시 살면서 바보 같은 짓을 한 적이 있고 아마 앞으로도 할 것이다. 완벽한 사람은 없다(5장에서 다루지만 '도덕적 완벽'은 가능하지도 않거니와 시도할 가치도 없다). 거듭 말하건대 이 책의 목적은 피할 수

_____

정말 좋은 선물을 받았고 다른 사람들이 받은 술 같은 선물보다 이 책이 훨씬 낫다는 것을 보여 주어야 하는 사람, 어쩌다 이 책을 입에 물었는데 주변의 모든 사람이 "이것 좀 봐, 책을 읽으려나 봐!" 하고 소리치는 상황에 놓인 개.

없는 실패를 포용하는 것과 그 실패를 활용할 길을 찾는 데 있다. 죄책감으로 괴로워하며 같은 실수를 계속 반복하는 대신 실수를 기반으로 더 나아질 방법을 찾고자 한다.

나는 똑똑한 학자 스타일인데 정말 화가 난다. 이 책에서는 위대한 철학자 몇 명만 소개하고 있지 않은가. 다른 수많은 중요한 사상가들의 작업을 무시해도 되는가?

윤리 철학은 수천 년 동안 이어져 왔고 새로운 이론은 모두 어떤 방식으로든 이전의 기존 이론과 연결된다. 물론 난해한 철학책을 읽으며 자기만의 방법을 터득할 수도 있다. 그렇지만 작가가 갑자기 60쪽에 걸쳐 또 다른 두꺼운 철학책을 이야기하는 바람에 옆으로 빠질 확률이 높다. 그 책을 읽으면서 아직 방법을 찾지 못했다면 이미 길을 잃었을 테고 눈은 동태처럼 멍해졌을 것이다. 이제 곧 책을 내려놓고 〈베첼러The Bachelor〉(한 남성이 스물다섯 명의 싱글 여성 중 한 명을 선택하는 미국 리얼리티 TV쇼-옮긴이) 시리즈나 보고 있겠지.[2] 내가 도덕 철학의 모든 분야를 다루고자 했다면 한 60년간 책 읽는 것 말고는 아무것도 하지 않은

---

2 그냥 가정일 뿐이다. 나는 그런 적이 없다. 아무튼 가정을 하자면 누군가는 그럴 수도 있다는 말이다.

채 죽을지도 모른다. 나는 아내와 아이들을 사랑하고 야구 보는 것도 좋아한단 말이다. 물론 읽어보려 했지만 아예 이해가 가지 않는 사상도 있었다. 한번은 형이상학에 몹시 심취했는데 이것은 고대 그리스로 거슬러 올라가 존재의 본질을 두고 질문을 던지는 것이었다. 재미있어 보이지! 독일 철학자 마르틴 하이데거Martin Heidegger가 쓴《형이상학 입문Introduction to Metaphysics》을 펼쳤는데, 글쎄 번역자의 역주가 잔뜩 달린 첫 문장이 이런 식이었다.

①왜 ②물질이 ③그곳에 ④존재하는가?

① '왜'는 이 질문에 맞지 않는다. '어떻게'나 '어떤 목적으로'라고 하는 것이 낫다.

② 물질은 '존재의 위치' 정도를 의미한다. 아니면 '본질적인 물질'이라는 뜻의 신조어로 '본물질' 정도로 생각하면 되려나. 그도 아니면 내가 방금 만들어낸 '블러프'는 어떨까. 말도 안 되고 아무 뜻도 없는 말이긴 하지만 무와 유의 차이를 대략 설명하는 가장 정확한 단어가 아닐까.

③ 하이데거는 원래 여기에 독일어로 'IchschätzedieMühediesnachzuschlagen'이라는 단어를 썼는데 번역할 말이 전혀 없다. 할 수 없이 '그곳에'라고 조잡하게 번역하긴 했으나 하이데거의 의도를 비극적이고도 비통하게 왜곡하고 말았다.

④ 당연히 '존재할' 것이라고 선험적으로 가정하는 오류를 범하고 있다.

아주 조금 과장했을 뿐이다. 네 문장 정도 더 읽다가 포기했다. 나중에 하이데거가 사실 파시스트나 마찬가지였음을 알고 나서 책을 읽지 않길 잘했구나 싶었다. 내가 이 책에 사상을 넣은 데는 넣은 이유가 있고 사상을 넣지 않은 데도 넣지 않은 이유가 있다. 이 책에서 논의하는 것은 간단히 말해 내가 '좋아하고' 연결돼 있다고 생각하는 사상이다. 만화로 치면 갑자기 머리 위로 전구가 뿅 하고 켜지는 방식으로 내게 다가온 것들이다. 철학처럼 거대하고 다양한 생각의 열대우림을 대할 때는 연결이라는 단순한 개념이 중요하다. 혼자 정글의 전체 지도를 그릴 수 있는 탐험가는 없다. 더구나 이 탐험에서는 자기 마음을 울리는 정도에 따라 어떤 사상가에게 특히 끌리기도 하고 멀어지기도 한다.

내가 생각하는 윤리학(이 책의 핵심이기도 하다)은 현대 사회에서 서양 윤리 철학 이론의 '빅3'로 꼽히는 덕 윤리, 의무론, 공리주의를 바탕으로 한다. 여기에 집중하다 보니 노자나 데이비드 흄David Hume, 존 로크John Locke 등 역사상 매우 유명한 사상가를 모두 다루지는 못했다. 이들의 저술은 모두 어떤 면에서 '빅3'와 겹치는 부분이 있지만 완전히 같지는 않다.

또 나는 〈굿 플레이스〉가 성스럽지 않길 바랐기에 성 토마스 아퀴나스Saint Thomas Aquinas나 쇠렌 키르케고르Søren Kierkegaard처럼 종교 사상가와도 거리를 두었다. 이 책을 계기로 철학 사상에 관심이 생겼다면 이제 나침반을 들고 직접 정글로 들어갈 차례다. 당신에게는 내가 빼먹은 사상가들이 가장 큰 울림을 줄 수도 있다. 직접 책을 써서 그들이 내가 고른 사람들보다 어디가 어떻게 더 나은지 이야기할 수도 있다!

나는 좀 다른 타입의 굉장히 똑똑한 학자인데, ○○을 완전히 잘못 이해하고 있는 듯하다. 어쩌면 그리 뻔뻔하게 ○○을 잘못 해석할 수 있는가?

1746년 영국 서점연합이 새뮤얼 존슨 박사Dr. Samuel Johnson에게 완전한 영어 사전을 써달라고 부탁했다. 이후 존슨 박사는 8년에 걸쳐 완전한 영어 사전을 썼다. 오로지 자기 두뇌만 사용해서.[3] 작업을 끝낸 뒤 한 여성이 짜증을 내며 존슨에게 다가와 '말의 발목'은 발의 일부인데 왜 '말의 무

---

3 자료 수집과 배열을 도운 조수가 몇 명 있었지만 요점은 모든 것이 존슨 박사에게서 나왔다는 점이다. 존슨은 8년간 일한 대가로 현대 화폐가치로 환산해 25만 달러(약 3억 원 – 옮긴이)에 해당하는 돈을 받았다. '할리우드'처럼 굴긴 싫지만 이 양반은 더 좋은 에이전시를 구했어야 했다.

률'이라고 정의했는지 따졌다. 존슨이 대답했다.

"무지해서요. 그냥 무지해서요!"

이 책에서 잘못 쓴 것이 있다면 이유는 같다. 그냥 내가 무지해서 그렇다!

책을 쓰며 진짜 철학자나 철학을 아는 사람의 도움을 좀 받는 것이 낫지 않았을까?

안 그래도 받았다. 토드 메이Todd May 교수다. 그는 오랫동안 직업이 학자였고 윤리 철학과 관련해 여러 훌륭한 책도 썼다. 내가 〈굿 플레이스〉 대본팀에게 대체 어떤 철학자가 무슨 말을 했는지 알려달라고 부탁해서 만났는데, 그때 그는 내가 학문 영역을 심각하게 훼손해 제러미 벤담Jeremy Bentham의 10대손에게 고소당하지 않도록 이 책을 쓸 때 도와주기로 약속했다. 생각해보니 이 책에 소개한 철학 사상에 문제가 있는 것은 내 무지 때문이 아니다. 그건 토드 잘못이니 그에게 가서 따져달라.[4]

---

4 토드의 답변: 그러네.

24

1부

아주 오래된
철학의 고민

지난 2,400년간 등장한 서양 윤리

학의 세 가지 주요 이론 그리고 여러

멋진 아이디어들을 가지고 어떻게

하면 좋은 사람이 될 수 있을지 알아

보자. 전부 해서 100쪽 조금 넘는다.

좋은 사람의 조건

아무 이유 없이 친구의 얼굴을 후려쳐도 될까

아니, 그러면 안 돼!

이런 대답이 떠올랐는가? 착하기도 하지. 지금까지 아주 잘 살아왔다.

길 가는 사람 1,000명에게 아무 이유 없이 친구의 얼굴을 후려쳐도 될지 물으면 1,000명 모두 안 된다고 할 게 분명하다.[1] 내 친구가 아닌가. 더구나 잘못한 것도 없다. 그러니 친구의 얼굴을 후려쳐서는 안 된다. 당연한 얘기처럼 들리는데, 그럼 '왜' 안 되는지 물으면 정확히 대답할 수 있을까.

"음…, 왜냐면… 나쁜 일이니까…?"

단순 무식하게 뱉어낸 이 대답조차 사실 묘하게 희망적이다. 이 말은 친구 얼굴을 후려치는 행동에 윤리 요소가 있다는 걸 알고 있다는 뜻이자 그걸 '나쁜' 일로 여긴다는 뜻이니까. 하지만 더 나은

---

[1] 물론 온라인 투표로 하면 70퍼센트는 이유 없이 친구 얼굴을 후려치겠다고 할 것이다. 인터넷은 최악이다.

사람이 되려면 그저 '그건 나쁜 일이니까'보다 좀 더 확실한 답변이 필요하다. 이것이 '왜' 나쁜 행동인지 윤리학의 이론적 배경을 이해하면 '아무 이유 없이 친구의 얼굴을 후려쳐도 될까?'보다 좀 더 풀기 어려운 상황에서도 어떻게 행동해야 할지 판단하는 데 도움을 받을 수 있다. 그런 상황은 매 순간 일어난다.

'보통 좋은 사람은 그렇게 하지 않고 나쁜 사람은 그렇게 하니까. 그리고 우리는 좋은 사람이길 원하니까' 정도로 시작하는 것도 나쁘지 않다. 그다음 단계는 '좋은 사람'이란 무엇인지 정의하는 일일 텐데 이는 보기보다 까다로운 문제다. 〈굿 플레이스〉는 이기적이고 냉정한 삶을 살았던 한 '나쁜' 여자가 주인공이다. 이 여자는 쓰레기를 함부로 버리고 거짓말을 일삼고 노인에게 거리낌 없이 겁을 주어 가짜 약을 팔며 살았는데, 죽고 난 뒤 어쩌다 서류상의 오류로 천국에 가 세상에서 가장 좋은 삶을 살았던 사람들(지뢰를 제거하거나 빈곤을 타파하는 데 삶을 바친)과 함께 완벽한 세계에서 영원히 살 기회를 얻는다. 실수로 천국에 잘못 들어왔다는 사실을 들킬까 봐 전전긍긍하던 주인공은 그곳에서 자리를 잡기 위해 정말로 '좋은' 사람이 '되어' 보기로 결심한다. 아이디어는 흥미로웠지만 곧 무엇이 정말 '좋고' '나쁜' 것인지 의문이 들었다. 특정 행동이 좋은지 나쁜지 판단하는 것은 어렵지 않았다.

나눔 – 좋다

살인 – 나쁘다

친구 도와주기 – 좋다

이유 없이 친구 얼굴 후려치기 – 나쁘다

그렇다면 그 행동의 저변에는 무엇이 깔려 있을까? 선하고 악한 사람을 결정하고 모든 것을 아우르는 하나의 기준은 무엇일까? 이 지점에서 길을 잃은 나는 윤리학을 접하게 되었고 그러다 〈굿 플레이스〉를 제작했으며, 결국 왜 친구를 이유 없이 두들겨 패면 안 되는지에 무려 30쪽 넘게 할애하며 이 책을 쓰고 있다.

선악 개념은 여러 철학자가 다양한 방식으로 해석하고 있고 앞으로 우리도 함께 살펴볼 것이다. 행동을 기반으로 선악 개념에 접근하는 방식이 있는가 하면(선한 행동에는 우리가 찾아내 따를 수 있는 특정 원칙이 있다고 한다), 쾌락을 극대화하고 고통을 줄이는 것이면 무엇이든 선한 행동이라 말하기도 한다. 선은 인간이 가장 이기적이고 오직 자신만을 위할 때라야 가능하다고 말하는 철학자도 있다(정말로 그렇게 말했다). 하지만 여기서 제일 먼저 다룰 3대 윤리 이론 중에서도 가장 오래된 '덕 윤리'는 내가 처음 품은 의문에 답하고자 한다. 무엇이 인간을 선하거나 악하게 하는가?

덕 윤리에서 선한 사람이란 특정 자질 또는 '덕'을 갖춘 사람을 말한다. 덕은 오랜 시간에 걸쳐 갈고닦아야 하며 심지어 그냥 지니는 것만으로는 부족하고 정확히 알맞은 양의 덕을 갖춰야 한다. 이렇게 말하니 마치 별일 아닌 것 같다!

여기까지 오면 곧바로 100가지 질문이 밀려온다. 어떤 자질을 말하는 거지? 그건 어떻게 갈고닦지? 그 자질을 갖췄는지 어떻게 알지? 철학에서 이런 일은 아주 흔하다. 한 가지 질문이 생기는 순간 그 질문의 답을 찾는 동시에 그것이 맞는 질문인지, 그 질문을 왜 하는지 이해하기 위해 또 다른 50가지 질문을 던지게 된다. 그 50가지 질문 안에서도 다른 여러 질문이 생기고, 다시 그 질문에 답하고 생각의 폭을 넓히며 근본을 파고들다 보면 독일군 파시스트조차 명령을 잊고 물질세계 존재에 대해 고민하는 지경에 이른다.

더구나 '좋은' 사람을 정의하는 한 가지 방법이 정해져 있기나 한 걸까. 소설가 필립 풀먼Philip Pullman의 말처럼 "사람은 너무 복잡해서 몇 가지만으로 설명할 수 없다." 인간은 모두 선천적으로든 후천적으로든 매우 개별적인 존재다. 타고난 성격상의 특성은 물론 학교에서 혹은 부모와 친구에게 배운 것, 셰익스피어[2]의 작품이나 〈분노의 질주〉[3]에서 주워들은 삶의 교훈을 모두 섞은 통합체다. 모든 사람을 선하게 만들어줄, 누구에게나 정확한 양이 있어야 하는 어떤 한 가지 자질을 설명하는 일이 가능할지 모르겠다. 이 질문에 답하려면

---

2 "모두를 사랑하되 몇 사람만 믿어라. 누구에게도 잘못하지 마라."

3 "차가 중요한 게 아니야. 누가 운전하는지, 그게 진짜 중요한 거야." "이빨을 목구멍 속으로 다 처넣어버리는 수가 있어. 앞으로 양치하려면 칫솔을 똥구멍으로 넣어야 할 거다" 등 〈분노의 질주〉 시리즈에는 배울 게 참 많다.

지금까지 배운 모든 것을 잊어야 한다. 우리 자신을 리셋하고 분해한 뒤 우리가 지금 무엇을 하고 있는지, 그것을 왜 하는지 단단히 이해하고 다시 조립해야 한다. 그러기 위해서는 아리스토텔레스가 필요하다.

"금이 강이 되어 흐른다"

아리스토텔레스는 기원전 384년부터 322년까지 살았고 가장 중요한 것들에 관해 역시나 가장 중요한 저술을 남겼다. 자기 자신과 지금까지 살면서 이룬 별것 아닌 것을 두고 자격지심을 느끼고 싶다면 위키피디아에서 아리스토텔레스를 찾아보라. 아리스토텔레스가 실제로 저술한 것은 3분의 1 정도만 남아 후세에 전해졌다는데 그것만으로도 다음 주제들을 다룬다. 윤리학, 정치학, 생물학, 물리학, 수학, 동물학, 기상학, 영혼, 기억, 잠과 꿈, 웅변술, 논리학, 형이상학, 정치학, 음악, 연극, 심리학, 요리, 경제학, 배드민턴, 언어학, 정치학 그리고 미학. 리스트가 어찌나 긴지 '정치학'을 몰래 세 번이나 말했어도 알아채지 못했을 것이다. 심지어 기원전 4세기에 있지도 않았던 '배드민턴'에 관해 저술했다고 대충 끼워 넣어도 몰랐을 테고(요리도 마찬가지다. 만일 누군가가 아리스토텔레스가 완벽한 치킨 파르미자나를 만드는 방법을 파피루스에 4,000자로 정리했다고 해도 놀랄 일은 아니다). 아리스토텔레스가 서양 사상사에 미친 영향은 어떤 말로도 과장하기가 불가능할 정도다. 키케로는 아리스토텔레스의 산문을 일컬어

"금이 강이 되어 흐른다"라고 표현했다. 유명 정치가이자 웅변가인 사람에게 이런 말을 들으면 얼마나 신이 날까!(그나저나 키케로, 좀 적당히 합시다. 너무 들러붙는 거 같은데.)

어쨌든 이 책에서는 그중 윤리학만 살펴보기로 한다. 윤리학에서 아리스토텔레스가 남긴 가장 중요한 저술은 아버지인 니코마코스의 이름을 딴 것인지, 아니면 아들인 니코마코스의 이름을 딴 것인지 알 수 없는《니코마코스 윤리학》이다. 개인적으로는 아버지도 아들도 아닌, 아리스토텔레스가 그 두 사람보다 더 좋아한 니코마코스라는 다른 누군가가 있지 않았을까 싶다. 선한 사람이라면 무엇을 할지에 집중하기보다 선한 사람이 되려면 어떻게 해야 할지 설명할 수 있어야 한다. 이를 위해서는 몇 가지 단계가 필요하다. 아리스토텔레스는 (1) 좋은 사람이 지녀야 할 자질과 (2) 그 자질이 얼마만큼 있어야 좋은 사람이라 할 수 있는지, (3) 모든 사람이 그 자질을 갖출 수 있는지, (4) 그 자질을 갖추려면 어떻게 해야 하는지, (5) 그것을 갖추면 어떤 모습일지(또는 어떤 느낌일지) 정의하고자 했다. 얼핏 보아도 할 일 목록이 굉장히 길다. 이를 두고 아리스토텔레스가 한 이야기를 듣는 것만으로도 시간과 인내심이 필요하다. 나중에 살펴볼 다른 사상가 중에는 자신의 이론을 몇 문장으로 간략히 정리한 사람도 있지만 아리스토텔레스의 윤리학은 여러 정류장에 들르는 완행열차 같다. 하지만 그 때문에 여행이 더욱 즐거울 것이다!

'좋은 사람' 정류장에는 언제 도착할까

앞 문단의 마지막 질문으로 글을 시작하는 것이 좀 이상해 보일 수도 있지만 이것이 바로 아리스토텔레스의 방식이다. 아리스토텔레스는 먼저 존재의 궁극적인 목표(삶의 가장 중요한 목적, 우리가 이루고자 하는 그것)를 정의하는데 이는 마치 어린 수영 선수가 올림픽 금메달을 '최고의 성공' 목표로 삼는 것과 같다. 아리스토텔레스에 따르면 그것은 바로 행복이다. 행복이 인간 존재의 '텔로스telos'[4], 즉 목표점이다. 아리스토텔레스의 주장은 단순하면서도 확실하다. 세상에는 목적을 위해 하는 행동이 있다. 예를 들어 우리는 돈을 벌기 위해 일하거나 더 강해지기 위해 운동을 한다. 또 건강, 명예, 우정처럼 행복하기 위해 얻으려 하는 좋은 것도 있다. 여하튼 행복이야말로 '원하는 것 목록'의 최종 결정판이다. 행복은 그 자체로 목적이다. 그 자체로 우리가 되고자 하는 바다.

사실 아리스토텔레스가 그리스어로 쓴 것은 '에우다이모니아eudaimonia'라는 다소 막연한 단어인데, 이는 흔히 '행복happiness'이나 '번영flourishing'으로 번역한다.[5] 나는 번영 쪽을 더 좋아한다. 뭔가 행복보다 더 큰 이야기인 것처럼 느껴지기 때문이다. 인류의 궁극

---

4 목적인目的因, 즉 텔로스는 그리스 철학에서 굉장히 중요한 개념이다. 형용사형은 '목적론적인teleological'인데 이 단어를 사용하면 무척 똑똑해 보이므로 자주 사용하길 권한다. 다른 사람들과 철학을 이야기하다 누군가 어려운 말을 해서 못 알아듣겠거든 "그런데 이건 목적론적 관점으로 접근해야 하지 않을까?"라고 말하면 된다. 그 사람은 근엄하게 고개를 끄덕이며 "음…, 그러네. 아주 좋은 지적이야"라고 할 것이다.

적 목적을 이야기할 때 행복한 사람보다 번영을 이룬 사람이 좀 더 꽉 채워지고 완성된 듯해 멋있게 느껴진다. 행복하다고 느끼는 때는 많지만 보통 번영한다고 느껴지는 않는 것 같다. 나는 농구 게임을 보거나 땅콩크림 쿠키를 먹는 것보다 더 큰 행복을 상상하기가 쉽지 않다. 그럼 나는 그때 번영을 이루는가? 농구 게임 보기와 너터버터 먹기가 내가 달성할 수 있는 최고의 완전한 느낌일까? 그게 정말 내 잠재력의 전부이자 핵심일까?(이들 질문은 굉장히 설득력이 있어서 머릿속에서는 계속 '그렇다'고 답한다. 이게 사실이라면 어떤 면에서 너무 슬픈 일이라 책을 이어가며 더 힘을 내봐야겠다) 아리스토텔레스 역시 이 부분을 분석했고 인간은 생각하는 존재이므로 여기서 의미하는 행복은 '기쁨(쾌락과 관련된 종류의)'과는 다른 개념이라고 설명했다. 아리스토텔레스가 말하는 일반 명사가 아닌 고유 명사로서의 '행복'은 이성적 사고와 덕을 수반한다. 갑자기 머릿속에 떠오르는 예를 들어 말하자면 NBA 결승이나 코스트코에서 파는 큰 통의 땅콩크림 쿠키 같은 것을 의미하는 게 아니라는 뜻이다.

여전히 '번영'은 이 개념을 설명하기에 조금 막연한 느낌이라면 이렇게 생각해보자. 조깅에 심취한 사람들이 '러너스 하이runners'

---

5 나는 가능한 한 대화 중에 '에우다이모니아'를 쓰지 않으려고 한다. 내가 제대로 발음하고 있는지 확실하지 않아서다. 영어로 '유-데이-모-니-아'라고 하는지 아니면 '유-다이-모-니-아'인지, '유-대-모-니(여기에 강세)-아'인지 잘 모르겠다. 어떤 것이 맞는지 정확히 배운 적 없어서 방금 토드와 줌Zoom에서 대화할 때처럼 이 단어를 꼭 말해야 할 때마다 슬쩍 얼버무리거나 말하면서 기침하는 척해 정확히 잡아내기 힘들게 만든다.

high'를 말하는 걸 들어본 적 있을 것이다. 러너스 하이란 (그들의 주장에 따르면) 긴 레이스의 후반부에 오는 일종의 희열이다. 어느 순간 '레벨업'이 이뤄져 초인적 힘이 솟아나면서 마치 달리기의 신이라도 된 듯 땅을 딛지 않는 것처럼 가벼워지고 달리기가 주는 순수한 기쁨에 피곤하지도, 지치지도 않는다고 한다. 여기서 두 가지를 이야기하고 싶다. 우선 이들은 악질 거짓말쟁이다. 달리기 자체에 즐거운 구석이 전혀 없으므로 달리면서 어떤 즐거움을 느낀다는 것은 말도 안 된다. 애초에 달리기에 즐거움이 없으니 더 높은 수준의 즐거움이 있을 리 없다. 달리기는 정말 최악이다. 당장 뒤에서 곰이 쫓아오는 것이 아니라면 아무도 이런 짓을 해서는 안 된다. 그건 그렇다 치고 두 번째로 이야기하고 싶은 건 이것이다. 내가 볼 때 아리스토텔레스의 번영이란 존재의 완전함에 있어 '러너스 하이'와 비슷한 것이 아닐까 한다. 마침내 인간 존재의 모든 면을 완성했을 때 몸속을 흐르는 완전한 느낌.

결국 아리스토텔레스 관점에서 삶의 가장 중요한 목적은 번영하는 일이다. 플루트 연주의 목적이 아름다운 음악을 만들어내는 것이고, 칼의 목적이 무언가를 완벽히 자르는 것이듯 말이다. 듣기만 해도 멋지지 않나? #최고의삶살기? 완전히 최고가 되는 것? 아리스토텔레스는 훌륭한 영업사원 같아서 그의 이야기를 듣다 보면 모두 흥분하게 된다. 이론상으로는 누구나 이 초인 상태에 도달할 수 있다! 아리스토텔레스는 여기서 갑자기 망치로 내려친다. 번영을 이루려면 덕이 있어야 한다. 아주 많이. 그것도 정확한 양과 비율로.

덕이란 무엇인가

우리는 우리가 동경하며 '선'이라 부르는(이를테면 누군가의 친구가 되고 싶게 만드는 자질로 용기, 절제, 관대함, 정직, 아량 같은 것) 자질을 덕이라고 생각할 수 있다.[6] 아리스토텔레스는 덕을 "그 사람이 좋은 상태에 머물게 하며 잘 기능하게 하는 것"이라고 설명한다. 칼의 덕은 칼 기능을 잘 수행하게 하는 것이고 말의 덕은 잘 달리고 말이 원래 하는 일을 잘하게 하는 것, 즉 말이 타고난 원래의 자질을 의미한다. 아리스토텔레스가 인간의 덕으로 꼽은 건 우리가 인간 노릇을 잘하도록 하는 것들이다. 이 말은 언뜻 불필요한 수사처럼 들린다. 테니스 수업에 간 첫날 테니스 코치가 "좋은 테니스 선수의 덕이란 테니스를 잘하게 만드는 그것"이라고 하면 수강생들은 고개를 끄덕이며 전화를 받는 척하면서 나머지 수업을 취소할 것이다. 그러나 이러한 유추법은 의미를 꽤 정확히 전달한다.

이제 무엇이 필요한지(덕)와 그것이 하는 일이 무엇인지(번영하도록 돕기) 알게 되었다. 과연 어떻게 해야 그것을 가질 수 있을까? 우리가 어떤 방식으로든 이미 갖고 있지 않을까? 태어날 때부터 갖고

---

6 아리스토텔레스는 이 목록을 열두 개 정도로 추렸는데 아무래도 2,400년 전에 만든 것이다 보니 현대 사회의 덕 윤리를 이야기하기 위해 우리만의 추가 항목을 넣는 것이 좋겠다. 고대 문서를 문자 그대로만 해석하는 것은 좀 바보 같은 짓이다.

그것	그것의 덕	그것의 목적
칼	날카로움, 강한 날, 균형 등	물건을 잘 자르는 것
테니스 선수	민첩성, 반사 신경, 코트를 보는 시야 등	테니스를 두루 잘하는 것
인간	관대함, 정직, 용기 등	풍요, 행복

있던 것은 아닐까? 안됐지만 그렇게 쉬운 일이 아니다. 덕을 쌓는 것은 평생 이뤄지는 과정이며 몹시 어려운 일이다(망했다. 〈굿 플레이스〉에서 크리스틴 벨이 연기한 엘리너 셀스트롭 역시 철학 멘토인 치디 아나곤예에게 어떻게 해야 좋은 사람이 될 수 있는지 질문하며 약을 먹거나 담배처럼 피울 수 있는지 묻지만 그런 행운은 없다).

어떻게 덕을 쌓을 수 있을까

아리스토텔레스에 따르면 아쉽게도 완전한 덕을 타고난 사람은 없다. 인간으로서 지녀야 할 훌륭한 자질들을 철학적이고도 세련된 형태로 갖춘 아기는 없다는 말이다.[7] 그래도 사람은 누구나 그렇게 될 잠재력을 타고났다. 모든 사람이 아리스토텔레스가 말하는 덕의 '자연스러운 상태'를 갖추고 있다.

"본성상 우리는 모두 어느 정도는 그런 성품을 타고났다. 실제로

---

7 듣기만 해도 멋진 아기다! 그런 훌륭하고도 번영을 이룬 아기가 있다면 정말 만나보고 싶다.

사람이 태어난 순간부터 꽤 용감하고 자제력이 있거나 다른 자질을 갖추고 있다는 것은 보면 알 수 있다."

나는 이것을 '덕의 스타터 키트'라고 부른다. 이는 평생에 걸쳐 정제된 형태의 덕을 기르고자 할 때 출발점인 기본 도구이자 자연 상태의 지도다. 아리스토텔레스는 이 스타터 키트를 어린이나 동물에게서 볼 수 있는 다듬어지지 않은 성격적 특성이라고 말했다. 열 살짜리 남자아이들을 게임과 식사를 할 수 있는 레스토랑 데이브 앤 버스터스에 데려간 적 있다면 누가 누군지 거의 구분하기 어려울 정도라는 것을 알고 있으리라.

어린 시절부터 두드러진 타고난 스타터 키트가 무엇인지는 다들 알고 있을 것이다. 나는 아주 어릴 때부터 규칙을 따르는 것에 극단적으로 집착했다. 아니면 너무 아첨꾼처럼 들리지 않게 '의무감의 덕'이 있는 편이었다고 하자. 어떤 종류의 규칙이든 내가 그것을 어기게 하려면 설득력이 어마어마하게 필요했다. 그에 따른 벌이 아무리 미미해도 마찬가지였다. 그것은 내 의무감의 덕 스타터 키트가 많은 장비를 갖추고 엄청나게 좋은 설비를 자랑했기 때문이다. 그중 하나는 내 안의 작은 목소리(내가 기억하는 한 언제나 있었다)인데 누군가가 규칙을 어기면 그 작은 목소리가 다시 규칙을 지킬 때까지 내게 쉴 새 없이 재잘댔다.[8] 대학 신입생 시절 우리 기숙사에는

---

8 생각해보니 각자 정도의 차이는 있지만 많은 사람에게 자신만의 작은 목소리가 있다. 내 친

새벽 한 시가 되면 음악을 크게 틀 수 없다는 규칙이 있었다. 심지어 나는 다른 사람 방에서 파티를 하다가도 새벽 한 시가 되면 내 안의 작은 목소리에 이끌려 스테레오 음악 볼륨을 줄였다. 그것이 규칙이라서다. 그런 내가 파티에서 얼마나 인기스타였을지 짐작이 가지 않는가.[9]

이 스타터 키트는 어디까지나 우리가 덕을 갖추기 위해 지닌 잠재력만을 의미한다. 잠재력과 실제 사이에는 커다란 차이가 있다. 이렇게 생각해보면 어떨까. 어떤 사람을 두고 누군가가 "타고난 리더"라거나 "백파이프 연주 재능을 타고났다"라는 식으로 어떤 자질을 '타고났다'고 말할 때가 있다. 이 말의 진짜 의미는 그 사람에게 리더로서 또는 백파이프 연주자로서 자연적 소질이나 재능이 있다는 뜻이다. 다른 한편으로는 우리가 갖지 못한 자질에 보이는 경외심이기도 하다. 보통사람은 평생 백파이프를 불어볼 생각조차 하지 않는다. 우리의 친구 롭Rob이 옷장에서 기운 없는 닥터 수스Dr. Seuss(미국 동화작가이자 만화가─옮긴이)처럼 생긴 기묘한 장치를 끌고 나와 불면 우리는 롭에게 태어날 때부터 마법처럼 근접할 수 없는 어떤 특별한 재능이 있었을 거라고 여겼다. 그러다 롭이 오하이오주의 백파이

구는 이것을 자동차 안전벨트를 매지 않았을 때 차에서 나는 '딩─딩─딩' 소리의 도덕적 형태라고 했다.

9 전혀.

프 장학금을 받자 "드디어 롭이 타고난 재능을 자본화해 운명을 완성했다"라고 했다. 동시에 '오하이오주는 백파이프에도 장학금을 주는구나'라고 생각했고 또 '그나저나 롭은 저 학위로 뭘 해서 먹고살려나⋯, 스코틀랜드 장례식에서 얼마나 연주해야 월세라도 벌려나?' 하는 생각도 했다.

롭이 태어나면서부터 머릿속에 비 플랫 협주곡으로 스코틀랜드 민요 〈로몬드 호수의 아름다운 강 언덕〉을 흥얼거리며 세상에 나온 건 아닐 것이다. 그저 백파이프에 마음이 갔을 뿐이다. 그런 신기한 방식으로 어떤 사람은 수학, 그림, 야구 재능을 타고난다. 이 일이 나 자신이나 내 아이에게 일어나면 굉장히 신나지만 다른 사람이나 다른 사람의 아이에게 일어나면 엄청나게 짜증이 난다. 롭은 백파이프에 재능이 있었고 수년간의 연습으로 재능을 계발해 자기만의 전문 기술로 발전시켰다. 그는 자신이 좋아하는 것을 발견해 자연스럽게 몰두했고 전문가가 될 때까지 100만 시간이나 연습을[10] 했다.

백파이프가 아닌 다른 어떤 재능을 계발하는 데도 같은 방식이 필요하다. 아리스토텔레스에 따르면 덕 있는 행동을 해야 덕을 갖출 수 있다. 이는 '평생에 걸쳐 이뤄지는 과정'이다. 아리스토텔레스는 "덕은 자연히 오는 것이 아니며 습관으로 삼아 꾸준히 갈고닦을

---

10   윽, 롭의 부모가 얼마나 지긋지긋했을지 상상이 안 간다. 롭은 예를 들기 위해 내가 만든 가상 인물이긴 하지만 그래도 상상 속 부모가 정말 불쌍하다.

때 찾아온다. (…) 정의로운 행동을 해야 정의로워지고 절제하는 행동을 해야 절제하게 되며 용감한 행동을 해야 용감해진다"라고 했다. 다시 말해 관대함과 자제력, 용기 그리고 다른 모든 덕은 그 짜증 나는 룹이 역시나 짜증 나는 백파이프를 연습하듯 연습해야 얻는다. 아리스토텔레스는 학습과 관리, 경계를 꾸준히 할 것을 요구한다. 아무리 갖고 태어난 스타터 키트가 있어도 그것을 습관화해 계발하지 않으면(타고난 것만 믿고 성인이 되어 손 놓고 있으면) 망할 수밖에 없다(이는 마치 누군가가 "어렸을 때 나는 미니카를 가지고 노는 것을 좋아했으니 이제 포뮬러1에서 페라리에 올라 영국 그랑프리British Grand Prix를 누벼봐야겠군" 하고 말하는 것과 같다). 습관화한다는 것은 고등학교 때 농구 코치나 음악 선생이 귀에 못이 박이도록 이야기한 "연습이 완벽함을 만든다"는 정신과 다르지 않다. 계속하면 잘하게 되고 멈추면 못 한다.

이러한 습관화, 즉 덕을 쌓기 위한 연습이 이 모든 것의 전부다. 아리스토텔레스의 영업 전략 중 가장 좋은 점은 어떤 종류의 덕도 습관화해 꾸준히 갈고닦으면 이룰 수 있다는 것이다. 타고난 소질이 없어도, 우리가 갖고 태어난 스타터 키트가 나사가 다 빠진 낡고 볼품없는 것이라고 해도 말이다. 소질은 무작위로 주어지는 것이라서 이 점은 매우 중요하다. 누구에게나 쉽게 할 수 있는 일이 있다. 그런데 어떤 것은 철학 용어로 말해 그야말로 더럽게 안 된다. 내 예를 들자면, 나는 방향 감각이 엉망진창이다. 만 번 정도 가본 장소가 아니면 어떤 순간에도 내가 어디에 있는지 알지 못한다. 심지어 만 번 정도 가본 곳도 확실히 알지는 못한다. 맨해튼에서 7년이나 살았으면서도, 더구나 맨해튼은 격자형으로 정확히 구획해 숫자를 매겨놓았는데도 여전히 길을 잃는다.[11] 내가 아무리 방향 감각을 길러도 갑자기 훌륭한 항해사가 되지는 못할 것 같다. 덕 역시 마찬가지다. 나는 책임감은 강하지만 용기는 타고나지 않았다(그냥 예시일 뿐이다). 관대함은 타고났지만 자제력은 없을 수 있으며 근면함은 타고났지만 온화함은 없을 수 있다. 번영을 이루려면 '모든' 덕을 갈고닦아야 하는데, 아리스토텔레스는 사람마다 더 잘하고 못 하는 일이 있을지라도 그것과 관계없이 모든 사람이[12] 그걸 이룰 수 있다고 장담한다. 비록 나는 주차장에서 매번 길을 잃어 차를 못 찾고 돌아다니지만 누구나 충분히 노력하면 아량이나 용기, 그 밖의 덕을 쌓는 데 필요한 자질을 영원히 기르지 못해 망할 일은 없다.

　습관화는 아리스토텔레스의 윤리 체계에서 가장 중요한 부분이지만 전부는 아니다. 테니스를 더 잘하려면 코치가 필요하고 플루트를 배우는 데 훌륭한 스승이 필요한 것처럼 번영에도 좋은 선생

---

11 〈굿 플레이스〉에서 치디가 이런 특성을 보이는데 이것을 '방향성 정신이상'으로 설정했다. 나는 그렇게 생각한다.

12 고대에 잘 교육받고 유명했던 사람이 대부분 그렇듯 아리스토텔레스는 대단히 콧대 높은 속물이었다. 덕과 뛰어남처럼 그가 성취하기 위해 노력해야 한다고 말한 모든 것을 다 이룰 수 있는 사람은 거의 없으리라고 봤을 것이다. 더욱이 여기서 말하는 '모든' 사람도 '노예가 아닌 남성'으로 제한하고 있다. 알다시피 아주 멋지지는 않다.

이 필요하다. 고대 그리스인은 시정학市政學, 윤리학, 과학 등 모든 것에서 스승(또는 '현자')의 중요성에 집착하다시피 했다. 소크라테스는 플라톤의 스승이었고 플라톤은 아리스토텔레스의 스승이었으며 아리스토텔레스는 알렉산드로스[13]의 스승이었다. 이를 보면 아직 채 발달하지 않은 어리숙한 사람을 모두가 원하는 번영을 이룬 사람으로 변화시키려 할 때 훌륭한 지도자(와 지혜로운 친구들)의 역할을 매우 강조한 듯하다. 그 훌륭한 지도자와 지혜로운 친구들은 각 학파의 주창자인 경우가 많았고 이들은 지혜로운 스승의 필요성을 이야기할 때마다 자신을 가리키며 목청을 높였을 가능성이 크다[14](윤리학은 가끔 아리스토텔레스 학파의 광고 전단지 같다). 한 가지 명확히 짚어야 할 것은 현명한 스승의 지혜가 습관화를 대체하지는 못한다는 점이다. 어렸을 때 장난감 차를 좋아했다고 페라리에 올라 경주하려 한 그 멍청이가 토크torque 관련 책[15]을 읽고 카레이서 데일 언하트

---

13 세상을 정복해 노예로 삼는 데 평생을 바친 것으로 보아 좋은 사람이 되라는 아리스토텔레스의 가르침을 전부 받아들인 것 같지는 않다.

14 이 농담은 우디 앨런이 쓴 소크라테스에 관한 코미디에서 빌려왔다. 물론 2020년에 우디 앨런을 언급한다는 것이 어떤 의미인지 잘 알고 있고 의도적으로 그런 것이니 일단 10장까지 기다려보길.

15 2017년 트럼프 대통령은 사위 재러드 쿠슈너에게 새로운 이스라엘─팔레스타인 중동 평화 구상안을 맡겼다. 그때까지 쿠슈너는 어떤 국제 협약도 작성해본 적이 없었고 상황은 매우 회의적이었다. 쿠슈너는 2020년 초 자신의 구상안을 공개하며 이를 위해 이스라엘─팔레스타인 간 분쟁 역사를 다룬 "책을 스물다섯 권이나 읽었다"며 자랑스럽게 발표했다. 이스라엘과 팔레스타인은 여전히 분쟁 중이다.

주니어Dale Earnhardt Jr.의 TED 강연을 본다고 갑자기 나아질 수는 없다. 아리스토텔레스는 "타고난 품성과 노력하는 습관, 좋은 스승이 모두 필요하다"라고 했다. 안다고 해서 필요한 모든 덕이 갖춰지는 것은 아니다. 아리스토텔레스가 말하는 진정한 의미의 행복을 얻으려면 정확한 양의 덕을 모두 갖춰야 한다.

다른 사람에게 관대해야 하지만 너무 관대해서는 안 되며, 용감해야 하지만 지나치게 용감해서는 안 된다. 덕 윤리에서 가장 어려운 부분이 바로 필요한 양을 정확히 알고 각각의 덕을 끝내주게 갖춰야 한다는 점이다. 아리스토텔레스는 미친 듯이 구체적인 이 목표점을 '중용'이라 불렀다.

우리는 실제로 언제 이러한 덕을 쌓지?

흔히 '황금비율'이라 불리는(아리스토텔레스가 말한 적은 없지만[16]) 중용은 아리스토텔레스 사상에서 가장 중요한 톱니바퀴다. 나는 개인적으로 중용을 가장 아름답지만 가장 성가시고, 가장 모호하

---

16 '황금비율golden mean'은 아리스토텔레스 사후 몇 세기 뒤 고대 로마시인 호라티우스가 처음 사용한 용어지만 모두 아리스토텔레스가 한 말로 알고 있다. 마치 험프리 보가트가 영화 〈카사블랑카Casablanca〉에서 "한 번 더 해줘, 샘Play it again, Sam"이라는 대사를 실제로 한 적 없는 것과 비슷하다. 아리스토텔레스의 또 다른 명대사 "우리가 누구인지는 우리가 반복해서 하는 행동에 달려 있다. 탁월함이란 행위가 아닌 습관이다"도 아리스토텔레스가 직접 한 게 아니다. 1926년 출간한 명작 《철학 이야기》에서 윌 듀런트Will Durant가 아리스토텔레스에 관해 쓴 구절이다. 하지만 수천 개 인스타그램 포스팅에 이 문장이 '아리스토텔레스'의 명언이라며 해가 질 무렵 바닷가에서 요가를 하는 사람들 사진과 함께 올라가 있다.

지만 가장 우아하며, 그러면서도 정말 화가 나는 개념이라고 생각한다.

관용과 자제력 등 미덕의 자질을 바닥과 평행하게 완벽히 균형을 이룬 시소라고 생각해보자. 정확히 시소의 가운데에 앉으면 모든 것이 똑바로 있고 심지어 조화롭기까지 하다. 바로 이것이 이들 자질의 중용이다. 완벽히 가운데에 위치하는 지점이자 시소를 평행하게 유지하는 정확한 양의 자질. 시소가 한쪽으로 기울면 그 상태는 망가진다. 시소 한쪽이 땅바닥으로 곤두박질치면서 시소에 앉아 있던 사람은 엉덩방아를 찧고 만다(여기서 엉덩이는 인간 품성의 비유적 표현이다).

시소 양 끝은 (1) 자질 부족과 (2) 자질 초과, 즉 너무 적거나 너무 많은 것을 나타낸다. 어떤 자질이든 극단적으로 부족하거나 넘치면 '악'이 되므로 당연히 피해야 한다. 철학에서는 이를 '골디락스 법칙Goldilocks rule'이라 부른다. 이처럼 아리스토텔레스는 인간 품성의 모든 면은 너무 뜨거워도 안 되고 너무 차도 안 되며 딱 알맞아야 한다고 말한다.

아리스토텔레스가 "분노의 중용"이라고 표현한 온화함의 예를 들어보자. 화가 부족한 사람이란 이러하다.

> 올바른 것에 적절한 방법으로, 적당한 때에, 알맞은 사람에게 화가 나지 않은 사람을 의미한다. … 이런 사람은 감각이 없고 고통을 느끼지 못한다.

그는[17] 화가 나지 않았기에 자신을 방어할 수 없다. 자신을 향한 모욕을 받아들이고 가족과 친구를 향한 모욕을 그냥 지나치는 것은 노예근성이다.

다시 말하면 이렇다. 화가 아예 없는 사람은 죄 없는 어린아이가 괴롭힘을 당하는 무참한 장면을 보고도 적절한 양의 분노로 대응하지 않고 입을 벌린 채 침을 흘리며 가만히 서 있다는 얘기다. 반면 화가 지나치게 많은 사람은 아이를 괴롭히는 사람의 멱살을 잡고 공중에서 발로 차 호수에 빠트린 뒤 그의 가족까지 전부 공중 발차기로 호수에 빠트리고 집을 불태워버릴지도 모른다. 아리스토텔레스가 '온화함'이라고 부른 분노의 중용이란 옳은 일을 위한 적절한 양의 분노를 의미하며 그 분노는 합당한 대상을 향해야 한다. 가령 파시스트나 부패한 정치인 또는 뉴욕 양키스와 관련된 사람 등이 있다.[18] 즉, '분노'는 자질이고 '온화함'은 우리가 찾던 바로 그 완전한 중간 지점의 덕이라 할 수 있다.[19]

----

17 불과 30년 전만 해도 모든 철학자가 글을 쓸 때 인칭 대명사를 으레 남성형으로 사용했으며 그들이 생각하는 가상 인물은 모두 남성으로 표현했다. 여성 철학자조차 그렇게 했다. 이건 좀 그렇다. 이 책에서는 성별을 무작위로 사용하겠다.

18 도덕적으로 양키스 선수와 팬에게는 지나치게 분노할 필요가 있다. 아리스토텔레스도 이 점은 예외로 둘 것이다. 《니코마코스 윤리학》은 뒤져보지 않아도 된다. 다른 책에 나오는 말이다. 어떤 책인지는 기억나지 않지만 어쨌든 있다. 아리스토텔레스는 댈러스 카우보이스를 응원하는 것도 나쁜 일이라고 했다.

19 모든 종류의 덕을 이런 방식으로 나눌 수 있다. 예를 들면 '쾌락 추구'는 자질이고 '자제'는 추구해야 할 덕이다.

중용의 미덕이 무엇인지 알 듯하다. 중용은 조화와 균형 그리고 그 우아함에 관한 것이다. 체조 선수 '시몬 바일스Simone Biles가 평균대에서 완벽하게 착지하는' 그런 종류의 개념이다. 그러나 1초만 더 생각해도 금방 모호해진다. 일단 부족하고 과한 것을 어떻게 알 수 있단 말인가? 적절한 이유로, 적절한 대상에게, 적절한 양만큼 화가 났는지 대체 어떻게 안단 말인가? 이 점이 덕 윤리를 두고 가장 흔히 일어나는 비판이다(그러니까 무턱대고 열심히 노력하고 공부하고 연습하면 이 설명할 수도 없고 측정할 수도 없는 이론상 '완벽한' 자질, 그것도 모든 자질이 갑자기 짠 하고 생긴다는 거지? 좋네). 아리스토텔레스 자신조차 중용을 완벽하게 설명하지 못할 때가 있었다. 온화함에 관해 아리스토텔레스는 "어떤 방식으로 화를 내야 하는지 그리고 누구에게, 무엇 때문에, 얼마 동안 화내는 것이 적절한지 결정하는 것은 어려운 일이다. 어디까지가 옳은 행동이고 어디서부터 잘못된 것인지 판단하는 일도 마찬가지다"라고 했다. 그런 다음 어깨를 한번 으쓱하고는 이렇게 말했다.

"최소한 이 정도는 확실하다. 중간 상태는 칭송받아 마땅하고…, 넘치거나 부족한 것은 비난받아야 한다."

이건 대법원 판사 포터 스튜어트Potter Stewart가 하드코어 포르노물을 어떻게 구별할 수 있느냐는 물음에 정의할 수는 없어도 "보면 안다I know it when I see it"고 했던 유명한 말을 떠올리게 한다.

하나의 윤리 체계로 삼기엔 바탕이 좀 약해 보인다. 그래도 대충 무슨 말인지는 알 것 같지 않은가? 다들 어떤 사람이나 일 때문에 화를 내고는 나중에 '으윽, 좀 심했나'라고 생각했던 적이 있지 않나. 뭔가를 대충 흘려보낸 뒤 좀 더 강하게 주장해야 했다고 후회한 적도 있지 않나. 우리가 한 행동을 잘 생각해보면, 자기 행동과 주위에서 일어난 일을 꼼꼼히 관찰해보면, 무엇이 부족하고 무엇이 너무 과한지 그리고 어느 정도가 '적당'한지 알 수 있다. 보면 알아야 하고 끊임없이 탐색하다 보면 알게 된다.

덕을 찾는 과정은 다른 면에도 도움을 준다. 사람들을 이 자질의 집합으로 보기 시작하면 내가 어떤 사람의 무엇을 좋아하고 싫어하는지 알 수 있다.

"루이스는 최고로 좋은 사람이야"

"다이애나는 세상에서 제일 착해"

이런 말을 할 때가 있다. 그렇게 극단적인 친구는 별로다(세상에서 가장 좋은 사람은 얼마나 지루할까). 당신이 오랜 시간 함께한 사람을 떠올려 보자. 예전에 만난 남자친구나 여자친구도 좋다. 그들이 좋았던 이유는 아마도 균형을 이뤄 덕에 가까운 자질 때문이었으리라("데이먼은 내가 필요로 할 땐 항상 곁에 있었지만 나 혼자만의 시간 역시 중요하다는 걸 아는 사람이었어"). 반면 당신을 미치게 만든(그래서 옛 애인이 되었겠지만) 사람은 무언가가 부족하거나 과했을 테고 당신이 원하는 균형에 가까워질 수 없다고 생각했을 것이다("데이먼은 데오드란트도 안 쓰고 식탁에서 발톱을 깎는 데다 손에 묻은 치토스 가루를 내 고양이한테 닦기까지 했어"[20]). 중용에는 시도하고 실패하고 또 시도하고 실패하며 성공과 실패를 되돌아보는 과정, 즉 중용의 지점을 찾아 헤매는 멋진 과정을 계속 연마해야 다다를 수 있다.

중용을 지키면 덜 짜증 나는 인간이 될 수 있다

자, 그럼 본래의 질문으로 다시 돌아가 좀 더 확실한 답변을 해보자.

이제 아무 이유 없이 친구의 얼굴을 후려치는 것은 나쁜 일이라는 걸 본능적으로 아는 것을 넘어 그것이 왜 나쁜지도 알게 되었다. 온화함의 덕에서 중용을 보이지 않고 과하게 화를 낸 탓이다. 온화함 시소의 균형이 완전히 뒤틀린 거다. 그걸 알았다면 앞으로 어떻게 행동해야 하는지도 알았을 것이다. 온화함이 좋은 상태라는 것은 ('온화함 스타터 키트' 덕분에) 본능적으로 알아서 어느 정도 그쪽으로 기울어 있긴 하다. 그러나 꾸준한 연습으로 온화함을 미세하게 조정하고 적절한 수준으로 유지하고 있는지 계속 확인하지 않으면 언젠가 아이들이 괴롭힘을 당하는 것을 봐도 침만 흘리고 있거나 친구 얼굴을 후려치는 자신을 발견할 것이다. 덕 윤리는 어떻게 살아야

---

20 중요한 것은 그들도 당신을 그와 똑같이 생각한다는 점이다. 무언가가 부족하거나 과해서 누군가가 당신과 헤어지길 원했던 기억을 어렵지 않게 떠올릴 수 있지 않은가. 그때 왜 차였는지 이제 갑자기 말이 좀 되는 것 같지 않은가.

하는지, 어떻게 하면 더 나은 삶을 살 수 있는지, 무엇을 피해야 하는지 전체적인 그림을 제시한다.

의무감의 덕(비록 아리스토텔레스의 덕 목록에는 없지만)에 관한 내 예시를 다시 가져오겠다. 의무감이 부족하면 규칙이나 사회적 합의를 깨는 등 합법과 거리가 멀어진다. 반대로 의무감이 과하면 '명령에 복종할 뿐'이라며 잔학행위를 일삼는 군인처럼 생각 없는 복종에 이른다. 내 의무감은 때로 지나친 방향으로 치우친다. 내가 잘 놀다가도 밤 열한 시가 넘어가면 너무 시끄럽지 않은지 지나치게 걱정한다는 것은 내 아내나 친구, 나와 파티에 같이 있던 누구에게라도 물어보면 알 것이다. 나는 구강세정제로 꼭 30초간 입을 헹군다. 병에 그렇게 하라고 쓰여 있어서다. 운전할 때는 반드시 핸들의 '열 시와 두 시' 지점을 잡는데 이것 역시 운전 강사가 그렇게 하라고 해서다. 나는 언제나 이것을 미덕으로 생각했고 누가 이것을 언짢게 여기면 이유 없는 짜증이라며 무시했다. 그러다가 아리스토텔레스를 읽고 나서 과한 의무감이 주변 사람에게 부정적 영향을 미칠 수 있음을 이해하게 되었다. 내가 끊임없이 초를 치고 있었던 셈이다!(아내가 내게 무슨 말을 하려다 내가 구강세정제를 30초간 물고 있는다는 사실을 깨달았을 때의 표정은 강철도 녹일 정도다) 지난 몇 년간 의무감 과잉을 해제하려고 무던히 애썼지만 쉽지 않다. 나는 마흔여섯 살인데 지금까지 줄곧 그렇게 살아왔다. 의무감의 중용을 찾으려 하지 않았으므로 누군가의 눈에는 상당히 거슬리는 인간일 수 있다.

그렇다고 내가 패배자인 것은 아니다. 나는 의무감의 덕이라는 좋은 스타터 키트를 타고났고 이것은 그동안 내가 규칙을 위반하지 않도록 경고를 해주었다. 나는 부모님과 선생님이 시키는 것은 무엇이든 했다. 부모님과 선생님이 책임자였기 때문이다. 물론 이제는 누군가가 권위를 내세워 이상한 것을 시키면 맹목적으로 복종하지는 않는다. 그 사람이 '공식 규칙 제정기관 사람'이라는 명찰을 달고 유니폼을 입고 있어도 말이다.[21] 중용을 찾는 내 연습이 아직 충분하지 않을 수도 있지만 최소한 세상을 더 폭넓게 이해하게 되었고 사회적 상호작용에 대한 지식과 적절함이라는 감각 그리고 많은 현자가 내게 공유해준 지혜를 얻었다. 이 모든 것은 규칙에 과하게 치우치던 것을 적당히 조절할 수 있게 해준다. 타고난 스타터 키트에만 한평생 의지해 살았다면 나쁜 상황에 처했을 수도 있다. 시키는 대로 하는 편인 것을 보아 그나마 자라온 환경 덕에 의무감이 좀 지나친 정도라 그냥 거슬리는 사람이 되었지, 잘못해서 극단적으로 과했다면 전쟁 범죄자가 되었을지도 모르니 얼마나 다행인지 모르겠다.

바로 이것이 아리스토텔레스의 덕 윤리가 지닌 진정한 가치다. 매우 오래전에 저술한 것임에도 인간이 지닌 어떤 면에 관해 여전히 정곡을 찌른다. 사람의 성격과 습관은 조심하지 않으면 시간이 지나면서 서서히, 그러나 불가피하게 굳어간다. 나는 20대까지는 장르

---

21 생각만 해도 떨린다.

를 구별하지 않고 음악을 열렬히 들었다. 결혼하고 아이들이 생기면서 한동안 음악을 듣지 않다가 요즘 90년대 후반 인디록과 힙합 앨범만 주야장천 듣는다. 이들 음악은 익숙하고 편안해서 차에 타면 자동으로 튼다. 행동은 성격에 깊은 영향을 미친다. 마치 무거운 의자가 카펫에 자국을 남기듯 점점 강해져 더 이상 바꿀 수 없게 된다. 아리스토텔레스가 주장한 '끊임없는 학습, 끊임없는 사고, 끊임없는 탐색'의 가장 좋은 점은 그것이 안겨주는 결과다. 성숙한 동시에 유연한 사람, 옛것과 새것 모두를 경험할 줄 아는 사람, 반복에 따른 익숙함이나 한물간 세상 정보에만 기대지 않는 사람이 되는 것이다.

아리스토텔레스를 연구하는 학자이자 애리조나대학교 교수인 줄리아 애너스Julia Annas는 덕을 발휘해야 하는 상황에서 무턱대고 나오는 기계적 반응과 그보다 깊은 '지적' 반응의 차이를 다룬《지적인 덕Intelligent Virtue》을 저술했다.

"(덕을 연습하면) 단순한 습관에 필적하는 반응 속도와 직접성을 획득하지만, 그렇게 학습한 교훈이 정보를 제공하고 유연성과 혁신을 가져다준다는 점에서 습관과는 차이가 있다."

덕을 계속해서 반복 연습하면 그 덕에 '능수능란해'지고 그 덕을 깊이 이해함으로써 이전의 반복 행동으로 고착된 관습에 빠져 지내지 않는다. 아무리 이상한 상황에서도 좋은 결정을 내리도록 싸워볼 기회를 얻는다니 이 얼마나 놀랍고도 훌륭한 생각인가. '이유 없이 친구의 얼굴을 후려쳐도 되나요?'처럼 대부분의 윤리적 질문은 대답하기가 쉽지 않다. 그 안에 복잡성과 미묘한 상황 차이가 존재하기 때문이다. 바로 그것이 더 열심히 학습할수록 우리의 도덕적 반사 신경을 시험하는 전혀 새로운 상황에서도 더 잘 반응할 수 있는 이유다.

이러한 반응의 '유연성'은 코미디 연기와 비슷한 면이 있다. 세상에는 재미있고 날카로우며 좋은 타이밍을 아는 숙련된 코미디언이 많이 있다. 특히 즉흥 코미디 무대에 섰던 사람들은 속속들이 완벽하게 웃긴다. 모든 면에서 언제나 쉽게 말이다. 대본이 없어도, 리허설을 하지 않아도 결코 긴장하거나 흔들리지 않고 당황하지도 않는다. 강도 높고 지속적인 즉흥 연기로 단련했기 때문이리라. 소그룹을 꾸려 함께 공연하고 밤낮으로 돌발 상황을 만들어가며 연습했을 것이다. 이런 연습에서는 상황에 주의를 기울이고 힘을 빼는 법과 자신감 있게 서두르지 않는 법을 배운다. 어떻게 하면 동시다발적으로 빠르게 움직이는 무대 위 여러 요소에 차분히 집중할 수 있는지, 다른 배우의 연기를 예측하고 같은 것을 반복하지 않을 수 있는지 등을 말이다. 예전에 영화배우이자 코미디언인 스티브 카렐Steve Carell과 영화배우 에이미 폴러Amy Poehler[22]를 보며 떠올렸던 생각이 기억난다. 이들이 TV 코미디 드라마 시리즈 〈더 오피스The Office〉와

---

22 유명인의 이름을 대면서 친한 척하니까 좀 아니꼽겠지만 여기서 이 비유는 쓸만하다. 앞으로 할리우드 유명인 얘기는 최대한 줄일 것을 약속한다. 나와 매우 친한 영화배우 테드 댄슨Ted Danson이 그렇게 하란다.

〈팍스 앤 레크리에이션Parks and Recreation〉 시리즈에서 각자 맡은 인물을 잘 파악하고 있어서 저 배우들에게 어떤 시나리오를 주어도 어느 순간에나 곧바로 웃길 수 있겠구나 싶었다. 이들은 자신이 맡은 인물 역할에 완전히 '능수능란'했다. 드라마 속 코미디를 아주 많이, 자주, 오랫동안 연습해서 그런지 어떤 시나리오에도 유연하고 혁신적인 반응을 보였다.

이것이 덕 윤리의 영업 전략이다. 덕의 중용을 찾고자 노력하면 다시 말해 덕의 안과 밖, 변천사와 숨은 의미, 장단점을 철저히 배우면 유연하고 탐구적이며 융통성 있는 더 나은 사람이 될 수 있다. 이러한 중용 탐색은 점증적이다. 한 가지 덕의 중용에 가까이 가면 덕분에 또 다른 덕의 중용을 찾는 일이 쉬워진다. 친절의 중용에 가까워지면 관대함의 중용에도 가까워지고 나아가 성실함의 중용에도 가까워지며 또 거기서 자제의 중용도 찾는다. 결국 다양한 수백 가지 덕의 정확한 균형을 마스터해 진정으로 번영한다. 이로써 어떤 상황이 닥쳐도 그것을 이해하고 그에 적응하며, 마치 〈매트릭스〉의 네오처럼 인간 존재의 가장 기본 암호를 발견하고 해독할 수 있다.

이렇듯 선함은 몹시 어려운 일이 아니다. 〈매트릭스〉의 마지막에 네오가 그랬던 것처럼 세상을 완전히 이해하기만 하면 된다.

불필요한 잔인함: 피해야 할 한 가지

이제 아무 이유 없이 친구의 얼굴을 후려치면 왜 안 되는지 다들 이해했는가. 이는 몇 가지 덕의 중용에 이르지 못했음(아니면 그냥 무시했거나)을 의미한다. 실은 애초에 일부러 좀 쉬운 질문을 던졌다. 질문을 조금 변형해보자.

"친구가 내가 썩 좋아하지 않는 행동을 하면 친구의 얼굴을 후려쳐도 될까?"

내가 새로 산 카키색 반바지를 보고 친구가 비웃는 바람에 기분이 좀 나빠진 나는 친구의 얼굴을 후려칠지 말지 결정해야 한다. 덕 윤리학자라면 그처럼 사소한 이유로 남의 얼굴을 때리는 것은 아무 이유 없이 때리는 것과 똑같이 분노가 지나친 거라고 할 것이다. 그러나 우리는 주디스 슈클라Judith Shklar(1928~1992) 덕분에 이 문제를 다른 관점으로 살펴볼 수 있다. 슈클라는 라트비아 출신 철학자로 인간의 자유와 사회적 자유를 다룬 글을 광범위하게 썼는데, 유대계 가족력으로 보아 자신에게 가깝고도 중요한 주제였을 것 같다. 슈클라의 가족은 스탈린을 피해 라트비아로 탈출했고 그곳에서 다시 히틀러를 피해 계속 도망 다녀야 했다. 마침내 미국에 도착한 주디스는 하버드대학교에서 박사학위를 받았고 하버드 정부학과Government Department에서 여성 최초로 종신교수가 되었다. 그녀는 대표작이자 명작인 《일상의 악덕》에서 인간이 행할 수 있는 악덕 중 최악은 자존심, 시기, 분노 또는 고전적 '7대 죄악' 같은 것이 아니라 잔인함이라고 강력히 주장하며 이를 가장 피해야 할 악덕으로 규정했다.

피해야 할 악덕 중 잔인함을 첫 번째로 두는 것은 계시啓示종교에서 말하는 죄의 개념과는 다른 의미다. 죄는 신의 통치를 위배하는 것과 신을 모욕하는 것을 뜻한다. (…) 반면 잔인함, 즉 고통과 두려움을 유발하기 위해 나보다 약한 존재에게 고의로 물리적 고통을 가하는 것은 전적으로 다른 생명체에게 잘못하는 일이다.

종교적 '죄'만 피해야 할 궁극적 악으로 보는 것은 여러 끔찍한 잔학행위에 정당성을 부여하는 셈이다. 슈클라는 토착민과 싸우고 기독교 신의 이름으로 대량 학살을 합리화한 유럽의 '신세계' 정복을 예로 든다. '저지를 수 있는 최악의 범죄' 목록에서 다른 인간에게 가하는 일탈 행위, 즉 잔인함을 상위에 올리면 더 이상 이런 종류의 허점을 찾아내 이용할 수 없을 것이다.

슈클라는 잔인함의 또 다른 속성도 이야기하는데 이것으로 친구가 카키색 바지를 놀렸다고 때리면 안 되는 이유를 설명할 수 있다. 슈클라에 따르면 잔인함은 대체로 그것을 촉발한 행동과 균형이 맞지 않는다는 특징을 보인다. 누군가가 사소한 범죄를 저질러(〈레 미제라블〉에서 배가 고파 빵을 한 덩이 훔친 유명한 예처럼) 교도소로 보내지는 상황은 그 사람에게 엄청나게 잔인한 일이다. 형벌의 잔인함이 저지른 범죄의 정도를 과하게 넘어 균형이 맞지 않는 상황이다. 가히 논쟁에 불을 지필만한 주장이지 않은가. 현대 형사사법제도는 극도로 사소하게 법을 위반하는 일(가령 이미 많은 나라에서 합법인 마리

화나 소지)로 수많은 사람을 교도소에 집어넣는다. 이 잔인함의 문제는 범죄 행위에만 국한되지 않는다. 사람 간의 기본적이고도 일반적인 상호작용 역시 부당한 잔인함으로 가득하다. 믿어지지 않는다면 유튜브에 악의 없는 한마디, 예를 들면 '치즈는 맛있다'거나 '미시간이 좋아요' 같은 말을 하는 동영상을 올린 뒤 거기 달린 댓글을 읽어보길 바란다('이스트 랜싱으로 꺼져. 이 썩은 음식이나 처먹는 멍청한 저능아야'가 당신이 보게 될 댓글 중 하나일 것이다).

여기서 우리의 목표는 매일의 삶 속에서 더 나은 사람이 되는 것이므로 피해야 할 악덕 목록 1위에 잔인함을 두는 것은 좋은 생각이다. 문제는 여기에 비싼 값을 지불해야 한다는 점이다. 우리 주변에 잔인함이 너무 만연해 잔인함을 인간의 악덕 중 최고로 여기면 정신건강에 무척 해롭다. 슈클라 역시 "잔인함에 치를 떠는 사람은 일상생활에서 항상 분노에 차 있을 것이다"라고 말했다. 맞는 말이다! 뉴스를 슬쩍 보기만 해도 끝없는 잔인함의 연속이다. 인종차별, 성차별, 유권자 탄압, 사람들을 비참한 빈곤에 빠트리는 법률, 악독한 유튜브 댓글 등. 슈클라는 잔인함을 악덕 순위 1위로 두면 모든 사람이 염세주의자가 될 것이라고 이야기한다. 그래서 우리가 이 부분에 집중하지 않는 것 같다. 다행히 잔인함의 재앙에서 탈출할 방법이 있다. 지식이다(특히 우리 자신 이외의 문화적 관행에 지식이 필요하다). 훌륭한 계몽주의 철학자 몽테스키외의 명언을 빌리자면 "무지가 사람을 비정하게 만들 듯 '지식은 사람을 온순하게 만든다.'" 내 생각에는 아리스토텔레스도 좋아할 만한 생각이다. 다른 사람의 삶을 배우고 이해하려 할수록, 다시 말해 공감의 중용을 찾으려 할수록 그들을 잔인하게 대하기는 어려워진다.

지금까지 꽤 많은 영역을 살펴보았다! 이제 아무 이유 없이(나쁜 이유로도) 친구의 얼굴을 후려치면 안 된다는 것을 알았고 왜 그런지 그 이유도 깊이 이해하게 되었다. 어떤 방향으로 나아가야 하는지(여러 자질에서 중용 찾기)와 이로써 얻을 수 있는 것(자기 행동을 깊이 이해함으로써 더 복잡한 다른 상황에서도 '유연하고 혁신적'일 수 있는) 역시 알았다. 그리고 피해야 할 행동 목록의 최상위에 잔인한 행동(다른 사람에게 가하는 부당한 고통)을 올려야 하는 이유도 안다.

그럼 다시 돌아가자. 아무 이유 없이 친구의 얼굴을 후려쳐도 되느냐고? 솔직히 말해 이건 너무 쉬운 문제다. 앞서 말한 것처럼 세상은 복잡하고 결정은 대부분 그렇게 간단하지 않다. 사실 선택해야 하는 것이 (1) '얼굴을 후려친다'와 (2) '후려치지 않는다' 둘 중 하나가 아니고 (1) '얼굴을 후려친다'와 (2) '배를 후려친다' 중 하나라면 그때는 어떻게 해야 할까?

2장

행복 계산기

고장 난 전차를 그대로 두어 다섯 명을 죽게 할 것인가,
손잡이를 당겨 고의로 (다른) 한 사람을 죽게 할 것인가

이상한 질문이 아닌가? 조금 전까지 〈레 미제라블〉과 유튜브 댓글 이야기를 하며 노닥거리고 있었는데 갑자기 음울한 차량 심리극이라니. 정확히 이런 상황이 벌어진 적은 분명 없었고 앞으로도 없을 가능성이 크다. 그러나 현대의 윤리적 결정을 이해하려면 이러한 선택 순간에 놓였을 때 어떻게 할 것인지 열심히 생각해야 한다. 더 중요한 것은 '왜 그렇게 할 것인가' 하는 점이다.

자, 당신은 전차를 운전하고 있고 브레이크가 고장 났다. 앞 선로에는 그대로 두면 곧 전차에 치여 짓뭉개질 인부 다섯 명이 있다. 손잡이를 당기면 전차 방향을 다른 선로로 틀 수 있는데 그 선로에는 인부 한 명이 있다. 질문은 뻔하다. 아무것도 하지 않고 다섯 명이 죽게 내버려둘 것인가, 아니면 손잡이를 당겨 한 사람을 죽일 것인가? 그나저나 이들은 왜 대낮에 전차가 다니는 선로 위에서 일하고 있는가? 누가 허락한 거지? 스케줄 담당 제리인가? 정말 무능하다. 전차 회사가 사촌 소유라서 취직이 되었다고 들었다.

이 사고 실험과 여러 변형(곧 알게 된다) 문제를 통틀어 '트롤리 딜레마Trolley Problem'라고 한다. 1967년 영국 여성 필리파 풋Philippa Foot[1]이 이 질문을 처음 던졌다. 흐음, 지금 무슨 생각을 하는지 알고 있다. '필리파 풋'이라는 이름을 듣고 동화처럼 아름다운 숲속 보라색 버섯 안에 사는 쥐를 떠올렸으리라. 풋은 동화 속 쥐가 아니라 존경받는 철학자이며 트롤리 딜레마는 거의 틀림없이 현대 철학에서 가장 유명한 사고 실험이다. 사실 너무 유명하고 여기저기서 논의하는 문제라 많은 학자가 싫어할 정도다. 이 주제를 언급하면 다들 눈알을 굴리며 짜증스러운 표정을 짓는다. 지난 50년간 모두가 이야기해온 주제이기 때문이다. 누구나 인정하는 고전이지만 너무 많이 들리다 보니 이제는 괴롭기까지 한 전설 같은 노래 〈천국으로 가는 계단Stairway to Heaven〉과 영화 〈대부〉의 철학 버전이나 마찬가지다. 하지만 철학자 여러분, 그냥 받아들이세요. 여기서도 또 얘기할 거예요. 이 복잡한 문제를 풀다 보면 '옳은 일'을 하는 것이 왜 그렇게 어려운지 끝내주게 설명할 수 있을 테니까요.

위에 제시한 원래 버전에서는 사람들이 대부분 손잡이를 당겨야 한다는 것에 동의한다. 반사적으로 그런 대답을 한다. 그냥, 그게 맞는 것 같다고. 불가사의한 일이지만 저들은 전차가 자기들을 짓뭉갤

---

1 사실 '트롤리 딜레마'는 철학자 주디스 자비스 톰슨Judith Jarvis Thomson(1929~2020)이 풋의 에세이를 논의하면서 붙인 이름이다. 조금 뒤에 나오지만 톰슨은 이제부터 우리가 살펴볼 여러 미친 변형 문제에 큰 책임이 있다. 트롤리 딜레마에 관한 기록에서는 풋이 모든 스포트라이트를 받고 있지만 실은 톰슨에게 주목해야 한다(더구나 풋은 영국인이 아닌가. 트롤리 대신 '드램'이라 불렀는데 '트램 딜레마'라니 느낌이 완전히 다르다).

지 모를 목숨이 걸린 질문에 신경 쓰지 않는 익명의 인부들이고 가능하면 많이 살려야 하지 않을까? 다섯 명의 목숨을 살릴 간단한 기회가 있다. 이제 손잡이를 당기세요, 영웅이 될 겁니다!

그런데 이 문제의 표면 아래에 엄청난 함정이 숨어 있다. 원래 시나리오에 아주 작은 변화만 생겨도 대답을 엉망으로 만들어버릴 함정. 예를 들어 만일 당신이 전차 운전자가 아니라 어쩌다 선로 옆에 서 있다 이 상황을 보게 되었는데 바로 옆에 전차 선로를 바꿀 손잡이가 있다면? 당신에게는 전차 회사 직원처럼 결정을 내려야 하는 책임이 없다. 그래도 손잡이를 당길 것인가? 만약 곧 짓뭉개질 인부가 그냥 '아무나'가 아니라면? 앞 유리창으로 내다보니 다른 선로에 서 있는 인부 한 명이 친구 수잔이라면? 그 착하고 사려 깊고 심지어 전에 자기가 못 가게 된 비욘세 콘서트 티켓을 준 적 있는 친구를 죽일 수 없어서 선로를 바꾸지 않기로 능동적으로 결정을 내린다면? 친구 수잔의 목숨을 살리기 위해 다섯 명이 죽게 내버려두는 것은 도덕적으로 용납되는 일일까? 또 다른 선로에 서 있는 수잔을 보았는데 수잔이 친구도 아닐뿐더러 평소에 싫어하던 사람이라면? 잘난척쟁이에 못됐고 어차피 자기가 가지도 못할 비욘세 콘서트 티켓을 달라고 하자 거절했으며 심지어 어제 동생하고 이야기하다 수잔이 고장 난 전차에 깔려 죽었으면 좋겠다고 말하기까지 했다면? 이 상황에서 손잡이를 당길 경우 이것은 다른 다섯 명의 목숨을 살리기 위한 결정일까…, 아니면 거슬리는 비욘세 티켓 사재기범인 수잔이

자초한 일일까?

　사람들을 얼어붙게 만들 또 다른 변형 질문이 있다. 이번에는 당신이 선로 위를 가로지르는 다리 위에 서서 고장 난 전차를 보고 있고 바로 옆에는 거구에 목이 두꺼운 역도 선수[2] 같은 돈Don이 다리 난간 밖으로 몸을 내밀고 서 있다. 물리학에 일가견이 있는(그렇다 치자) 당신은 돈의 몸집으로 보아 전차가 그를 치면 속도가 줄어들어 인부 다섯 명이 짓뭉개지기 전에 멈출 것이라고 계산한다. 돈을 조금만 밀면 돈이 선로 위로 떨어져 다섯 명의 다른 생명을 구하고 뭉개져 죽을 것이라는 뜻이다. 돈을 밀어야 할까? 여기까지 오면 대부분 선을 그으며 거부한다. 불쌍한 돈을 다리 위에서 밀어 죽이고 싶어 하지 않는다. 이때 이 사고 실험 진행자는 여기에서의 행동과 결과가 이전 실험과 완전히 같은 것이라고 정확히 짚어준다. 이전 실험에서는 손잡이를 당기고 이 실험에서는 돈을 다리 위에서 민다는 차이가 있지만, 두 경우 모두 다섯 명을 살리기 위해 죄 없는 한 사람을 고의로 죽음에 이르게 한다. 그렇지만 느낌이 다르지 않은가? 전차 안에 있는 손잡이를 당기는 것과 누군가를 물리적으로 다리에서 미는 것은 분명 다른 일이다. 그나저나 돈에게 한마디 해야겠다(트롤리 딜레마에 등장하는 인물은 하나 같이 자기한테 일어나는 위험을 전

2　이 변형은 1985년 주디스 톰슨이 트롤리 딜레마에 관해 직접 쓴 글에 나온다. 톰슨의 버전에는 '뚱뚱한 남자'라고 되어 있다. 그에 비하면 '목이 두꺼운 역도 선수' 정도는 양반이다.

혀 모르고 있다. 정말 답답한 노릇이다). 조심 좀 합시다. 기찻길 다리 위에서 그렇게 몸을 쭉 내밀고 기대 있지 마시오.

이 문제투성이 트롤리 딜레마로 인한 곤란한 상황은 여기서 끝나지 않는다. 당신이 의사이고 병원에서 일하는데 각기 다른 장기 다섯 개를 이식해야 하는 환자 다섯 명이 응급실로 들어온다. 장기를 이식하지 않으면 전부 죽는다. 각자 심장, 간, 폐, 위 그리고 어… 그래 마지막 사람은 비장이 필요하다고 치자. 한데 비장이 없으면 죽나? 여기서 그건 중요치 않다. 아무튼 다섯 명 모두 각기 다른 장기가 필요하다. 오늘 종일 일하느라 피곤함에 찌든 당신은 음료수를 한 잔 마시려고 자판기로 갔다가 병원 경비원이 즐겁게 바닥을 청소하는 것을 본다. 자신은 건강하니 신이 나 노래를 흥얼거릴 수도 있고 자신의 장기가 모두 완벽하게 작동하는 것에 감탄하고 있을 수도 있다. 여기서 당신은 좋은 생각이 떠오른다. 저 경비원을 죽여 그의 장기를 나누면 된다. 심장이 필요한 남자에게는 심장을 떼어주고 비장이 필요한 여자에게는 비장을 주면 되겠다. 모두에게 좋은 일이 아닌가!(경비원 한 명만 빼고)

이 역시 원래의 사고 실험에서 주어진 상황과 달라 보이지만 행동과 결과에는 차이가 없다. 당신의 선택으로 무고한 한 명은 죽고 다른 무고한 다섯 명은 산다. 하지만 이번에는 그렇게 하겠다고 할 사람이 거의 없을 것이다. 하나는 그냥 손잡이를 당기는 것뿐이고(우리 생각에는), 다른 하나는 흥얼거리는 경비원 뒤로 몰래 다가가 피아노

줄로 목을 졸라 비장을 꺼내는 일이다. 트롤리 딜레마가 강렬한 메시지를 던지는 이유가 여기에 있다. '이렇게 해도 될까?'라는 간단한 질문에 그 답변은 각각 변형한 여러 상황에 따라 광범위하게 다양해진다. 기본 행동(한 명을 죽이기로 결정하는 것)과 그 결과(다른 다섯 명은 살게 되는)에는 변함이 없어도 그렇다.

그래서… 이제 어쩌라고?

공리주의: 결과 중심 비즈니스!

이제 서양 철학의 주요 세 가지 학파 중 두 번째 차례다. 바로 공리주의로 이것은 영국 철학자 제러미 벤담(1748~1832)과 존 스튜어트 밀John Stuart Mill(1806~1873)을 중심으로 전개되었다. 둘 다 굉장히 이상한 양반이다.

벤담은 존경받을 만한 사람이었다. 동성애자와 소수민족, 여성, 동물의 권리를 주장했는데 18세기 영국에서 그런 주장을 하는 사람은 많지 않았다. 벤담은… 글쎄, '별나다고' 해야 하나? 그는 자기 시신을 의학 연구에 사용하도록 친구 토머스 사우스우드 스미스Thomas Southwood Smith 박사에게 기증하겠다고 선언했다. 벤담의 해골을 보존한 스미스 박사는 벤담이 입던 옷을 입혔는데(벤담이 그렇게 해달라고 직접 요청했다고 한다), 머리 보존 작업이 (스미스가 말한 대로 적으면) "수용할 만한 결과를 내지 않아" 왁스로 본뜬 복제 머리를 주문했다. 이것은 "머리의 얼굴 부분 표정을 대부분 없앴고 결정적으로 너무 못생기게 만들어 엉망진창이 되었다"고 한다(이 사진은 넣지 않기로 했다. 고맙다는 인사는 받아두도록 하겠다).

이 진기한 벤담 해골 왁스 머리는 '악몽의 죽음 인형'보다 조금 나은 정도일 '오토 아이콘auto-icon'이라는 이름으로 불린다. 1850년 스미스 박사는 이것을 런던대학교University College London에 기증했고 제러미 벤담을 일종의 '정신적 창시자'로 여긴(실제로는 창시하지 않았다) 런던대학교는 일단 받아두었다. 재밌게도 UCL 블로그에 따르면 "UCL은 스미스를 향한 경멸의 표시로 오토 아이콘을 받자마자 전시하지는 않았다." 사실 UCL을 비난할 수만은 없는 거래가 아니었나 싶다.

UCL은 이후 몇십 년간 이 인간 허수아비를 나무 상자에 보관해오다 2020년 2월 무려 유리 상자에 담아 무려 학생회관에 전시했는데, UCL 학생들이 모두 좋아하고 이걸 보고 토하는 사람은 아무도 없으리라고 믿는다.[3]

---

3 UCL 컬처 블로그에는 가끔 벤담을 유리 상자에서 꺼내야 할 때 겪는 재미있는 일화가 한두 개 더 있다. "벤담을 옮기려면 세 사람이 필요하다. 벤담의 해골을 의자에 나사로 박아놓아 한 번에 다 같이 들어 올려야 하기 때문이다. 두 명이 함께 의자와 몸을 들면 나머지 한 명은 발이 흔들리지 않게 붙잡는다. 해골 뼈들은 서로 구리선으로 묶여 있고 각 관절은 구부러져 있으니 이론상 오토 아이콘은 마치 살아 있는 사람처럼 움직일 수 있어야 한다. 현실을 보자면 벤담의 발은 바닥을 딛고 싶어 하고, 들어 올리면 발이 의자에 매달린 채 흔들린다. 조심해서 들어 올리려 할 때 최악이다. 그래서 벤담은 가능한 한 옮기지 않으려 하는데 또 다른 이유는 해충이 옷에 들어가 파먹을까 우려스러워서다. 이것 때문에 1939년 셔츠를 한 번 갈아입었고 1980년 이후에도 두 번이나 같은 문제로 해충박멸 작업을 했다." 참으로 웃기다.

벤담의 제자 존 스튜어트 밀 역시 여성의 권리를 지지했으며 1869년 페미니즘 사상을 다룬 획기적인 책《여성의 종속》[4]을 저술했다. J.S. 밀은 여덟 살 때 그리스어와 라틴어를 배웠고 10대 시절에 이미 유클리드 수학과 정치학, 철학뿐 아니라 기본적으로 모든 것에 능했다. 어린 시절 교육의 중요성을 확고히 믿은 위압적인 아버지 덕분이라 할 수 있다. '유치원생에게 그리스어와 라틴어를 배우게 한 아버지를 둔 소년'에서 얼추 예상할 수 있듯, 스무 살이 되었을 때 그는 우울증을 크게 앓았다. 밀은 19세기 영국 천재들이 흔히 그랬던 것처럼 낭만주의 시를 읽으며 우울증을 이겨냈고, 대학에서 가르치기는커녕 심지어 대학에 다녀본 적이 없음에도 동시대에 가장 영향력 있는 철학자가 되었다. 그는 1873년 맥각병이라는, 피부가 터져 붉은 염증을 일으키는 희귀한 병을 앓다가 남다른 생을 마쳤다. 이 병에 걸리기 전 밀은 벤담의 공리주의 업적을 이어받아 이것을 서양 철학 사상의 중심으로 세웠다.

공리주의는 넓은 의미에서 어떤 행동이 초래한 결과만 중시하는 '결과주의'로, 윤리 철학의 한 학파다. 결과주의자에게 가장 좋은 행동이란 최대 선과 최소 악을 초래하는 것이다. 구체적으로 벤담의 초기 공리주의 주장에서 가장 좋은 행동은 그것이 무엇이든 가장 많

---

4 〈굿 플레이스〉 작업을 시작하며 대학 시절에 읽은 《여성의 종속》을 다시 찾아보았다. 당시 판본 표지는 재밌으면서도 충격적이었는데 표지가⋯ 핑크색이다. 맞다. '여자'에 관한 것이라서 핑크다.

은 사람을 행복하게 하는 것[5]을 의미했다. 벤담은 이것을 '최대 행복 원칙'이라 불렀는데, 이는 귀가 솔깃하도록 간단한 동시에 어떤 의미에서는 바보 같은 소리이기도 하다.[6] 세상에는 나처럼 감정과 정신이 안정적인 정상인이 있는가 하면 피자에 파인애플을 올려 먹고 록밴드 레드 핫 칠리 페퍼스의 음악을 즐겨 듣는 사람도 있으므로, 여기서는 "누가 '행복'을 결정할 것인가?"라는 질문이 필연적이다.

그런데도 결과주의에는 거부할 수 없는 면이 있다. 처음 대학에서 결과주의를 읽고 나는 '완전 좋다! 이걸로 하겠어!' 하고 생각했다. 나도 할 수 있을 것 같은 윤리 이론이었다. 어떤 행동이든 "행복의 총량이 더 많으면 좋고, 불행의 총량이 더 많으면 나쁜" 결과가 중요했으므로, 고통과 슬픔보다 쾌락과 행복이 더 많게만 살면 윤리학 대회 우승은 따놓은 셈이었다! 결과주의자는 우리의 행동이 좋은지 나쁜지 바로 알려준다는 점에서 위안을 준다. 그 해답은 증명이 가능한 결과에서 찾을 수 있다. 이는 도덕을 추상 개념에서 끌고 나와 마치 수학이나 화학처럼 대하도록 한 시도다. 영화 〈쉰들러 리

---

5 결과주의에서 나온 사상들의 주요 차이점은 목표와 목적이 무엇인가에 있다. 즉, 어떤 행동을 결정함으로써 최대로 얻어낼 것이 무엇인가에 달려 있다. 공리주의는 행복을 목표로 하지만 결과주의의 다른 사상들은 친절, 소득 균등 또는 구운 비트beet 소비나 그 외의 것을 목표로 하기도 한다. 나는 '결과주의'와 '공리주의'를 섞어서 쓰는데 내가 철학 박사 과정에 있다면 많이 혼났을 테지만 어차피 그런 것에 신경 쓰기에는 삶이 너무 짧다.

6 아리스토텔레스 역시 행복 최대화에 관심을 기울였다. 행복이 무엇인지 정의하면서 "덕을 찾는 끊임없는 과정에서 정확한 양의 덕을 행함으로써 다다르는 번영"이라고 주장한 아리스토텔레스가 그저 "행복을 최대화하자!"라고 외친 벤담보다 훨씬 이치에 맞아 보인다.

스트Schindler's List)의 마지막 장면에서 리암 니슨이 연기한 오스카 쉰들러는 더 많은 사람을 살릴 수 있었다며 애통해한다. 자기 옷에 달린 금 핀을 팔았다면 그 돈으로 두 명의 목숨을 구할 수 있었을 거라며. 쉰들러는 자신이 누리는 행운과 영향력을 이용해 박해받던 유대인을 구할 방법을 찾아냈고 거기에 쓴 돈은 전부 쉰들러가 구한 사람의 목숨과 마찬가지였다. 쉰들러의 도덕 계산기는 매우 분명하다. 바로 그것이 〈쉰들러 리스트〉가 기쁨과 편안함을 주는 영화로 널리 사랑받는 이유일 것이다.

그렇다면 결과만 중요하다는 것인가. 그 결과는 어떻게 판단할 수 있을까? 물론 우리가 오스카 쉰들러이고 두 사람을 살리기 위해 별로 중요하지도 않은 나치 금 핀을 돈으로 바꾼다면 그 행복과 쾌락(두 명이 목숨을 건짐)이 고통과 슬픔(꽤 멋진 금 핀을 잃음)보다 크리라는 것은 쉽게 알 수 있다. 그러나 대다수 결정은 그처럼 확실하게 정해져 있지 않다. 모든 행동을 이런 식으로 판단하기 위해서는 각각의 행동에 따른 결과의 '행복 점수'와 '슬픔 벌점'을 정확히 알려줄 계산기 같은 게 필요하다. 그래서 벤담이 하나 만들었다. 벤담은 어떤 행동이 낳는 쾌락의 양을 측정하기 위해 그 등급을 일곱 가지로 매겼다.

강도: 얼마나 강렬한 쾌락인가

지속 기간: 얼마 동안 지속될 쾌락인가

확실성: 얼마나 확실한 쾌락인가

근접성: 얼마나 빨리 쾌락이 주어질 것인가

생산성: 얼마나 '영속적인' 쾌락인가 – 이로써 다시 얼마만큼의 다른 쾌
    락이 생겨날 것인가

순도: 쾌락의 크기에 비해 얼마나 작은 고통이 따르는가

확장성: 얼마나 많은 사람이 누릴 수 있는 쾌락인가

두 가지는 분명하다. 첫 번째는 이 목록을 보면서 공리주의와 섹스의 공통점을 놓고 농담하지 않고 넘어가는 게 불가능하다는 점이다. 사실 그렇지 않은가. '강도' '얼마 동안 지속되는가' '이로써 다시 얼마만큼의 다른 쾌락이 생겨날 것인가'라니. 저 부분을 읽으면서 역사상 가장 성욕이 강했던 철학자 제러미 벤담을 놀릴 말이 바로 떠오르지 않았다면 분명 나보다는 나은 사람일 것이다. 어쨌든 두 번째로, 이 계산기는 고약하다. 누군가의 행동에 어떻게 이러한 등급을 매길 수 있단 말인가? 동료에게 20달러를 빌려주는 일의 '생산성'을 어떻게 계산하고, 박람회에 가서 튀긴 칠면조 다리를 시식하는 일의 '순도'를 어떻게 측정할 수 있단 말인가? 심지어 벤담은 측정 단위로 새로운 용어를 제안하기도 했다. 쾌락은 '헤돈hedons'이고 고통은 '도울러dolors'다. 이 친구는 사람들이 길을 걷다가 이런 말을 했으면 했던 것 같다.

"계산해봐. 대형 체인점 대신 지역 농부들이 운영하는 시장에서

물건을 샀으니 3.7헤돈에 1.6도울러야. 선한 행동이었어."

별로 설득력이 없어 보인다. 하지만 벤담(여기서 그가 해골이 의자에 박힌 채 유명 대학교에 영원토록 전시된 사람이라는 점을 다시 지적해야 할 것 같다)은 이 체계를 신뢰했고 확신하며 관련 글을 남겼다. 독자의 이해를 돕기 위해 아기자기하고 귀여운 시를 짓기까지 했다.

> 강하고 오래도록 확실하고 빠르고 풍요롭고 순수한
> 행복은 알리고 고통은 인내해야 하지
> 은밀한 행복은 그대의 것이게 하나
> 모두의 행복은 널리 퍼뜨려 주오
> 무엇이 되었든 고통은 피하길
> 반드시 닥쳐야 한다면 조금만 오기를
> (Mnemonic Doggerel, 제러미 벤담)

한번 잘 살펴보자. 최대 행복 원칙에서 이미 문제점을 발견했어도 이 귀신 같은 박제 인간의 실험은 사실 일리가 있다. 도덕을 전혀 몰라도 벤담이 지은 귀여운 시에 따라 사는 사람이 있다면 꽤 좋은 사람일 가능성이 크다.

벤담은 어떤 쾌락이나 고통을 유발하는 감정을 그것이 얼마나 강렬한지, 얼마나 지속되는지, 얼마나 확실하고 빠른지, 얼마나 생산적이고 순수한지에 따라 정의할 수 있다고 보았다. 개인이라면 얼마든지 원하는 쾌락을 추구해도 된다. 그러나 공익을 위한다면 그 쾌락을 최대한 널리 퍼뜨리는 것이 좋다.[7] 가능한 한 고통은 유발하지 않아야 하며 그것이 불가능할 경우 고통의 양을 최소화하도록 최선을 다해야 한다. 썩 괜찮은 생각이 아닌가? 벤담과 다른 공리주의자는 타인 배려를 최우선에 두어야 한다고 주장한다. 이는 모든 사람의 행복이 동등하다는 신념에 기반한다. 내 행복이 다른 누군가의 행복보다 특별한 것은 아니므로 엘리트주의를 거부한다. 공리주의자의 유람선에는 부유한 승객들만 예약할 수 있는 일등석이 없다. 모든 방은 크기가 같으며 모두가 같은 뷔페에서 식사한다.

그렇다면… 공리주의가 해답일까?

아니다. 공리주의는 (많은 상황에서) '해답'이 아니다

아쉽게도 공리주의는 자세히 뜯어볼수록 중심 신조마저 치명적 약점을 드러낸다. 단지 행복 극대화와 고통 최소화만 중요시하면 곧 불편한 진실과 마주친다. 마치 의사가 죄 없는 경비원의 목을 졸라 장기를 꺼낸 뒤 환자 다섯 명을 살리는 것처럼 말이다. 또한 벤담의 최대 행복 원칙에 따르면 먹을 것과 뒹굴 진흙이 충분한 돼지가 비록 훌륭한 사상가였지만 아테네 전체를 화나게 만들어 교도소에서 독미나리를 먹고 죽은 소크라테스보다 더 행복하다고 할 수 있다(그

---

7 아까 자제했으니 최소한 지금은 장난칠 말을 생각하고 있는 중이길 바란다.

것이 인생에서 더 '성공'한 것이라고 볼 수도 있다). 진흙에서 뒹구는 돼지가 인류 역사상 가장 훌륭한 사상가 중 하나였던 사람보다 더 행복하고 나은 삶을 살았다고 주장하는 윤리 이론이라면 시작부터 문제가 있다고 보아도 무방하다.[8]

실제로 벤담이 세상에 공리주의를 소개한 이후 여러 철학자가 이 사상의 허점을 드러내는 다양한 사고 실험을 했다. 그중 내가 좋아하는 것을[9] 소개하겠다. 월드컵 경기 중 스포츠 TV 채널 ESPN의 변압기를 작업 중인 전기공(스티브라고 하자)이 있다고 해보자. 그런데 스티브가 미끄러지면서 변압기 뒤로 떨어지는 바람에 기계 사이에 완전히 끼고 만다. 스티브 주변의 전기 장비들은 반복해서 전기 충격을 가하고 스티브의 몸은 마구 흔들리고 있다. 자, 여기서 당신은 스티브를 구할 수 있지만 그러려면 변압기를 몇 분간 멈춰야 한다. 철저한 결과주의자라면 결정하기가 어렵지 않은 문제다. 방송이 끊기면 수천만 명이 낙심할 것이므로 미안하지만 스티브는 계속 그 안에서 만화에서처럼 뼈가 피부 밖으로 드러날 때까지 전기 충격을 당해야 한다. 그렇지만 이 대답은 너무 차갑다. 다른 사람들의 행

---

8 밀은 벤담의 사상에서 더 기본적인 문제점을 수정하는 데 시간을 바쳤다. 예를 들어 밀은 이렇게 말했다. "짐승에게 최대 행복을 보장한다고 해서 동물이 되기를 원하는 인간은 없다. … 만족한 돼지보다는 불만족스러운 인간이 낫다."

9 팀 스캔론 T.M. Scanlon이 저서 《우리가 서로에게 지는 의무》에서 소개한 사고 실험인데, 여기서는 조금 다른 맥락에서 쓰고 있으므로 가볍게 각색했다. 스캔론은 4장에서 다시 다룬다.

복을 위해 불쌍하고 무고한 스티브가 고통받게 하는 것은 잘못된 일 같다. 결과주의자의 문제점은 결국 이것이다. 전체 '쾌락'과 '고통'의 합계로 결론지어 내린 결정은 어딘가 옳지 않다고 느끼게 만든다는 점 말이다.

공리주의자는 다음과 같은 영리한 답변을 내놓는다. 어떤 행동에 단점보다 장점이 많다고 결론을 내렸는데 이것이 도덕적으로 허용되지 않는 것이라면, 흐음… 그건 계산을 잘못했다는 뜻이다. 어떤 행동의 선과 악을 종합할 때는 전체 그림을 고려해야 한다. 즉, 직접 고통을 겪은 무고한 한 사람뿐 아니라 어떤 일이 일어났고 사회가 이를 허용했음을 알게 된(그래서 이론상 그 일이 자신에게도 일어날 수 있음을 알게 된) '모든' 사람의 고통을 합산해야 한다. 스티브가 〈나홀로 집에 2〉에서 강도가 케빈이 설치한 감전 싱크대를 건드렸을 때처럼 파김치가 되도록 놔둔 덕에 축구 경기를 다 볼 수 있었다는 사실을 들으면 아주 많은 사람이 최소한 약간이라도 비참한 기분이 들 것이다. 이 계산에서 스티브가 실제로 느낄 물리적 고통에 사람들의 정신적, 감정적 고통을 더하면 '악'의 총량은 처음 생각했던 것보다 훨씬 커진다. 이는 훌륭한 방어인 동시에 책임회피 수단으로 쓰인다. 이런 식이면 공리주의 계산으로 별로 달갑지 않은 결론이 나올 때마다 공리주의자는 "계산이 잘못됐다"라며 피해 갈 것이기 때문이다.

스티브의 감전이 세상 전체에 초래할 고통과 슬픔의 모호한 양을 고려할지라도 결과주의자는 여전히 스티브가 감전되는 쪽을 택할지 모른다. 아니, 확실히 그럴 것이다. 이론적으로 우리는 모두 사회에서 이런 일을 허용한다는 것을 알고 있다. 이 일이 언젠가 나 자신에게도 일어날 수 있다는 점 또한 알고 있다. 그럼 솔직히 말해 우리에게 이러한 일이 일어날 확률은 얼마나 될까? 우리가 전기공도 아니고 심지어 ESPN에서 일하지도 않는데? 아마 그냥 끔찍한 사고로 여기고 머릿속에서 치워버릴 것이다. 더구나 엄밀히 말하면 스티브는 '변압기 수리공' 일을 택했을 때 그에 따르는 위험 요소를 인지하고 있었을 터다(무슨 일을 하든 어느 정도 위험 요소는 있다). 따라서 완벽한 결과주의자는 쾌락과 고통의 양을 철저히 계산한 후에도 사람들이 브라질과 프랑스 준결승 게임의 마지막 8분을 놓치지 않도록 스티브를 소리굽쇠처럼 진동하게 그냥 두어도 괜찮다고 결정하리라. 쾌락과 고통의 2차 의미를 분류하는 것은 너무 광범위하고 과학적으로 정확히 계산하는 것도 가능하지 않다.

여기에는 또 다른 문제점도 있다. 어떤 행동이 초래한 결과를 밝혀내기 위해서는 그 행동과 결과 사이의 연관성을 이해해야 하는데(행했다고 생각하는 것을 실제로 행했는지) 그런 일이 자주 일어나지는 않는다. 사람들이 잘하지 못하는 일 한 가지를 꼽으라면 주어진 결과에서 올바른 결론을 도출해내는 일이다.[10] 사람들은 오랜 시간이

---

10 글쎄, 사람들이 잘하지 못하는 그 한 가지는 사실 '비행기가 아주 조금 연착됐을 때 평정심

지나도 어떤 결과를 초래할지 알기 힘든 행동을 자주 한다. 가끔이지만 인과관계, 즉 이 행동이 저 결과를 초래하는 경우와 상관관계, 즉 이 행동을 해서 관련 없는 다른 일이 일어나는 경우를 구분하기 어려울 때가 있다(예를 들어 스포츠 팬들은 특정 유니폼을 입거나 거실에서 자신만의 특별한 관전 장소에 앉기도 하는데, 이 행동이 자기가 응원하는 팀의 승리에 어느 정도 도움을 준다고 생각한다. 물론 전혀 도움을 주지 않는다[11] [12] [13]). 우리가 한 행동을 진정으로 이해하지 못하는 상황에서 그것이 얼마나 선과 악을 창출했는지 알아내는 것은 거의 불가능에 가깝다.

예를 들어 당신이 어떤 종류의 선에 도달하려 애쓰고 있다고 치자. 당신은 교사이고 학생들이 시험을 잘 보기를 바란다. 학생들에게 동기를 부여하기 위해 다음 수학 시험에서 평균 점수가 80점을 넘으면 모두에게 상을 주겠다고(크고 맛있는 마시멜로!) 한다. 마시멜

유지하기'지만 올바른 결론을 도출하는 것 역시 간발의 차이로 2위다.

11 나 역시 이러한 미신에 수천 번 얽매였다. 2004년 프로야구 플레이오프 때는 경기 때마다 아내(J.J.)를 내 오른쪽 옆에 앉혔는데, 이는 아내가 처음 그 자리에 앉았을 때(아메리칸 리그 챔피언십 시리즈의 네 번째 경기) 레드삭스가 승리했기 때문이다. 이후 레드삭스는 모든 경기에서 이겨 86년 만에 월드 시리즈 첫 우승을 달성했다. 이것 봐라, 효과가 있다!

12 토드의 지적: 내 기억으로 1996년 뉴욕 닉스 팬들이 플레이오프 전에 우르르 삭발하는 걸 보고 나도 따라 했다. 효과는 없었다.

13 다시 내 지적: 이 책을 편집한 시기가 2021년인데 뉴욕 닉스가 생전 처음 플레이오프에 진출했다. 토드가 삭발한 지 정확히 25년 후 일어난 이 일이 우연이라고 생각하는가? 아니다. 전적으로 토드 덕분이다. 토드, 축하해요!

로를 좋아하는 학생들은 열심히 공부하리라. 반대로 마시멜로를 싫어하는 학생들은 공부를 덜 한다. 또 다른 학생들은 이 상에 관심이 없어 그냥 하던 만큼만 공부한다. 어떤 학생들은 돌대가리에서 나온 이 발상에 의문을 품다 결국 교사를 구제 불능 멍청이라 결론짓고 다른 학교로 전학을 가려고 열심히 공부해 뛰어난 성적을 낸다. 결국 평균은 82점이었고 당신은 동료 교사들과 하이파이브를 하며 학생들에게 마시멜로를 주는 것으로 동기부여에 성공했다고 생각한다. 이 발견은 잡지 〈훌륭한 교사〉에 마시멜로 봉투를 든 당신 그리고 동료들의 사진과 함께 실린다. 헤드라인은 이러하다.

"과연 비법이 무엇일까? 학생들의 스모어 s'more(크래커 사이에 초콜릿과 구운 마시멜로를 넣은 디저트로 '더 주세요 some more'라는 표현을 축약한 단어-옮긴이)를 뽑아내는 교사들!"

이 일은 좋은 결과에서 나쁜 걸 배운 예시다. 학생들에게 마시멜로를 상으로 주는 것이 더 큰 이익을 달성하는 데 기여했다고 생각하겠지만 실은 그런 이상한 행동을 했음에도 의도한 결과를 낸 셈이다. 이 때문에 당신은 앞으로 나쁜 교사가 되는 데 필요한 행동을 계속하려 할 것이다. 인간 행동은 대부분 선행 단계(행동하기 전)나 행동이 끝난 후(결과를 관찰하는 순간) 완전한 관련 정보가 뒤따르지 않는 경우가 많아서 어떤 행동에 따른 결과로 그 행동의 도덕 가치를 결정하는 것은 위험하다. 더 좋지 않은 것은 진정한 결과주의자는 의도치 않은 방법으로 결과를 달성해도 상관하지 않는다는 점이다

(원하던 결과를 얻었는데 그 결과가 어떻게 나왔는지 무슨 상관이람). 결과를 가지고 행동의 '선'과 '악'을 결정할 때 그 결과라는 것을 완전히 이해하기 어려운 경우가 많다. 결국 어떻게 되겠는가? 고장 난 전차에서 '손잡이를 당기는 행동'이 이제 좀 더 위험해 보이지 않는가?

공리주의의 두 가지 문제점 추가: 쾌락주의자들과 살인마 보안관

'큰 그림'을 그리려 하는 공리주의자들이 계속해서 같은 말을 내뱉어도 여러 변형된 상황마다 취해야 할 행동이 다르게 느껴지는 이유를 잘 이해하기 위해 다시 트롤리 딜레마 문제로 돌아가자. 원래의 질문에 접근한 방식을 떠올리자면 우리는 무의식적으로 공리주의자처럼 반응했다. '여러 사람을 구하는 일=선'이라는 공식을 세운 것이다. 하지만 전차를 세우기 위해 역도 선수 돈을 다리 밑으로 밀어야 할지 물었을 때는 어땠는가? 사람들은 대부분 아니라고 했다.

"왜 안 되는 것일까요?"

철학의 기초를 가르치는 교수들은 눈앞에서 '걸리기만 해봐' 하는 얼굴로 묻는다.

"어차피 똑같이 다섯 명을 살리기 위해 한 명을 죽이기로 하는 것 아닌가요?"

주눅이 든 우리는 기어들어 가는 목소리로 대답한다.

"그래도 그건 좀 다른 것 같은데…."

그럼 장기 이식이 필요한 다섯 명을 살리기 위해 건강한 한 사람을 죽여 장기를 빼내는 것은 어떨까? 우리는 "절대 안 되죠" 하고 딱 잘라 말한다. 그것은 우리가 전혀 할법한 일이 아니라서 듣는 것만으로도 멍해지는 듯한 느낌이 든다. 마치 영화배우 돈 치들Don Cheadle과 레이첼 맥아담스Rachel McAdams가 형사로 나와 악명 높은 '공리주의자 살인마'[14]를 찾는 영화 속 나쁜 놈이 된 것 같다. 이처럼 상황에 따라 대답이 다른 것은 위에 나온 교사의 마시멜로 실험과 어떤 의미에서 관련이 있지 않을까. 트롤리 딜레마에서 공리주의자의 답변은 잘못된 이유로 올바른 답변이 될 수 있다. 손잡이를 당겨 다섯 명을 살리기로 하는 결정은 어쩌면 도덕적으로 올바를 수도 있다. 단지 '다섯이 하나보다 더 많기' 때문은 아니다.

앞서 말한 것처럼 18세기와 19세기에 밀과 벤담이 공리주의를 세상에 내놓았을 때 철학자들은 미쳐버리는 줄 알았다. 학계는 윤리학은 결과 중심 사업이 아니라며 화가 나서 이 사상을 거부했다. 그 비평을 읽어보면 굉장히 우스운데 마치 스포츠에서 상대팀한테 욕을 퍼붓는 것의 철학자 버전 같다.[15] 1945년 버트런드 러셀[16](J.S. 밀은

---

14 치들은 은퇴가 6개월 남은 '스테디' 에디 그레이 형사고 맥아담스는 '조이' 굿하트 조엘 역이다. 그녀의 완벽한 탐정 본능 뒤에는 10대 가출 소녀의 어두운 과거가 감춰져 있다. 인정하시지! 이 영화 볼 거잖수.

15 이것도 그나마 공리주의를 언급이라도 했을 때나 해당하는 말이다. 1926년 출간한 윌 듀런트의 700쪽에 달하는 작품 《철학 이야기》에는 공리주의 얘기가 거의 나오지 않는다. 주석에 지나가는 말로 벤담과 밀을 언급할 뿐이다. 학계의 노골적인 싸늘함이라 할 수 있다.

러셀의 대부代父였다)은 소크라테스 이전의 그리스 사상부터 20세기 논리학에 이르기까지 모든 것을 담은 《러셀 서양철학사》를 출판했다. 러셀은 대부 밀을 좋아했고 또 밀의 지적 역량과 도덕적 삶을 존경했으나 그가 공리주의자를 평한 부분에는 경멸이 묻어 나온다.

"이 사상에는 새로울 것이 전혀 없다."

러셀은 코웃음 치며 덧붙인다.

"감정적 호소력이 전혀 없다는 점을 고려할 때, 벤담이 영국 법률과 정책에 미친 영향은 놀라울 정도다."

다음은 러셀이 공리주의를 언급한 내용이다.

벤담의 체계에는 명백한 구멍이 있다.

벤담의 낙관주의는 어떻게든 용납은 가능하겠지만 환멸에 빠진 이 시대에는 다소 순진무구해 보인다.

존 스튜어트 밀은 저서 《공리주의》에서 오류투성이 주장을 펼치는데, 애

---

16 러셀은 지금까지 존재한 사람들 중 가장 영국적인 인물로 정평이 나 있다. 정식 이름은 제3대 러셀 백작 버트런드 아서 윌리엄 러셀 경, OM FRS(영국 왕립학회 훈장)다. 몬머스셔Monmouthshire 트렐렉 Trelleck에 있는 레이븐스크로프트 Ravenscroft(극단적으로 영국 같은 지명이다)의 귀족 가문에서 태어났다. 할아버지 존 러셀 경은 망할 대영제국의 망할 수상이기까지 했다. 버트런드는 네 명의 여성과 결혼했다. 알리스 피어솔 스미스Alys Pearsall Smith, 도라 블랙Dora Black, 퍼트리샤 스펜스 Patricia Spence, 에디스 핀치Edith Pinch가 그들인데 마찬가지로 매우 영국적인 이름이다. 이 친구는 진짜로 너무 심하게 영국적이었다.

초에 그것이 어떻게 논쟁거리가 될 것이라고 생각했는지 이해하기 힘들 정도다.

제러미 벤담은 무식한 멍청이었고 내가 런던대학교를 방문할 일이 있다면 왁스로 만든 벤담의 머리를 뜯어 템스강에 던져버릴 것이다.

맞다. 마지막 부분은 러셀이 실제로 쓴 게 아니지만 어쨌든 무슨 말인지는 알 것이다. 그는 공리주의를 좋아하지 않았다. 러셀은 자신의 불쾌감을 다음과 같이 요약했다.

그게 무엇이든 욕망의 대상이 될 수는 있다. 마조히스트는 자신의 고통을 욕망하기도 하니까 (…) 사람은 그것이 자신의 욕구라는 사실 외에는 자기와 아무 상관이 없는 무언가를 원할 수 있다. 예를 들어 내 나라가 중립을 취하고 있는 전쟁에서 나는 개인적으로 어느 한쪽이 승리하기를 원하는 것처럼 말이다. 벤담의 욕망은 전체 행복 증가 또는 전체 고통 감소일 수도 있다. (…) 그의 욕망이 다양하듯 그가 생각하는 행복 역시 여러 가지일 것이다.

내 생각에 러셀이 이 부분을 쓸 때 만년필을 너무 세게 눌러서 반으로 부러지지 않았을까 싶다. 아무튼 여기에 중요한 이야기가 나온다. 공리주의자는 쾌락과 고통의 총량에 집중하지만 그 쾌락과 고통을 경험하는 사람에 따라 계산에 커다란 차이가 있을 가능성이 있다. 기억날지 모르겠으나 앞에서 말했듯 나처럼 감정과 정신이 안정적인 정상인이 있는가 하면, 하와이안 피자(혹시 모를까 봐 말해두는데 파인애플과 햄을 올린 피자다) 따위나 좋아하는 사람도 있는 법이다. 내가 피자가게를 차렸다가 하와이안 피자를 좋아하는 괴짜를 만나면 어떻게 될까? 그 괴짜가 하와이안 피자를 아주 깊이 완전하게 사랑해서 하와이안 피자를 먹으며 측정 불가능할 정도의 큰 쾌락을 얻는다면? 하와이안 피자 한 조각이면 오르가슴에 빠질 수 있어서 이마 위로 쾌락이 통째로 흘러내린다면? 그가 하와이안 피자 한 조각을 먹을 때 느끼는 '쾌락의 총량'이 다른 모든 사람이 정상적인 피자를 먹을 때 느끼는 쾌락의 총량보다 훨씬 크다면 어떻게 해야 할까? 이 상황에서 내가 착한 공리주의자라면 정상적인(좋은) 피자 만들기를 중단하고 그 괴짜에게 더 큰 쾌락을 주기 위해 하와이안 피자(자연에 맞서는 범죄)를 만드는 데 내 삶을 바쳐야 하는 걸까?[17]

공리주의는 이러한 문제에 부딪히기 쉽다. 인간은 이상한 존재라서 '행복의 총량'을 최대화하는 행동을 찾다 보면 모호한 상황에 놓인다. 하와이안 피자를 좋아하는 소시오패스들의 큰 기쁨이, 햄과

---

17 여기에는 계산할 것이 더 있다. … 이 경우 다른 손님들이 고통받지 않을까? 그 고통의 크기는 어느 정도일까? … 피자가게 문을 닫게 되지는 않을까? 이때 나와 내 가족의 고통은 어떻게 해야 하지? 이런 식이다. 그러나 여기서 중요한 것은 피자에 파인애플을 올리지 않아야 한다는 점이다. 젖어서 물이 줄줄 흐르는 피자라니! 젖어서 물이 줄줄 흐르는 어떤 것도 피자 위에 올리면 안 된다! 진짜로 독자가 이 책에서 얻어가는 것이 이 사실뿐이라고 해도 나는 내 할 일을 했다고 생각한다.

파인애플은 각각 샌드위치와 과일샐러드에 들어가야 한다는 점을 이해하는 선량하고 마음이 안정적인 여러 명의 작은 기쁨보다 더 중요하다고 보는 것은 공정하지 않다. 때로 공리주의자는 이와 반대로 각 개인의 특색을 제거하고 모든 인간의 기쁨과 슬픔을 거대한 한 덩어리로 얼버무린 규칙을 만든다. 사람들에게 행복을 주는 게 모두 같지 않다는 점은 우리를 인간적으로 만드는 아름답고도 흥미로운 부분이라 이 점 역시 받아들이기가 힘들다. 심지어 공리주의는 윤리학이 아닌 수학이라고 비판하는 사람들도 있다. 행동의 결과를 두고 누군가가 불만을 제기할 때 더 많은 사람이 행복하기만 하면 된다는 공리주의 관점은, 마치 자기 팀이 이기고 있는 상황에서 술 취한 미식축구 팬이 소리를 지르는 것과 같다.

"점수판 가져와 봐!"

또 다른 영국[18] 철학자 버나드 윌리엄스Bernard Williams(1929~2003)는 반공리주의 사고 실험에서 내가 좋아하는 것 중 하나(트롤리 딜레마가 얼마나 이상한지 설명할 수 있는)를 제안하며 다음과 같은(물론 내가 살짝 의역을 더했다) 시나리오를 구상했다. 이것은 'ESPN의 감전당한 스티브'나 트롤리 딜레마의 사촌쯤인 이야기로 윌리엄스의 분석은 러셀의 비평을 더욱 섬세하게 짚어낸다.

---

18 윌리엄스는 버트런드 러셀만큼 심한 영국인은 아니지만 에식스주 웨스트클리프온시 Westcliff-on-Sea라는 곳에서 태어났다. 역시나 몹시 영국적인 이름으로 러셀의 '몬머스셔'가 오하이오주 아크론Akron 정도로 평범하게 들릴 지경이다.

짐은 시골의 어느 작은 마을에서 휴가를 보내다가 우연히 주민 열명에게 총을 겨누고 있는 지역 보안관 피트를 만난다.[19] 피트는 짐에게 이 마을에서는 법과 질서를 유지하기 위해 엄청나게 재밌는 일이 벌어진다고 말한다. 때로 아무나 열 명의 마을 사람을 죽여 누가 우두머리인지 상기시킨다는 것이다. 지금 짐이 와 있으니 짐만 동의한다면 특별히 열 명 대신 짐이 한 명을 쏴 죽여 일주일 치 '수업'을 대신하게 해주겠다고 한다(잠깐, 짐이 갑자기 총을 빼 들고 무슨 제이슨 본영화에 나오는 액션으로 피트를 제압한 후 다른 사람들을 풀어주거나 하는 것은 불가능하니 묻지 말길). 공리주의자가 이 상황을 해결하는 방법은 간단하다. 짐은 마을 사람 한 명을 죽이고 아홉 명의 목숨을 구해야 한다. 윌리엄스는 이 상황에서 공리주의자가 짐을 생각하지 않는다고 지적한다. 기분 좋게 산책하러 갔다가 갑자기 무슨 최대 쾌락/고통의 비율을 달성하고자 냉혈한처럼 무고한 한 사람을 죽여야 하는 상황에 놓인 이 사람은 어떻게 되겠는가? 이런 일을 겪고 짐이 정상적인 생활로 다시 돌아갈 수 있을까?

윌리엄스는 공리주의자를 공격하는 데 '완결성integrity'이라는 단어를 사용한다. 이는 '전체'보다 정직, 도덕적 올바름 또는 온전함의

---

19 윌리엄스는 1973년에는 흔한 일이었지만 2023년에는 매우 불쾌한 용어인 '인디언'을 사용했지만 내가 '마을 사람'으로 고쳤다. 윌리엄스의 원래 시나리오 배경은 남미의 한 마을인데 이 역시 듣기 불편한 상황이다. 문화 측면에서 많은 것이 아주 빠르게 불편해지고 있다!(이 점은 나중에 다시.)

의미를 지닌다. 그는 공리주의자의 세계관이 개인 존재의 기본 토대에 균열을 일으킨다고 말하는데, 이것은 '우리는 모두 타인의 행동이 아닌 자기 행동을 각각 책임져야 한다'는 생각에 기반한다. 대량학살이 법과 질서 유지에 도움을 준다고 생각한 보안관 피트 때문에 마을 사람 열 명이 죽을지도 모른다. 그 책임은 당연히 피트에게 있다. 짐이 마을 사람 한 명을 죽인다면 그것이 설사 '더 큰 선善'을 위한 것일지라도 역시 살인의 책임은 짐에게 있다. 이 상황에서는 어느 정도 짐의 도덕성이 중요하다. 이는 자신이 온전히 존재하는 것을 막고 자신을 스스로도 알아볼 수 없는 모습으로 조각내는 행동과 타협하지 않는 전체적 실체로서의 감각을 의미한다. 짐은 아홉 명의 목숨을 살리기 위해 무고한 한 명을 죽이고, 달리는 전차를 멈추기 위해 역도 선수를 다리에서 밀어버리는 것이 '다른 누군가'가 아닌 바로 자신임을 인지해야 한다. 어쩌면 이 상황에서 무고한 한 명을 죽이는 것이 도덕적으로 옳은 일일 수도 있다. 공리주의자에게 이는 그저 숫자일 뿐이다. 반면 윌리엄스는 숫자가 유일한 결정요인이면 안 된다고 주장한다.

트롤리 딜레마 이야기는 다음 장에서 다시 다룬다(이 상황에 관한 여러분의 들쭉날쭉한 답변에도 설명을 더 덧붙이겠다). 일단 지금은 다음 개념에 만족하자. 도덕적 딜레마를 마주했을 때, 특히 내 행동이 심각한 고통과 괴로움을 초래할 경우 공리주의 계산에만 의존하면 분명 중요한 문제가 발생할 수밖에 없다. 도덕적 딜레마 상황에서 고려해야 할 요인에는 여러 가지가 있다. 무엇보다 자신의 도덕성을 충분히 고려하지 않고 행동하면 옳은 일을 한다고 느끼기 어렵다. 만일 옳은 행동에 관한 개인의 견해가 공리주의자의 세계관과 어쩌다 일치할지라도 공리주의자의 세계관이 그 행동을 옳은 것으로 만드는 근거가 되지는 않는다.

공리주의자를 충분히 욕했으니 이제 좋은 점도 이야기 해보자!

결과주의자를 공격하기 위해 만든 사고 실험은 대부분 더 나쁜 일이 일어나는 것을 막고자 덜 나쁜 일을 해야 하는 상황에 초점이 맞춰져 있다. '숫자 게임' 이론의 결점을 드러내기 위해서는 어떤 결정을 하든 사람들이 고통받는 시나리오를 설계하는 것이 효과적이다. 공리주의자의 숨통을 조금 틔워주자면 선을 극대화하려는 상황에서는 이 이론이 반대 상황보다 훨씬 낫다. 고장 난 전차와 살인마 보안관 이야기를 잠시 옆으로 밀어놓고 좀 더 일반적인 현실 상황을 생각해보자. 허리케인으로 도시가 난리를 겪는다고 해보자. 식품 지원 단체 푸드뱅크Food Bank는 1,000명분의 음식을 어떻게 나눌지 결정해야 한다. 공리주의자는 가능한 한 많은 사람에게 음식이 돌아가도록 분배한다. 이를 위해 허리케인으로 가장 크게 피해를 본 사람이나 음식을 가장 필요로 하는 사람부터 배식을 시작한다. 피해가 적은 사람보다 이들에게 먼저 음식을 주었을 때 더 큰 행복을 창출할 수 있기 때문이다. 꽤 좋은 시스템이라 할 수 있다! 그런데 이 상황에서도 웬 이상한 쾌락 괴물을 마주치면 문제가 발생한다. 예를 들어 라스라는 남자가 있다고 해보자. 라스는 영화 〈아바타Avatar〉를 기반으로 감성 표현을 강조하는 이모록emo-rock 오페라를 작곡 중이고 창의력이 메마르지 않으려면 음식이 많이 필요하다며 혼자 100명분을 받겠다고 주장한다. 이제 공리주의자는 라스가 이모록 오페라를 작곡함으로써 얻을 행복의 양과 그 음악을 듣고 다른 사람들이 얻을 행복의 양을 계산해야 한다.[20] 조금 전까지 별로 문제가 없어 보이던 분배 모델이 갑자기 영 지저분해졌다. 물론 〈아바타〉 감독 제임스 카메론James Cameron을 숭배하는 록밴드 폴 아웃 보이Fall Out Boy의 광팬에게 음식의 10분의 1을 줘버리는 것은 (다른 특별한 요소가 없다면)[21] 당연히 윤리적으로 옳지 않겠지만, 좋은 공리주의자라면 이 사

---

20 가능한 답변: 아마 얼마 안 될 것이다. 설사 그 행복의 양이 엄청날지라도, 그러니까 라스가 필립 글래스Philip Glass 같은 천재 작곡가라서 〈아바타〉를 기반으로 한 이모록 오페라가 전 세계를 휩쓸어도 벤담은 그것이 얼마나 빨리 행복을 안겨줄 것인가 하는 또 다른 질문을 던진다. 공리주의자는 분명 이모록 오페라를 작곡하고 시연하는 데 오랜 시간이 걸릴 것이므로 더 많은 사람이 밥을 먹게 해서 즉각 행복을 창출하는 게 맞는다는 결론을 내릴 것이다.

21 공리주의 사고 실험을 더 깊이 파고 싶다면, 이 친구가 이상한 아마추어 이모록 오페라 작곡가가 아니라 농부라서 직접 재료를 길러 다른 사람에게 음식을 줄 수 있다고 생각해봐라. 아니면 백신을 만드는 의사거나. 혹은 지구 온난화 현상을 되돌릴 방법을 연구하는 기후학자라서 앞으로 다시 올지 모르는 허리케인을 막을 수 있다면? 그러면 음식을 더 받아도 될까? 이 부분은 독자가 직접 답을 내도록 그냥 남겨두겠다.*
* 철학 전통이다. 거대한 질문을 휙 던져놓고 '대답은 독자가 직접 알아내도록 남겨두겠다'고 하는 방식 말이다. 이건 말도 안 된다. 교육사로서 책임을 회피하는 직무 태만이다. 대체 왜 그러는 것일까? 이 질문의 답은 독자가 직접 알아내도록 남겨두겠다.

고 과정을 모두 다시 계산해봐야 한다. 어렵고도 짜증 나는 일이긴 하지만 말이다.

최근 윤리 철학계에서 결과주의가 부활하고 있다. 원인은 현대 사회에 만연하는 풍토병 같은 것에 있는 듯 보인다. 예를 들면 그 어느 때보다 수입 격차가 심해져 학계는 다시 자본 남용에 주의를 기울이고 있다. 아니면 세상 문제가 지나치게 커지고 인구가 너무 늘어나 서로를 어떻게 대해야 하는지 답변이 시급해지자 단순히 최대한 많은 사람에게 최대한 많은 도움을 주려는 철학이 인구가 적고 세상이 단순하던 시절보다 도덕적으로 더 일리가 있게 된 것일 수도 있다.

실제로 내가 이 책을 쓰고 있을 때 모든 나라 정부가 (최소한 초반에는) 공급이 부족한 코로나19 백신을 어떤 방식으로 투여할지 논의했다. 그 계산법은 논쟁할 것도 없이 공리주의적이다. 코로나19에 걸렸을 때 심하게 아프거나 죽을 가능성이 큰 사람과 직업상 더 위험한 상황에 놓인 사람을 우선으로 한다. 이 같은 방식을 택했을 때 백신 하나하나가 잠재적 고통과 불행을 최대한 완화하므로 각 백신의 '선'을 극대화할 수 있다. 현재의 코로나19 백신 접종 상황에서 이보다 더 나은 방법을 제시하는 철학 사상을 찾기는 매우 어렵다. 결과만 중시하는 철학은 많은 문제를 초래할 수 있으나 그럼에도 불구하고 얼마나 쾌락을 만들어내고[22] 얼마나 고통을 줄일지에 집중하는 것이 큰 도움을 주는 상황 역시 분명히 존재한다.

그러나 우리는 어떤 행동에서 그 결과에만 치중해 도덕 가치를 결정하는 것은 거의 불가능하거나, 판단을 그르치게 하거나, 그것만으로는 계산이 어렵거나, 아니면 세 가지 모두에 해당한다는 것을 확인했다. 만약 결과를 무시하면 어떻게 될까? 어떤 행동을 하기 전에 이미 도덕 가치를 결정할 수 있다면? 또는 한 명을 죽일지 다섯 명을 죽일지 같은 선택의 갈림길에 섰을 때 결과와 상관없이 옳은 행동을 보장하는 특정 규칙이 있어서 이를 따르기만 하면 된다면? 아니면 초반에 나온 '우주 선량함 회계사'가 존재해 결과가 나쁠 때마다 혀를 차며 "여러분, 오늘 치 선량함을 다 망치긴 했지만 괜찮습니다. 분명 잘하려 했을 테고 도덕 가치는 그 의도로 매겨지는 거니까요!"라고 한다면 어떨까? 좋을 것 같지 않은가?

그러면 이제 다른 곳으로 가볼까요? 벨트 매세요. 칸트Kant 타임입니다.

22　이 이야기만 나오면 계속 농담거리가 떠오른다. 멈출 수도 없고 멈추지도 않을 것이다.

규칙을 지키기만 하면

친구의 이상한 셔츠를 예쁘다고 해야 할까

다음 중 성가신 사회적 의무를 회피하기 위해 써본 적 있는 거짓 변명은?

- "미안, 문자가 안 왔어. 요즘 전화기가 이상해."
- "오늘 저녁 약속에 못 나갈 것 같아. 베이비시터가 막판에 못 온다고 하잖아."
- "너희 딸이 학교에서 하는 오케스트라 콘서트에 정말 가고 싶지만 내 도마뱀이 요즘 우울증을 보여. 좋아하는 돌멩이에 도통 앉지도 않고 상추도 안 먹고…. 내가 옆에 있어 줘야 할 것 같아."[1]

우리가 마주하는 가장 흔한 윤리적 딜레마는 '사실대로 말해도 될

---

[1] 정확히 이대로는 아니지만 내가 9학년 때 데이트를 신청한 여학생이 이와 비슷한 말을 했다. 그게 100퍼센트 사실이 아닐 수 있음을 깨닫는 데 일주일 정도 걸렸다.

까?'이다. 사람들은 대부분 오해받는 걸 싫어하지만 그래도 사회 톱니바퀴는 선의의 거짓말로 기름을 칠하면 좀 더 부드럽게 맞물려 돌아간다. "너희 딸 콘서트 따위에 가고 싶지 않아. 엄청 별로에다 지루할 게 뻔하잖아"라고 말하기, 또는 더 최악이지만 실제로 콘서트에 가기보다는 도마뱀이 아파서 집에 있어야 한다고 말하는 편이 쉽고 심지어 예의 바르게 보인다. 그렇지만 거짓말에는 일종의 윤리적 비용이 든다는 것을 알고 있다. 그러면 안 된다는 것도 알고 거짓말을 할 때마다 뭔가 잘못했다는 가책이 든다. 무언가 나쁜 일을 한 것 같고 그게 아니어도 최소한 어딘가가 모호하다. 물론 그 느낌은 보통 빨리 사라지고 다시 아무 일도 없었다는 듯 삶에 복귀한다. 그러면 이 거짓말은 나쁜 것일까?

이런 상황에 처음 봉착하면, 예를 들어 친구가 직장 면접 때 입는다며 엄청 별로인 셔츠를 사서 어떠냐고 물으면 일단 결과주의자식 계산기를 한두 번 두드려보게 마련이다.

셔츠가 괜찮다고 거짓말할 때의 장점

1. 친구의 마음을 상하게 하지 않는다.
2. 상하지 않는 정도가 아니라 친구를 기쁘게 할 수 있다.
3. 나쁜 사람처럼 보이지 않을 수 있다.
4. 우정이 한 발 더 앞으로 나아갈 수 있다.

셔츠가 끔찍하다고 사실대로 말했을 때의 단점

1. 친구의 마음을 상하게 한다.

2. 가뜩이나 내 정직함 때문에 화가 난 사람과 진정한 우정이란 언제나 정직해야 하는 것이라며 껄끄러운 대화나 논쟁을 할 수 있다.

3. 나쁜 사람처럼 보일 것이다.

4. 친구가 이상한 반응을 보일 수 있다. 내 말이 틀렸음을 증명하고자 친구가 괜한 고집을 부리며 면접에 그 셔츠를 입고 갔다가 인사 담당자가 저런 옷을 살 정도면 결정 능력에 문제가 있는 게 아닌가 생각해 면접에서 떨어뜨리면, 그 친구는 깊은 우울증에 시달리다 다른 친구나 가족과 관계를 단절하고 폭력 범죄자가 되어 중범죄 교도소에서 25년을 복역하게 된다.[2]

자, 여기서 훌륭한 결과주의자라면 좀 더 크고 광범위한 결과를 생각해볼 것이다. 가장 친한 친구조차 진실을 말하지 않는 세상에서 산다면 어떤 결과를 낳을 것인가?

이미 그런 세상에서 살고 있는 게 아닌가 하는 생각을 했는가? 사실이다, 그렇게 나쁘지만은 않지 않은가. 갈등을 피해 상대의 레이스 달린 칼라가 독특하다거나 커다란 형광색 단추가 멋지다거나 하

---

2 최악의 경우 말이다.

는 말로 대화의 물꼬를 틀 수도 있다.

그러나 지금까지 확인했듯 결과주의적 결론은 모호하고 부정확하다. 이 실험이 좀 지저분하다는 점 역시 따로 설명할 필요가 없을 정도다. 위에 적은 장점은 전부 내게만 유리한 것이 아닌가. 거짓말을 해서 어느 정도 고통(친구와 어려운 대화를 해야 하거나 친구의 기분을 상하게 해야 하는)을 피하거나 진실을 말하고 고통을 느끼거나 둘 중 하나일 텐데, 사람들은 보통 가능한 한 고통을 피하려 하므로 이 상황에서는 판단력이 흐려질 수밖에 없다. 일반적인 최선의 윤리적 결정을 말하자면 "이기심 때문에 쉬운 길을 가지 말라"는 것이다. 이게 현실이라면 얼마나 멋지겠는가! 하지만 현실에서는 그렇지 않은 경우가 많다.

우리가 여기서 기억해야 할 것은 위에 열거한 장단점은 결과주의 계산기의 반밖에 두드리지 않았다는 점이다. 거짓말로 얻는 장점과 행복, 진실한 말이 초래하는 단점과 고통은 얘기했어도 진실을 말했을 때의 장점·행복과 거짓말을 했을 때의 단점·고통은 계산하지 않았다. 우리는 결과주의 방정식에서 이 점을 크게 생각하지 않는데 그 이유는 이것을 계산하기가 조금 모호하기 때문이다. 진실의 사회적 이점과 선의의 거짓말이 불러오는 사회적 단점은 어떻게 계산해야 할까? 이들 행동으로 명백히 눈에 띄는 결과가 나와야 계산이 가능하다. 예를 들면 거짓말로 그 괴상한 셔츠를 괜찮다고 했는데 칭찬을 들은 친구가 자신감에 부풀어 그 옷을 입고 면접에 갔다가 셔츠가 이상하다는 이유로 면접에서 떨어지고 깊은 우울증에 빠진 나머지 폭력 범죄자가 되어 중범죄 교도소에서 25년을 사는 명백한 결과 말이다.[3]

윤리적 계산은 언제나 '만약의 경우'가 엄청나게 가능하고 이는 공리주의 계산이 불안정하게 느껴지는 이유 중 하나다. 그럼 다른 윤리 시스템은 없을까? 도덕적 성공을 보장하는 확실한 사상이 있을까? 우리에게 필요한 건 진짜 잔소리꾼인지도 모른다. 앞뒤가 꽉 막혀 타협을 모르고 모호한 말을 할 때마다 팔짱을 낀 채 고개를 젓는 그런 사람. A가 다섯 개이고 단 하나가 A-인 우리의 도덕 성적표를 보고 "A-라니, 이게 뭐야!" 하는 허튼소리라고는 조금도 할 줄 모르는 독일인 아빠 같은 사람.

있다. 바로 이마누엘 칸트Immanuel Kant와 의무론이라는 이름의 철학 사상이다.

정언명령 1: 세상에서 가장 독일적인 생각

정언명령은 의무에 관한 사상이다. 이 용어를 들어본 적 있다면 (1) 철학을 공부했거나 (2) 칵테일파티에서 일본 위스키를 마시고 데이비드 포스터 월리스David Foster Wallace[4]를 두고 엄청 말이 많은

---

3 다시 말하지만 최악의 경우를 상정한 시나리오다.

4 나는 데이비드 포스터 월리스를 아주 좋아하지만 1995년부터 2021년 3월까지 내가 그에 관

대학원생(이름은 요나일 것이다)과 짜증 나는 대화를 했거나 둘 중 하나일 것이다. 정언명령을 이토록 유명하게 만든 주인공 이마누엘 칸트(1724~1804)는 도덕적 행동 규칙을 구분할 때 순수이성을 따라야 하며, 이 규칙을 따르고자 하는 확고한 의무감에서 행동해야 한다고 믿었다. 어떤 상황에서 반드시 따라야 하는 '절대 준칙'을 찾고 그 준칙대로 행동하면 그것으로 충분하다는 생각이다. 오로지 중요한 것은 규칙이 무엇이든 따르고자 하는 의무를 고수하는 것이며 준칙은 행동에 따른 결과로 달라지지 않는다. '올바른 규칙대로 행동하는 것=도덕적 행동'이며 '규칙을 따르지 않는 것=도덕적 실패'다. 더 이상 타협은 없다. 타협의 여지도 도망칠 곳도 없고 변명도 통하지 않는다.

　정언명령은 엄격한 도덕 체계로 모두가 이미 예상하듯 칸트는 엄격한 친구였다. 일상생활 역시 규칙적이고 정확해서 동프로이센의 가게 직원이 칸트가 가게 앞을 지나는 것을 보고 시계를 맞췄다는 이야기는 거의 전설이다. 출처가 불분명하긴 하지만 칸트의 하드코어 도덕관과 학문을 두고 나온 얘기일 것이다. 그렇지 않은가, '순수이성'으로 윤리 이론 하나를 완성한 사람이라면 보나 마나 엄청나게 학구적이었을 터다. 버트런드 러셀에 따르면 칸트는 윤리 철학에 빠지기 전에는 역사와 과학을 좋아했다고 한다.

해 내내 떠들고 다닌 것을 생각하면 나 자신조차 짜증이 날 지경이다.

리스본 지진 이후 칸트는 지진 관련 이론을 집필하기도 했다. 바람에 관한 논문도 썼으며 유럽의 서풍이 대서양을 건너면서 습해지는 것인지를 두고 짧은 글을 쓰기도 했다.

18세기 철학자들이 쓴 글에서 많은 유머를 기대할 수는 없겠지만 이마누엘 칸트가 쓴 '바람에 관한 논문'이라니, 이보다 더 웃긴 일이 있을까 싶다. 일단 상상할 수 있는 가장 지루한 글을 떠올려보자. 1976년 아이다호주 콜드웰Caldwell의 사업자 등록부나 정원용 호스 역사에 관한 900쪽짜리 글 같은 것은 어떤가. 무엇을 상상해도 이마누엘 칸트가 쓴 바람에 관한 논문의 10분의 1만큼도 지루하지 않을 것이라 장담한다. 하지만 칸트는 그 뭐냐…, 여기저기 떠다니는 공기를 향한 열정이 식자 윤리에서 엄청난 지성을 내뿜기 시작했고 오늘날까지 서양 철학자들 사이에서 깊이 존경받고 있다. 아마 그들도 칸트가 쓴 '바람' 논문은 읽어보지 않았을 것이다.

정언명령에 관한 칸트의 설명은 읽기 어려운 것으로 유명하다. 내 생각에는 공리주의나 아리스토텔레스 학파의 덕 윤리보다 훨씬 어렵다.[5] 제러미 벤담은 소름이 끼치는 사후 시체 허수아비 판타지를

---

5 개인적으로 칸트가 게오르크 헤겔(2분 만에 포기했다)이나 파시스트였던 하이데거보다 읽기 어려운 것은 아니지만 그래도 어렵긴 하다. 칸트를 파고들기로 작정했다면 주석이 달린 버전으로 읽기를 추천한다. 이 기회에 온라인 '스탠퍼드 철학 백과사전Stanford Encyclopedia of Philosophy'을 언급하고 싶다. 이 분야에서 일어나는 일을 모두 잘 정리하고 있고 명확히 실명해준다. 더구나 무료다! 〈굿 플레이스〉 작가들도 중간에 길을 잃거나 무언가를 다시 상기해야 할 때마다(그런 일은 자

앓긴 했어도 최소한 자기가 쓴 윤리학 글에 재미있는 짧은 시를 넣기도 했다. 칸트가 쓴 글은 재미있는 짧은 시와는 완전히 반대다. 맛보기로 조금 소개하자면 다음과 같다.

완전히 고립된 도덕 형이상학 (…) 의무에 관해 이론적으로 완전하고 명확한 모든 지식의 필수 불가결한 기질일 뿐 아니라; 이 도덕 지침을 실제로 성취하기 위해 가장 중요하게 여겨지는 요구사항이다.

아무 부분이나 대충 골랐지만 나머지도 전부 이런 식이다. 해변에서 읽기에 전혀 좋지 않다. 사실 칸트의 윤리 철학에서 가장 중요한 핵심은 간단하다. 바로 정언명령인데 이것은 전혀 협박하는 것처럼 들리지 않는 제목의 책 《도덕 형이상학의 기초》에서 소개하고 있다.

스스로의 준칙에 따라 행동하되 그것은 보편 법칙이 될 수 있어야 한다.

이는 거의 틀림없이 서양 철학 사상에서 가장 유명한 문장이므로

주 일어났다) 이 사이트를 참고했다. 참고로 읽어보려 시도한 것 중 가장 어려웠던 것은 루트비히 비트겐슈타인이 쓴 《논리철학논고》인데 어느 정도였느냐 하면 음…, 애초에 시도 하지 말길 권한다. 비트겐슈타인은 전문 철학자 기준으로도 천재로 여겨지며 심각하게 편두통을 유발하는 이 75쪽짜리 글은 그가 생전에 출판한 유일한 책이다. 어마어마한 능력으로 평생 75쪽짜리 책 한 권을 썼을 뿐인데 세상에 존재하는 가장 똑똑한 사람들이 모두 입을 모아 "얘는 천재네"라고 하는 상황이라니.

심각하게 받아들일 필요가 있다. 이만큼 유명한 다른 문장에는 르네 데카르트René Descartes의 "나는 생각한다. 고로 나는 존재한다"나 토머스 홉스Thomas Hobbes의 "인생은 고독하고 가난하고 고약하고 잔인하고 짧다" 정도가 있을 뿐이다. 아, 힙합 밴드 인세인 클라운 포시Insane Clown Posse의 노랫말 "물, 불, 공기 그리고 흙, 망할 자석은 어떻게 붙는 거지?"도 있다.

정언명령은 개인이 어떻게 행동해야 하는지 알려주는 규칙뿐 아니라 다른 모든 사람도 따를 수 있는 법칙을 찾아야 한다고 이야기한다. 무언가를 하기 전에 다른 모든 사람이 똑같은 행동을 한다면 어떻게 될지 생각해야 하며, 만일 모든 사람이 그렇게 했을 때 세상이 망가질 것 같다면 누구도 그렇게 해서는 안 된다. 그럼 친구에게 거짓말을 해야 할까? 아니다. 모든 사람이 거짓말을 하는 세상을 상상해보자. 인간의 의사소통 기능이 소멸하지 않을까. 사람들의 상호작용은 모두 의심받을 것이고 심지어 거짓말(이제 하려고 한)조차 할 의미가 사라지리라. 결론은 빠하다. 누구에게도 거짓말을 해서는 안 된다. 절대로 어떤 이유로도(봤지? 칸트, 이 친구 정말 하드코어다).

그리고 진실을 말할 때는 '친구를 위해서'라거나 '거짓말한 것을 들킬까 봐 두려워서' 같은 이유가 있어서는 안 된다. 오로지 보편 준칙을 따르려는 의무감에서 진실을 말해야 한다. 예를 들어 '세상 돌아가는 모양새가 말이 아니라서' 마음이 슬퍼져 자선단체에 기부하는 것은 좋은 일이지만 그 행동에 도덕 가치는 없다. 세상 모든 사람이 따를 것으로 보이는 법칙, 즉 '가능할 때마다 어려운 사람을 도와야 한다' 같은 법칙을 준수할 때만 도덕 가치가 있다. 훌륭한 칸트주의자라면 어떤 행동 동기에서도 '보편 준칙을 따르고자 하는 의무감'에서 단 1센티미터도 벗어나서는 안 된다. 결코 예외는 없다!

기본적으로 칸트는 순수이성을 사용하는 인간(그렇게 할 수 있는 유일한 피조물인 인간 존재를 확인시켜 주는)과 감정에 지배받고 상스러운 열정을 우선시하며 그에 따른 일들을 벌이는 하등 동물 세계의 나머지 짐승을 구분하고자 했다. 이것이 행동 동기를 살피는 방정식에서 행복이나 공포 같은 것을 제외해야 하는 이유다. 하긴 소나 몸이 가시털로 덮인 호저도 행복이나 공포를 느낄 수 있겠지만 그래도 우리는 나뭇가지나 우물거리는 멍청한 호저보다는 나아야 한다. 이런 이유로 칸트는 동정심이나 슬픈 마음에 자선단체에 기부하는 것은 칭찬받을 일이긴 하지만 도덕적이지는 않다고 생각한 것이다. 그는 두뇌를 사용하는 인간의 능력을 높이 샀는데 그 때문에 좀 잘난 척하는 것처럼 보이기는 한다(젠체하는 그의 태도로 칸트는 더 훌륭한 철학자가 된다). 고대와 현대를 통틀어 대다수 철학 학파는 언제나 가장 뛰어나고 지적인 사람을 찬양하고 인간이 다른 동물보다 낫다는 것을 확인하는 데 중점을 두었다. 인간은 사고하고 추론하며 또 철학하기 때문이다. 봄방학에 보트에서 총 모양 얼음 병을 입에 대고 보드카를 들이켜는 어린애 무리를 보기 전까지는 이 사상에 동의한다. 그런 걸 보면 수달이나 나비도 어떻게 행동해야 하는지 인간보다 더 잘 알 거라는 생각이 들 수밖에 없다.

하지만 칸트의 엄격한 사상은 어떤 의미에서 위안을 주기도 한다. 도덕적 '성공'은 보편 준칙을 따르고자 하는 의무감으로만 이룰 수 있으므로 행동의 결과가 나빠도 그것은 당신의 책임이 아니다. 일단 당신은 옳은 행동을 했다! 같은 맥락에서 칸트 학파의 의무론은 공리주의와 정확히 정반대다.[6] 무슨 말인가 하면, 공리주의 윤리학은 행복 최대화에 초점을 두고 있지만 칸트가 말하는 도덕적 행동은 '행복'과는 상관이 없다.

> 행복은 이성이 아닌 상상력으로 만들어지며 사실상 무한한 결과의 총체로 행동을 결정하게 하는 헛된 경험적 근거에 의존한다. 그러므로 엄밀한 의미에서 행복을 창출하는 행동을 하도록 요구하는 명령은 있을 수 없다.

이것이 칸트가 '하와이안 피자와 레드 핫 칠리 페퍼스' 문제를 설명하는 방식이다. 행복을 창출하는 일에는 따를만한 정해진 준칙이라는 게 없다. 행복은 주관적인 것이라 오로지 자신만 정의할 수 있기 때문이다. 세상이 아무리 단순해져도 모든 사람을 행복하게 만들 수 있는 것은 없으므로(내 딸 아이비는 케이크를 싫어하는데 아들 윌리엄

---

6 칸트와 벤담이 대충 비슷한 시기를 살았다는 사실은 매우 중요하다. 이 책에서는 공리주의를 먼저 다뤘으나 칸트가 밀보다 앞 세대였다는 점에서 공리주의가 의무론에 대응한 것이지 그 반대가 아니라는 편이 더 정확할 것이다.

은 아이스크림을 싫어한다) 모든 사람이 따를만한 '행복 창출 법칙'을 만들 방법 또한 없다. 나를 행복하게 만드는 무언가가 다른 사람을 슬프게 만들 수도 있다. 혹은 그 사람은 그 일에 관심이 없을 수 있다. 설령 다른 사람을 행복하게 만들지라도 의미가 다르거나 행복의 정도가 다를 수 있다. 만일 칸트가 벤담처럼 자신의 철학 사상을 설명하기 위해 재미있고 짧은 시를 썼다면 이와 같지 않을까.

> 보편 준칙을 따르고자 하는 의무감으로 행동하라
> 순수이성으로 보편 준칙을 발견하라
> 행복은 상관이 없지
> 끝

귀에 확 안 들어오네.

정언명령 2: 원작보다 나은 몇 안 되는 속편

칸트는 당신이 생각하는 세상과 내가 생각하는 세상이 어떻게 다르든 개의치 않는다. 그는 이 방정식에서 느낌과 감정을 제외하길 원한다. 칸트의 사상을 한마디로 축약하면 이렇다. 도덕성이란 주관적 감정과 판단을 배제한 상태로 도달해야 하는 것이다! 아리스토텔레스의 시행착오도, 결과주의자의 행복이냐 슬픔이냐의 어림짐작도 아니다. 이성적 행동에 관해 이성적 결론에 도달하게 하는 이성적 규칙을 세우려면 오로지 인간의 이성적 두뇌만 사용해야 한다. 우리가 동의하든 아니든 칸트의 하드코어 뇌 기반 이론은 서양 철학의 지반을 뒤흔든 사건이었다. 서양 철학에 미친 그의 기념비적 영향은 얼마나 많은 현대 철학자가 칸트 사상을 토대로 하고 있는지 찾아보면 알 수 있다. 그는 마치 영화계의 히치콕이자 힙합계의 런 디엠시Run-DMC 같다. 칸트는 이후 사상에 정말이지 막대한 영향을 미쳤다.

그러나 의무론 역시 새로운 문제를 동반한다. 그중 으뜸은 이것이다. 감정과 주관적 판단을 모두가 발견해 따라야 하는 엄격한 보편 준칙으로 대체하면, 그래서 대체 어떻게 하라는 것인지 알아내는 데 시간이 오래 걸린다는 점이다. 때로 윤리적 행동은 '감을 믿고 가는' 활동인데 칸트는 그 감은 어리석은 것이라 고려해서는 안 된다고 말한다. 이 점이 칸트 사상에서 가장 자주 비판받는 부분이다. 칸트 사상을 따르는 것은 완전히 지적인 활동이지만 정말 더럽게 어려운 일이다. 〈굿 플레이스〉에서 치디 아나곤예는 철저한 칸트주의자인데 언제나 정확한 칸트식 준칙 수립에 정신을 쏟다 보니 본질적인 결정 장애를 앓아 세상에서 가장 간단한 상황에서조차 어떠한 행동도 취하지 못한다. 어느 순간 치디는 정언명령에 반하는 거짓말을 하지 않으려 노력하다 결국 자기와 친구들을 망쳐버릴 진짜 악마에게까지 거짓말을 하지 못한다(치디의 100만 번째 내적 갈등 고문을 견디다 못해 테드 댄슨이 역할을 맡은 마이클이 묻는다. "자기가 얼마나 거추장스러운 존재인지 누가 말해준 적 있나?" 치디의 대답은 "항상, 누구나 그렇게 이야기하더군요"였다). 이것 말고도 여러 비판이 있다. 그중 내가 개인적으로 좋아하는 한 가지는 19세기 독일 출신 투덜이 프리드리히 니체Friedrich Nietzsche의 발언이다. 그는 칸트가 지나치게 도덕주의적이고 콧대 높게 까다롭다고 생각했다.

일부 도덕주의자는 자신의 힘과 창의적 변덕을 인류에게 분출하고자 한다. 칸트를 포함한 또 다른 이들은 자신의 도덕성을 내세운다. "내게 존경받을 만한 점이 있다면 내가 복종할 수 있다는 것이다. 그리고 다른 이들 역시 나와 달라서는 안 된다."

쉬운 말로 다시 이야기하면 "윽, 칸트. 잘난 척 좀 그만하쇼"[7]이다. 하지만 칸트는 '실천명령'이라고도 하는 정언명령의 두 번째 공식을 제시한다. 가뜩이나 그렇게까지 어렵지 않은 칸트 철학에 규칙을 하나 더 추가한다.

나 자신이든 다른 어떤 사람이든 인간을 수단으로 여기지 말고 언제나

---

7 아이러니하게도 니체가 근본부터 콧대 높은 잘난척쟁이라는 점 말고도 니체와 칸트에게는 여러 공통점이 있다. 니체의 전반적인 세계관은 사람들은 대부분 약하고 멍청하며 똑똑하고 훌륭한 사람이 극소수에 불과해서 그들은 무엇이든 원하는 대로 해도 된다는 생각에 바탕을 두고 있다. 마치 고대 그리스인이 목청을 가다듬고 자신을 '현자'라 칭하던 것과 유사하게 사람들이 철학자로 보이는 이들을 존경해야 한다고 철학자 자신이 주장한 셈이다. 또한 칸트와 니체의 철학 배틀에 점수를 매기자면 니체 탄생은 칸트의 우월의식과 무관하지 않다.

목적으로 대해야 한다.

다른 말로 하면 원하는 것을 얻기 위해 사람을 이용하지 말라는 거다. 친구에게 거짓말하는 것이 그 예다. 불편한 대화를 피하기 '위해' 또는 나쁜 사람이 되지 않기 '위해' 그런 행동을 하는 것이기 때문이다. 여기서 친구는 그 자체로 목적이 아니라 목적을 이루기 위한 수단이 된다. 다시 앞으로 돌아가 ESPN의 불쌍한 엔지니어 스티브의 상황이 왜 그렇게 불편했는지 정언명령의 두 번째 공식으로 설명할 수 있다. 월드컵을 보려고 감전당하는 스티브를 놔두는 것은 우리의 쾌락을 위해 스티브가 고통을 흡수하도록 그를 (말 그대로) 이용하는 것이다. 칸트의 이론은 논리적이고 이성적이지만 두 번째 공식에는 다정한 인간미가 보인다. 그는 인간을 가장 높은 경지에 두며 인간을 비하하거나 무언가 다른 목표를 달성하기 위한 도구로 이용하는 어떠한 행동도 거부한다. 그렇다고 칸트가 어린이 야구에서 삼진아웃을 당하고 왔을 때 따뜻하게 위로해줄 그런 아버지상이라는 것은 아니지만 최소한 정언명령의 두 번째 버전은 순수이성에 눌렸던 심장이 그나마 좀 뛰게 해준다.

올바른 준칙을 찾는 일은 거의 불가능하다!

이제 트롤리 딜레마를 칸트의 시각으로 바라보자. 칸트는 당연히 '1이 5보다 작으므로 한 명을 죽인다'는 야비한 공리주의자의 결과

중심적 계산법을 거부한다. 행동의 결과는 무의미하므로 아무리 "대신 다섯 명을 살렸잖아!" 하고 외쳐본들 의무론으로 무장한 독일 요새는 난공불락이다. 칸트가 관심을 보인 것은 오직 이것뿐이다. 어떻게 행동할 것인지 생각할 때 보편적 준칙이란 무엇인가? 어떤 행동이 복종해야 하는 의무에 합당한가? 이를 위해 '언제나 같은 인간의 목숨을 구하기 위해 노력해야 한다' 같은 준칙을 규정할 수도 있다. 이는 분명 보편 법칙이 될 수 있는 명제다(모든 사람이 이 규칙을 따르는 세상은 꽤 좋을 것 같지 않은가). 그렇다면 전차의 손잡이를 당겨야 할까? 그래야 목숨을 구할 수 있으니…. 한데 그 때문에 다른 한 명을 죽게 만든다면 준칙 위배가 아닌가. 잠깐, 무고한 사람을 '일부러' 죽게 해서는 안 된다[8]는 새로운 준칙을 세우면 되지 않을까?(이 역시 보편 준칙으로 삼기에 문제가 없다) 이 경우 손잡이를 당기면 한 사람이 죽으므로 손잡이를 당겨서는 안 되는 것일까. 이때 아무것도 하지 않으면 '내가' 다섯 명을 죽이는 게 아니다. 전차의 브레이크가

---

8 "철학은 어쩔 수 없다"는 고전적 인식에서 자기방어라는 반론을 피하고자 나는 '무고한' 사람으로 해야 했다. 더구나 토드가 정전론Just War Theory, 正戰論 개념을 짚어주었는데, 이는 전쟁을 정당화하는 특정 기준들의 논쟁에 관한 것이다. 극도의 제한적·강제적인 일부 상황에서는 실제로 무고한 사람을 죽이는 걸 허용하기도 한다. 거듭 말하건대 철학을 이야기하다 보면 무한히 돌고 도는 '그런데-그럼에도-하지만' 상황에 빠져 "물질이 존재한다는 점에 동의합시다"라는 말도 할 수가 없다. 곧 어떤 철학자가 손을 들고 이 세계에 물질이 존재한다고 선언할 수 없는 스물여섯 가지 이유를 열거할 테니 말이다. 〈굿 플레이스〉를 보다 보면 누군가가 치디에게 반복해서 "이래서 다들 철학자를 싫어하는 거라고"라는 말을 한다. 이 책을 쓰기 시작하고 나서야 왜 이 말이 웃긴지 진정 이해하게 되었다.

고장 나서 벌어진 일이 아닌가. 또 잠깐만, 브레이크가 고장 난 그 순간 '어떤 일을 초래하는 그 원인'이 전차의 브레이크에서 우리에게로 옮겨온 것일지 모른다. 지금 전차에 무언가를 할 수 있는 사람은 우리밖에 없는데 '아무것도 하지 않는 것'은 사실상 다섯 명을 죽게 만드는 것이나 마찬가지다. 그러나 손잡이를 당기는 것은 확실하게 다른 한 명을 죽게 하는 일이다. 더욱이 우리가 손잡이를 당기지 않으면 절대 죽을 일이 없었을 사람이 아닌가. 도대체 어떻게 해야 하는 것일까?!

이제 얼마나 어려운 결정인지 알겠는가? 칸트가 도덕 문제에 아무리 명확히 답변해도 그 추론을 트롤리 딜레마 문제에 적용하면 또다시 곤란해진다(사실 칸트와 함께라면 우리는 언제나 곤란해진다. 그는 항상 바로 뒤에 버티고 서서 혀를 차며 우리가 다 망쳤다고 지적한다).

현실에서 상황은 대부분 트롤리 딜레마처럼 잘못하면 다 죽어버리는 그런 경우가 아니다. 대개는 상황이 훨씬 더 현실적이고 지루하므로(그 이상한 셔츠가 정말 괜찮다고 친구에게 거짓말을 해야 할까 말까 정도다) 쉽게 칸트식 행동을 결정할 수 있다. 하지만 트롤리 딜레마는 의무론의 한계를 잘 드러낸다. 준칙을 정하는 데 오래 걸리고, 그 준칙을 따르려는 의무감에서 나오는 행동 역시 여전히 틀릴 때가 있고, 그러면 다시 시작해서 새로운 준칙을 정해야 한다. 철저한 공리주의자라면 좋은지 나쁜지를 놓고 번개처럼 빠르게 "5가 1보다 크잖아!"라고 대답하고는 손잡이를 당겨버릴 것이다. 칸트주의자는 순수이성을 사용해 보편 규칙을 설계하고 그것을 따르려는 의무감에서만 행동해야 한다. 더구나 비명을 지르는 승객들과 겁에 질린 노인들을 태우고 고장 난 상태로 선로를 달리는 전차에 탄 채로, 앞에 여전히 죽음이 임박했음을 눈치채지 못한 여섯 명의 인부가 있는 상황에서 이 모든 것을 해야 한다. 지금 당장 해결해야 하는데 어떻게 할 생각인 걸까?! 당장 우리도 18쪽에 걸쳐 생각을 곱씹고 있지만 여전히 어떻게 해야 할지 명확한 결정을 내리지 못하고 있다.

일단 실용적인 부분은 잠시 옆으로 미뤄두자. 어떻게든 (1) 보편적 적용이 가능하고 (2) 다섯 명의 목숨도 살리도록(마음의 소리는 어쩐지 그 편이 나은 결과라고 이야기한다) 따를만한 준칙을 만들 수 있을 것이다. 기억하자. 중요한 것은 원래의 의도다. 아무것도 하지 않으면 짓뭉개질 '다섯 명의 인부를 살리려고 의도해야 한다'는 준칙을 정하면 된다. 이 경우 다른 한 명의 인부를 짓뭉갤 의도가 있던 게 아니므로 실제로 그렇게 된다 해도 도덕적으로 크게 부담이 가지는 않는다. '가능할 때마다 무고한 사람의 목숨을 구하려고 노력해야 한다'는 준칙을 '가능할 때마다 더 많은 무고한 사람의 목숨을 구하려고 노력해야 한다'로 살짝 바꾸면 된다(결국 다시 공리주의 수학으로 돌아간다. 곧 다시 짚을 테니 일단 표시만 하자). 지금 무고한 다섯 명이 죽게 생겼으므로 그 준칙을 따르려는 의무감에 복종하는 행동은 '손잡이를 잡아당기는 것'이라는 결론이 난다. 다른 쪽 선로에 아무도 없었다면 당연히 손잡이를 당겼을 것이므로 비록 준칙에 따른 결과가 '한 명의 인부가 짓뭉개지는' 것일지라도, 물론 굉장히 안된 일이긴 하지만 그럴 의도가 있었던 건 아니다.

필리파 풋 역시 원래의 논문에서 정확히 이 부분을 언급한다. 그녀는 이중 효과 원리doctrine of double effect(어떤 행동이 좋은 결과와 나쁜 결과를 모두 만들어낼 때 상황에 따라 관련 행위의 도덕성을 설명하는 원리-옮긴이)를 적용해야 한다고 설명하는데, 이는 13세기 성 토마스 아퀴나스로 거슬러 올라가는 철학 사상이다. 간단히 말해 행위의 결과를 도덕적으로 허용할지는 행위자가 행동할 때 그 결과를 낼 의도가 있었는지에 따라 결정한다. 가령 자기방어를 위해 누군가를 죽였다고 하자. 이는 자신의 무고한 목숨을 살리기 위한 의도였지만 그 결과로 다른 누군가가 죽었다. 트롤리 딜레마에서 일부러 한 명의 인부를 짓뭉개 죽이려는 의도로 손잡이를 당긴다면 그것은 좋은 일이 아니다. 반면 다섯 명을 살리기 위한 의도로 손잡이를 당겼으나 결과적으로 한 명이 짓뭉개져 죽었다면 그것은 내 잘못이 아니다. 의미론semantics(언어의 의미를 연구하는 언어학의 한 분야-옮긴이)처럼 보일 수 있지만(더 나쁘게는 책임회피처럼 들릴 수도 있다) 칸트에게 가장 중요한 것은 의도이므로 이를 달성하기만 하면 두 마리 토끼를 다 잡는(즉, 더 많은 목숨도 살리고 칸트에게 혼나지도 않을) 격이다.

사실 칸트의 추론은 트롤리 딜레마를 어둠에서 끌고 나와 명확한 답을 제시한다. 이는 각기 다른 상황에 마주쳤을 때 어떻게 해야 할지 그 생각이 계속 변하는 경우를 설명하는 데 도움을 준다. 다시 말해 버나드의 '완결성'보다 훨씬 낫다. 사람들은 대부분 손잡이를 당기는 것은 괜찮다고 느끼지만 역도 선수를 다리 밑으로 밀어버리는 것에는 거부감을 보이지 않는가? 지금까지는 그 이유를 '뭔가 잘못된 것 같아서'나 '도덕적이어야 한다' 정도로 얼버무렸다. 이것 역시 좋은 설명이지만 칸트주의 의무론은 우리에게 훨씬 날카로운 칼을 쥐여주며 그런 멍청한 소리는 단칼에 잘라버리라고 한다. 조금 전에 '가능할 때마다 더 많은 무고한 목숨을 구할 것'이라는 항목을 준칙에 추가하며 공리주의로 회귀하는 것이 아닌지 말한 바 있다. 마치 의무론 찌개에 공리주의를 섞는 것 같은 기분이다. 이쯤에서 공리주의와 칸트주의가 어차피 합쳐질 것이었다면 이 짜증 나고 지키기도 어려운 칸트 법전은 대체 왜 필요한 것인지 궁금할지도 모른다. 그냥 최대 행복 원칙으로 가는 게 이해하기도 쉽지 않을까?! 공리주의 방법론을 채택하면 틀린 이유로도 옳은 도덕적 답변에 도달할 수 있기 때문이라는 것이 이 질문의 답이다.

의무론 관점에서 원래 버전의 트롤리 딜레마를 살펴보자. '가능할 때마다 더 많은 무고한 사람의 목숨을 구해야 한다'는 준칙을 따르기로 했고 그 준칙에 복종하려는 의무감에서 손잡이를 당기는 행동을 했다면? 손잡이를 당기는 것은 꽤 중립적인 행동이다. (손잡이를 당기는 것 자체가 원래 '틀리거나' '나쁜' 것은 아니지 않은가.) '역도 선수를 다리 아래로 밀기' 버전에서는 행동이 분명 중립적이지 않다. (한 사람을 확실히 살해하려는 것이다.) 여기서 '가능할 때마다 더 많은 무고한 사람의 목숨을 구해야 한다'는 준칙을 따르려는 의무감은 그저 공리주의자가 "5가 1보다 크잖아!" 하고 외치는 것의 좀 더 고상한 버전으로 들릴 수 있다. 그러나 여기에 정언명령의 두 번째 공식을 추가하면 얘기는 달라진다. 사람을 목적을 위한 수단이 아니라 목적 자체로 삼아라. 돈Don을 다리 아래로 미는 것은 당연히 사람을 목적을 위한 수단으로 삼는 행위다. 돈은 여기서 사람이 아니고 말 그대로 어떤 다른 목표를 이루기 위해 사용하는 도구('인간 전차 멈춤기' 정도라고나 할까)에 불과하다. 트롤리 딜레마의 고전 버전에서는 공리주의 계산기와 의무론의 의무가 일정 부분 겹친다. 이 중 무엇을 선택해도 결국 같은 결과(손잡이를 당겨 다섯 명을 구한다)에 도달할 것이다. 하지만 공리주의 계산기는 칸트의 추론만큼 섬세하게 다듬어져 있지 않다. 상황이 바뀔 때마다 문제의 내용이 변해도 철저한 공리주의는 계속해서 "한 명을 죽이고 다섯 명을 살리라"[9]고만 한다. 그

---

9 철학자 존 타우렉John Taurek은 이 주제를 연구한 논문 〈숫자를 세어야 할까?Should the Numbers Count?〉에서 공리주의를 신랄하게 비판했다. 타우렉은 죽느냐 사느냐를 결정하는 문제에서 방정식의 이 편에 몇 명이 있고 저 편에 몇 명이 있는지 논한다는 점에 경악을 금치 못했다. 그는 이것이 모두의 삶은 각자에게 최대 가치가 있음을 간과하는 것이며 다섯 명의 생명을 셈해 단순히 더한다고 해서 한 명의 생명에 담긴 가치보다 '더 큰 총합'이 나오지는 않는다고 했다. 타우렉은 100만 명을 살리는 것(죽어가는 사람을 살릴 약이 100만 명분 있다고 하자)과 한 명을 살리는 것(100만 명분의 약을 다 받아야 살 수 있는 한 사람이 있다고 하자) 사이에서 결정해야 한다면 차라리 동전을 던지라고 주장했다. 강렬한 메시지다. 타우렉의 생각은 존경받을 만하긴 해도 100만 명을 죽게 두고 100만 명분의 약을 한 명에게 주기로 결정하는 것은 죽도록 어려울 것 같다. 설령 나 자신이 100만 명분의 약이 필요한 당사자라 해도 "아, 그냥 저 말고 100만 명을 살리세요"라고 할 것 같다.

'한 명을 죽이는' 방법이 구역질이 나든 말든 상관하지 않는다. 반면 의무론은 그 '한 명을 죽이는' 행동을 허용할지 아닐지 구분하는 중요한 선을 긋는다. 여기서 공리주의자는 다시 우리의 계산이 틀렸다고 주장할지 모른다. 마구 달려오는 전차를 세우려고 누구든 다리 밑으로 밀려 떨어질 수 있는 세상에 산다는 사실에 많은 사람이 정신적 고통을 받고 그 '고통'이 더 많은 목숨을 살리는 '쾌락'보다 커질 수도 있다. 그럼에도 꼼꼼하게 적은 칸트의 각본이 돈을 다리 밑으로 밀지 않을 더 확실하고 나은 이유를 제시한다는 것에는 이견이 없을 것이다.

심지어… 살인자에게도 거짓말을 하면 안 된다고?

칸트가 계속해서 호소한 것 중 하나는 도덕적 삶을 살기 위한 필승 지침이다. 그는 자신의 프로그램을 잘 따르기만 하면 그 시험에서 모두 A를 받을 수 있다고 약속한다. 그러나 공리주의의 한계를 드러내기 위해 고안한 사고 실험과 마찬가지로 의무론의 허점을 건드리는 이론 역시 존재한다. 그중 재미있는 것 하나를 소개하겠다.[10] 당신의 형 제프는 자신을 죽이려는 살인자를 피해 당신의 집 2층에 숨어 있다. 그 살인자가 찾아와 문을 두드리며(참 예의 바른 살인자다.

---

10 의무론적 추론의 중대한 허점을 보이는 이 사고 실험은 아이러니하게도 칸트 자신이 고안했다. 요즘 아이들 말로 '자기 디스'라고 할 수 있다.

무작정 쳐들어오지 않는다) 말한다.

"안녕하세요, 저는 살인자입니다. 당신의 형을 죽이러 왔어요. 제프라고, 집에 있죠?"

이럴 때 보통사람의 자연스러운 반응은 "예의 바른 살인자님, 죄송하지만 형은 집에 없어요"일 것이다. 그러나 칸트에 따르면 거짓말을 하면 안 된다. 모든 사람이 거짓말을 하면 인간의 의사소통 기능이 소멸하고 어쩌고저쩌고… 했던 것 기억나는지. 어쨌든 그래서 거짓말은 보편 준칙이 될 수 없기 때문이다. 어이없게도 칸트는 형을 죽이러 왔다고 당당하게 말하는 살인자에게도 거짓말을 해서는 안 된다고 한다. 칸트 말을 무조건 들으면 제프는 죽은 목숨이다. 제프에게 미리 사과해야겠다. 미안해, 형. 이해 좀 해줘. 보편 준칙을 어길 수는 없잖아. 엄마랑 아빠 이혼하고 나서 오랫동안 잘 돌봐주어 고마웠어. 이제 살해당하겠네…, 미안해.

그런데 이 상황에서 또 다른 준칙을 살짝 끼워 넣으면(트롤리 딜레마에서 했던 것처럼) 빠져나갈 수 있다. 이상한 셔츠를 입은 친구 문제도 같은 방식으로 풀 수 있을지 모른다. 살인자의 질문에 거짓말하지 않되 제프를 찾지 못하도록 진실을 말하면 어떨까? 예를 들면 이러하다.

"예의 바른 살인자님. 아까 낮에 식료품 가게에서 형을 봤는데…, 형은 화요일마다 공원에 가서 오리들에게 먹이를 줘요."

이 진술이 사실이라면, 떨리는 마음을 숨기고 연기를 잘한다면,

살인자가 더 이상 질문을 이어가지 않고 제프가 공포영화에서처럼 가장 나쁜 타이밍에 위층에서 바닥을 잘못 밟아 끼익 소리를 내지 않는다면, 살인자는 위층에 올라가 형을 죽이는 대신 공원에 있는 오리 연못으로 갈 것이다. 방향을 살짝만 바꿔도 우리는 정언명령에 불복종하지 않고 제프의 목숨을 살릴 수 있다. 칸트를 들여다보면 마치 게임을 하는 듯한 느낌이 든다. 우리는 칸트의 규칙에 반하지 않으면서도 원하는 결과를 얻고자 따를 수 있는 준칙을 잘 정하거나, 아니면 준칙을 따르지 않지 않을 방법을 잘 찾거나 둘 중 하나를 해야 한다.

사실 나는 이 부분에서 칸트를 잘 모르겠다. 살인자가 문 앞에 찾아와 형을 죽이려 하는 상황이면 대개는 보편 준칙 같은 것에 집착할 시간이 없다. 대신 '누구도 형을 죽이게 두어서는 안 된다' 같은 생각을 한다. 물론 이것이 칸트 사상의 요점이긴 하다. 원할 때만 골라서 따른다면 보편 준칙일 수 없다(그래서 칸트의 준칙은 '보통은 보편적이지만 난처한 상황에서는 무조건 보편적일 필요는 없는' 준칙이 아니다). 아무튼 나는 여전히 칸트가 인간의 판단 능력을 사용하지 못하게 하는 것에 찬성하지 않는다. 뭐랄까 매우…, 비인간적이다. 반면 아리스토텔레스는 좀 더 경험적 방식(기본적으로 시행착오를 기반으로 한다)으로 덕을 찾으라고 했다. 훨씬 인간적이다. 아리스토텔레스가 우리를 더 믿어주고 인간이면 저지를 수밖에 없는 실수를 더 참아주는 느낌이다. 누구나 꼭 지켜야 하는 보편 의무는 이론상으로는 훌륭하다. 그러나 칸트 자신이 누군가의 다락방에 숨어 있고 예의 바른 살인자가 자기를 찾으러 온다면 어떨지 궁금하다. 그때는 자신의 책따위는 무시하고 아리스토텔레스를 더 읽었기를 간절히 바라지 않을까(하드코어 칸트는 고집불통이라 정언명령을 따르다 죽기를 선택할 것같다).

이제 우리 친구와 이상한 셔츠 이야기로 돌아와 훌륭한 칸트주의자로 남으면서도 "그 셔츠 정말 거지 같아"라고 말해 친구에게 고통과 슬픔을 안기지 않을 방법을 찾았으면 한다. 우리 사이 우정이 "솔직히 말하면 너한테 제일 잘 어울리는 셔츠는 아냐"라고 말할 정도가 돼서 친구도 별다른 문제 없이 그 말을 받아들이는 것이 이상적인 상황일 테다. 친구의 성격이 좀 예민하거나 면접에 신경을 많이 쓰고 있다면 "음, 너 예전에 입던 파란색 셔츠 있잖아. 그게 더 좋아. 그거 입고 가지 그래"라고 말할 수도 있다. 아니면 이 면접이 무척 중요하니 그보다 더 잘 어울리는 셔츠를 사러 가자고 해도 좋다. 만약 친구가 그 셔츠를 정말 좋아하고 구직 면접에 그걸 입고 가는 것으로 자신감을 얻는다면, 그 셔츠를 입는다고 친구의 삶이 망가지거나 엄청난 고통이 따르는 것이 아니라는 생각이 든다면, 친구에게 뭘 입어도 예쁘고 면접자에게 뇌가 있다면 어떤 셔츠를 입어도 넌 취직이 될 것이라고 말해줄 수도 있다.

지금까지 우리는 지난 2,400년 동안 비종교계 서양 사상에서 가장 주요한 세 가지 사상을 알아보았다. 바로 아리스토텔레스의 덕 윤리와 결과주의, 의무론이다. 그러나 때로 우리는 기본적이고도 일상적인 상황에서 어떻게 해야 하는지 평범한 질문을 마주한다. 그때마다 옳고 그름의 이치를 맞추기 위해 모든 것을 포함하는 거대한 윤리 이론을 활용할 수는 없다. 무엇을 해야 할지 말해주는(그것도 빨리 말해주는) 사람이 있으면 좋겠다. 규칙이 필요하다. 칸트가 제시한 것 같은 그런 규칙이되 좀 더 간단한 규칙. 쇼핑 카트를 다 쓰고 마트 입구까지 다시 가서 제자리에 갖다 놓아야 하는지, 아니면 그냥 주차장에 대충 놓고 가도 되는지 그런 것을 설명해줄 수 있는 사람이 필요하다. 순수이성을 토대로 한 보편 법칙 같은 복잡한 사상이나 공리주의자의 다층적 쾌락·고통 계산 같은 것 없이 그냥 어떻게 해야 할지 말해주면 안 될까?

이것이 그렇게 많은 걸 바라는 걸까?

배려의 계약

가트를 쓰고 제자리에 갖다 놓아야 할까?
저 멀리까지 다시 가서?

다른 사람들을 위해 하는 좋은 일 중에 늘 하면서도 가장 작은 일은 무엇일까? 여기서 '다른 사람'이란 제일 친한 친구나 언니 같은 사람이 아니고 모르는 사람을 뜻한다. 존재한다는 것은 알지만 영화관에서 시끄럽게 떠들거나 잠바 주스Jamba Juice 가게에서 자기 스무디에 망고가 적게 들어갔다고 열을 내지 않는 한 따로 신경 쓰지 않는 얼굴 없는 개별 점 같은 인류 구성원 말이다. 길에 주차할 때 앞차와의 간격을 차 한 대 들어갈 정도로 넉넉히 남겨 다른 사람이 주차하도록 배려하는 것(말도 안 되는 간격으로 주차해 다음 사람이 피가 끓어오르지 않도록)? 아니면 밤에 길을 걷다가 몇 미터 앞에 혼자 걸어가는 여자가 있으면 반대편으로 길을 건너 그 여자가 뒤에서 들리는 발걸음 소리에 불안해하지 않게 해주는 것? 예전에 할아버지께 남들에게 사려 깊게 행동하라고 가르침을 받았거나, 언젠가 누군가에게 그와 비슷한 배려를 받고 기분이 좋았던 적이 있어서 그런 행동을 할지도 모른다. 그렇게 행동할 때, 작지만 기본적인 '다른 사람을 위한 일'을 할 때, 어떤 행복감이 느껴진다. '나는 좋은 사람이야'라고 생각할 수도 있다.

"오늘 '좋은 일'을 했군."

그런데 그 모든 것이 사실은 상당히 나쁜 일이라는 걸 모르고 있다면? 농담이다. 당연히 좋은 일이다! 도대체 그런 일이 왜 나쁜 일이겠는가? 마음이 따뜻해지고 사려 깊은 좋은 행동이다. 그냥 재미로 긴장감을 좀 주고 싶었다.

나는 이런 작은 친절을 좋아한다. 눈에 보이지는 않지만 오로지 다른 사람을 위해 행함으로써 우리가 사는 세상을 더 좋은 곳으로 만드는 일 말이다.

이러한 배려를 받으면, 예를 들어 미리 차선을 변경하지 못해 어떻게 좌회전을 하나 헤매고 있을 때 누군가가 정지하고 내게 먼저 가라고 손을 흔들어주면 나는 형언할 수 없는 행복을 느낀다. 이는 나를 둘러싼 사람들이 타인의 생명과 감정을 중요하게 여겨 배려한다는 뜻이고 나는 그런 배려야말로 사회를 지탱하는 힘이라고 믿는다. 그와 반대되는 일이 일어났을 때는 어떨까? 혼잡한 출퇴근 시간에 누군가가 '16~19시 좌회전 금지'라고 적힌 표지판을 무시하고 샛길로 들어서려고 뒤에 멈춰 선 차 수백 대를 아랑곳하지 않은 채 왼쪽 차선에 서 있는 사람을 볼 때, 다른 모든 사람이 가는 곳보다 바로 그곳에서 좌회전하려는 자기 욕망을 훨씬 더 중요시하는 이런 사람을 볼 때, 나는 눈에서 불을 뿜어 그 차를 연기 나는 고철 덩어리로 녹여버리는 상상을 한다.

작은 친절의 중요한 점은 기본적으로 비용이 들지 않는다는 것이다. 어차피 어딘가에 주차해야 한다면 다른 사람도 함께 주차할 수 있게 하면 좋지 않은가. 어차피 어딘가를 걸어야 한다면 반대편 길로 건넘으로써 위협할 생각이 없다는 신호를 보내 함께 걷는 사람의 잠재적 불안을 가라앉히면 좋지 않은가. 이 작은 결정은 그렇게 해야겠다는 생각 말고는 아무 비용이 들지 않으며 다른 사람에게 도움을 준다. 만일 이것이 공짜가 아니라면? 다시 말해 그렇게 하는 데 추가로 노력이 든다면? 이를테면 마트에서 산 물건을 차에 모두 실은 뒤 다 쓴 카트가 주차장에 있고, 얼른 집에 가고 싶은데 카트를 두는 곳은 한 40미터 떨어져 있고….

그래도 카트를 제자리에 돌려놓아야 할까?

자자, 합리적으로 합시다

〈굿 플레이스〉를 제작하면서 나는 마찬가지로 무엇이 사람을 '선하게' 또는 '악하게' 만드는지 고민했는데, 그때 진짜 철학 전문가가 도와주면 답을 찾는 일이 훨씬 수월할 거라는 결론에 도달했다(아리스토텔레스가 맞았다. 누구에게나 스승이 필요하다). 나는 UCLA 교수 파멜라 히에로니미Pamela Hieronymi에게 이메일을 보내 점심때 만나 커피 한 잔 나눌 수 있는지 물었다. 90분을 꽉 채워 윤리 철학 사상을 전부 들으면 성가신 과정 없이 한 번에 끝낼 수 있을 거라고 생각했다.[1] 히에로니미 교수를 만나 이 프로그램의 전체 맥락을 설명하고

자문해줄 수 있는지 묻자 우선 팀 스캔론의 《우리가 서로에게 지는 의무》를 읽어볼 것을 권했다. 그래서 읽어보았다. 음, 정확히 말하자면 처음 90쪽을 읽고는 무슨 말인지 알 수 없어 내려놓았다가 한 달 후 다시 책을 집어 들고 또다시 헤매기를 반복했다. 그렇게 한 번 더 한 뒤 포기하고는 이후 본 적이 없다. 다행히 요즘은 이해한다. 파멜라가 자세히 설명해주기도 했다. 어쨌든 나를 이 일로 평가하지 않기를 바란다.[2]

스캔론은 자기 이론에 '계약주의'라는 이름을 붙였다. 계약주의는 앞서 살펴본 세 가지 주요 사상만큼 철학사의 중심에 있진 않아도 그 핵심 생각이 매우 흥미롭다. 무엇보다 꽤나 안심이 되는 윤리 기준선을 제시하는데, 이는 길에서 갑자기 누굴 만나거나 잠바 주스에서 어색한 대화를 나눠야 할 때 얼른 펼쳐볼 수 있는 표준화하고 보편적인 한 권의 안내 책자 같다. 스캔론의 사상은 칸트의 '규칙 중심' 윤리학에 기반을 두지만 칸트만큼 요구하는 게 많지는 않다. 식기세척기나 블루투스 스피커 같은 전자 제품을 사면 쉰 개 언어로

---

1 내가 만나기로 한 장소에 도착했을 때 히에로니미 교수는 거기에 없었다. 한 시간이 지나갔다. 나는 다시 이메일을 보내 내가 날짜를 잘못 알고 있는지 물었다. 알고 보니 히에로니미는 연구와 집필에 푹 빠져 그날 만나기로 한 사실을 까맣게 잊고 있었다. 그 말을 듣고 무척 기뻤다. 철학 선생이라면 응당 그래야 하는 법이다.*
* 이를 두고 토드는 웃긴 수동공격적 메시지를 보내왔다. 마이크, 이메일 보낼 때마다 너무 잽싸게 답해서 미안합니다.

2 나는 〈굿 플레이스〉에서 엘리너가 이 책을 읽기 위해 (말 그대로) 영원히 노력하다 시리즈 마지막 회에서 드디어 끝내게 했다.

번역한 300쪽짜리 가이드북이 있고 또 그 옆에 '바로 시작하기'라고 쓴 두 쪽짜리 작은 메모가 있지 않은가. 전원을 켜고 코드를 꽂고 하는 간단한 내용을 담은 요약본 말이다. 규칙 기반 윤리학에서 칸트가 쓴 것이 300쪽짜리 가이드북이라면 계약주의는 바로 시작하기 요약본 같다. 물론 우리는 칸트의 비교적 확실한 명령 덕에 그 사상을 잘 숙지하고 있다. 하지만 칸트는 여전히 뾰족한 가시투성이인 보편 준칙을 순수이성을 사용해 추상적으로 형상화할 것을 요구하며 이 일은 이미 보았듯 까다롭고 시간이 많이 든다. 내가 보기에 윤리 규칙을 정하는 데는 스캔론의 사상이 받아들이기에도, 실제 적용하기에도 훨씬 쉽다.

하버드대학교에서 스캔론의 제자로 수학한 히에로니미는 계약주의를 다음과 같이 설명했다. 동료 중 한 명이 또 다른 동료와 울창한 숲속에서 뒤엉켜 싸우는데 서로 30미터 정도 떨어진 참호에서 서로를 향해 총을 쏘며 몇 년째 전쟁 중이라고 해보자. 심각한 교착 상태다. 둘 중 어느 한쪽에게도 유리한 상황이 아니며 앞으로도 희망은 없다. 결국 지친 나머지 휴전 협정을 맺고 둘 다 살 수 있는 사회를 건설하기로 한다. 양쪽의 관점이 얼마나 다르든(전쟁이 끊이지 않은 것을 보면 그 관점이 얼마나 심하게 달랐는지 알 수 있을 것이다) 두 사람 모두가 받아들일 수 있는 규칙이 필요하다. 여기서 스캔론은 이렇게 제안한다. 양쪽 모두에게 지금까지의 모든 규칙을 거부할 권한을 준 다음 규칙을 새로 만들게 한다. 모두가 규칙을 만드는 일에 적극적이라 가정하되(둘 다 합리적이라는 전제) 한번 통과한 규칙은 다시 거부할 수 없다. 이 경우 상대를 위한 규칙을 만들지 않으면 규칙으로 통과할 수 없으므로 결국 모두가 서로 다른 사람에게 정당한 규칙을 설계한다. 모두를 하나로 묶는 사회적 기본 끈끈이를 찾는 간단하고도 우아한 방법이다.

그런데 여기에는 모든 사람이 '합리적이라는' 커다란 전제가 있다. 이는 철학에서 굉장히 중요한 지점으로 철학에서 길을 잃지 않으려면 여기서 확실히 정의하고 넘어가야 한다. 스캔론은 '합리적'이라는 부분을 쉽고 간단하게 정의하지 않는데…, 그런 것은 존재하지 않기 때문이다. 그가 하고자 하는 말의 본질은 이러하다. 나와 누군가가 서로 동의하지 않을 때 상대방이 자신의 이익 추구를 억누르거나 조절하는 만큼 내가 내 이익 추구를 억누르거나 조절하려 한다면 나는 합리적인 사람이라 할 수 있다. 모두를 위한 규칙을 만들고자 한다면 자신을 먼저 생각하기보다 서로의 필요를 충족해주는 세상을 만들기를 원하며, 무언가를 놓고 모두의 생각이 같지 않을 때도 모두가 조화롭게 공존할 방법을 찾는 걸 가장 중요한 일로 여긴다. 스캔론은 "사람들이 상대방도 충분히 받아들일 만한 정당한 토대를 마련하기 위해 자신의 개인적 필요를 바꿀 의지를 공유해야 한다"라고 말했다. 그러려면 모든 사람의 의지가 같아야 하는데 스캔론은 이 계약서에 모두가 서명하기를 바랐다.

그렇다고 갈등이 있을 때마다 다른 사람에게 결정을 맡겨야 한다는 의미는 아니다. 스캔론의 세계에서는 다른 사람 역시 갈등을 마주했을 때 반대편에 있는 우리에게도 상황이 정당하도록 자신의 이익을 조정할 것이기 때문이다. 이것은 매우 중요한 점이다. 이로써 끊임없이 변화하는 팽팽함이 조성되며 모든 사람이 타인의 이익을 자신의 이익과 동일시한다. 어떤 것이 다른 것보다 더 중요하지 않고 똑같이 중요한 상태가 된다. 이제 히에로니미가 내게 스캔론 사상을 설명하며 왜 비참하게 끝없이 교착 상태에 빠진 전쟁을 예로 들었는지 알 수 있을 것이다. 양쪽 모두 지쳐서 다른 길을 모색하려는 욕망이 생길 때라야 모든 사람이 진퇴양난의 수렁에서 빠져나가고자 하는 목적의식을 갖고 다른 사람 역시 같은 생각일 것이라고 믿기 때문에 모두가 합리적이라고 가정할 수 있다.[3]

스캔론 이론을 우리가 사는 세계(수천 가지의 작은 순간과 결정, 소통으로 이뤄진 세상)에 적용할 경우, 계약주의는 나쁘거나 부정한 행동

---

3 물론 모두가 합리적이기만 하지 않을 때는 어떻게 될지 의문이 들 수 있다. 간단하다. 그들은 끼지 못한다. 파멜라는 '동네북'과 '양아치'를 예로 들어 설명했다. 동네북에게 규칙을 제안하면 동네북은 자기 이익을 과소평가하기 때문에 무조건 규칙에 동의한다. 양아치는 자기 이익을 과대평가하므로 규칙에 동의하지 않는다. 이 비합리적인 둘은 모두 규칙을 제정하는 은유의 테이블에 앉을 기회를 얻지 못한다. 더 중요한 것은 은유 혹은 상상 테이블에 앉는 대신 현실 세계에서 실제로 사람들과 소통하면 때때로 (이런 사람을 만났을 때) 합리성을 결정하는 일이 내 손에 달려 있다는 점이다. 가령 동네북이 내가 제안하는 모든 규칙을 받아들일 것을 알고 내게만 크게 유리하고 동네북에게는 불리한 규칙을 잔뜩 내놓아 동네북에게서 이득을 취하면 안 된다. 대신 동네북이나 양아치의 행동 방식과 합리적인 사람의 행동 방식 사이에 단절이 있음을 인식하고 동네북과 양아치가 합리적이라고 가정한 상태에서 정말 그들도 따를 수 있는 규칙만 제안하도록 스스로를 견제해야 한다.

을 구별하는 좋은 잣대다. 예를 들어보자. 어떤 사람이 '긴급한 상황이 아니면 고속도로 갓길을 사용하면 안 된다'는 규칙을 제안했다고 해보자. 아무도 합리적인 이유로 이 규칙을 거부할 수는 없을 터다. 제대로 적용하면 모두가 똑같이 혜택을 볼 테고[4] 공공 안전에도 도움을 주니 말이다. 그런데 람보르기니를 모는 웨인이 나서서 "아니지, 내가 규칙을 제안할게. 원하는 곳은 어디든 갈 수 있는 람보르기니 운전자를 제외하고는 누구도 갓길을 사용할 수 없다. 그게 람보의 규칙이야" 하고 말한다면? 누군가는 이 규칙에 합리적으로 거부권을 행사한다(바로 행사하겠지). 스캔론 이론을 기준으로 삼으면 정의롭지 않거나 이기적으로 느껴지는 행동, 예를 들면 차가 꽉 막혀 움직이지 못하고 있는데 중년의 위기를 겪는 것이 확실한 어떤 돈 많은 멍청이가 갓길로 노란색 람보르기니를 몰고 지나가는 행동 같은 것을 빠르게 알아챌 수 있다.

그리고 앞서 이야기한 '비용이 들지 않는' 작은 결정에 계약주의를 적용할 경우 기대하던 답변을 얻을 수 있다. '가능하면 다른 사람도 주차할 수 있게 충분한 공간을 남겨두고 주차해야 한다' 같은 규칙을 거부할 사람이 있을까? 없다. 아니, 어떤 합리적인 사람이 그런

---

4 이것은 정부 기관이 모든 사람을 똑같이 대한다는 가정일 때 이야기다. 대다수 나라에서 전통적으로 그렇지 않지만 여기서는 일단 상상으로 공정한 사회를 만든 것이니 그냥 그런 줄 알자. 실제로 현실 사회 규칙을 제정한다면 정부 기관 규칙 먼저 시작해야 할 것이다. '인종차별 금지'나 '모든 사람은 성별에 상관없이 동등한 권리를 갖는다' 같은 기본 사항, 즉 지구상 거의 모든 나라의 설립 이념에 빠진 것부터 말이다.

규칙에 거부권을 행사할 수 있단 말인가? 그러면 '대충 아무 데나 주차하고 다른 사람은 지옥에나 떨어지든지' 같은 규칙은 어떤가? 이 규칙은 지금 당장 확실히 거부권 한 표를 얻었다. 스캔론은 사람들에게 번영에 다다른 성인군자가 되라고 요구하지 않는다. 다만 개인의 성격이나 종교, 정치 신념, 피자 토핑 선호도에 관계없이 모두가 서로의 눈을 바라보며 모두에게 정당한 삶의 기본 규칙을 만들어가길 바랄 뿐이다.

이것이 계약주의가 칸트의 의무론보다 내 마음을 더 끄는 이유 중 하나다. 칸트는 문제가 생기면 모든 것을 내려놓고 명상을 위한 독방 같은 곳에 혼자 들어가 문제를 마주하고 순수이성으로 보편 준칙을 찾아내 문제에 적용한 뒤 그 준칙을 따르려는 의무감에서 행동해야 한다고 이야기한다. 반면 스캔론은 이 모든 것을 같이하라고 한다. 서로 마주 앉아 "이렇게 하는 데 동의하나요?" 하고 묻는 것이다. 스캔론은 추상 추론을 믿지 않는 대신 살아가는 데 꼭 필요한 다른 사람과의 관계를 우선시한다. 물론 좀 위험해 보일 수도 있다. 자기 운명을 다른 사람에게 맡기는 것은 위험한 도박처럼 느껴진다. 어떻게 살아야 하는지 그 규칙을 만드는 것 자체도 어려운데 스캔론은 사람에게 하듯 다람쥐에게 말을 거는 옆집의 신디나 꽁꽁 얼어붙은 수영장에서 다이빙해 꼬리뼈가 부러진 사촌 데렉이 와서 거부권을 행사할 수도 있다고 말한다. 2023년 상황에 비춰보자면 그 정도가 아니라 음모론을 퍼뜨리는 페이스북 요정들이나 인종차별주의자인

증조 삼촌처럼 당신이 격렬하게 반대하는 사람들의 '합리성'에 의존해야 할 수도 있다. 허용하는 행동에 관한 규칙을 제안했는데 이들이 거부할 수도 있다는 얘기다. 그들이 반대하는 근거가 합리적이고 다른 사람들만큼 자기 이익을 위한 욕구를 억누른다면 가능하다(우리 역시 그들이 주장하는 극단적인 관점이 비합리적이라고 거부할 수 있다). 물론 이상하고 신경에 거슬리며 예측 불가능한 사람도 있지만 결국 그들도 우리와 함께 살아가는 존재라는 점에서, 그들을 배제하고 추상적 법칙을 정하는 것보다 그들과 협력해 세상의 도덕적 경계를 그리는 것이 낫다고 본다. 그들에게도 우리와 협력하는 것이 더 좋은 생각일 것이다.

알겠으니 이제 쇼핑 카트를 꼭 제자리에 갖다 놓아야 하는지나 알려주세요. 바쁘다고요

다시 말하지만 앞의 예시들(주차할 때 차를 어디에 댈 것인가 등)은 무언가를 하려 할 때 비용이 들지 않으므로 그것이 무엇이든 가장 훌륭한 선택지대로 행동해도 손해 볼 것이 없다. 만약 어떤 결정을 실행하는 데 비용이 발생한다면, 즉 시간과 노력이 필요하고 힘이 들거나 희생해야 한다면 어떨까? 이 장의 시작 부분에서 던진 질문을 생각해보자. 그래도 카트를 제자리에 돌려놓아야 할까?

이 문제를 더욱 복잡하게 만드는 뒤얽힌 문제가 한 덩어리 새로 쏟아진다.

먼저 쇼핑 카트를 제자리에 돌려놓아야 하는지 그 규칙이 명확했던 적이 없다. 쓴 사람이 다시 갖다 놓아야 하는 것인지, 아니면 그냥 주차장에 놔두고 가도 가게나 마트에서 상관하지 않는 것인지? 어떤 마트에는 카트를 정리하는 직원이 따로 있던데, 이는 차 옆에 그냥 두고 가도 된다는 뜻 같기도 하고…. 아니면 사람들이 이기적이라 자꾸 주차장에 카트를 두고 가버리니까 마트에서는 싫어도 어쩔 수 없이 그들을 고용해야 하는 상황일 수도 있겠다. 어쩌면 카트를 주차장에 두고 가는 것이 오히려 더 나은 것인지도 모르겠다. 주차한 뒤 카트 보관소까지 가지 않아도 되지 않나? 차에서 내리면 짠! 하고 누군가가 두고 간 카트가 바로 옆에서 대기하고 있을 테니 말이다! 하지만 다시 생각해보면 사람들이 차에서 내려 짠! 했을 때 자동차 문으로 주차장에 널려 있는 카트를 치면 그건 기분 나쁜 일이다. 그것도 그렇지만…, 마트에 도착해 입구 쪽으로 가다 카트 보관소에서 카트를 꺼내 장을 보고 물건을 담아 차로 가져온다… 그러고 나서 그냥 거기다 카트를 두고 간다? 뭔가 좀 부자연스럽지 않은가? 제자리에 돌려놓는 것이 맞는 것 같다. 카트를 돌려놓는 데는, 즉 이 돌고 도는 현상을 끝내기 위해서는 조금의 수고가 든다. 주차장을 가로질러 40미터 정도 돌아가는 산책 코스인데 그동안 카트 바퀴가 휘청거리며 아스팔트에 기분 나쁘게 갈리고 방금 산 식재료들은 뜨거운 차[5] 안에서 시들어가고 있다. 카트 보관소에 도착하면 괴상하게 쨍그랑거리는 카트를 러시아 인형처럼 서로 겹겹이 끼워진 줄 안으로 한 번 더 힘을 주어 밀어 넣어야 한다. 이어 산책길이 한 번 더 남아 있다. 차로 다시 돌아오는 또 한 번의 40미터. 주차장을 왔다 갔다 하는 차 사이를 피해 다녀야 하고 자동차 키를 주섬주섬 찾아 차 문을 열고 드디어 3분 전부터 이미 앉아 있었어야 할 바로 그 자리에, 윤리 따위 개나 줘버렸다면 지금쯤 훨씬 편안했을 몸을 기대고 앉는다. 스캔론은 이 상황을 두고 뭐라고 말할까? 우선 제안할 만한 규칙은 '마트에서 카트를 쓰고 난 후에는 다음 사람이 쓸 수 있게 제자리에 돌려놓자' 정도이리라. 합리적인 사람이면 매우 높은 확률로 거부할 이유가 없는 규칙이다. 만일 규칙이 '마트 주차장에 카트 수거 전담 직원이 없을 경우에는 카트를 쓰고 나서 제자리에 갖다 놓아야 하지만, 그런 직원이 있으면 주차장에 그대로 두고 가도 된다'라면 어떨까? 이 역시 거부할 이유가 없어 보인다. 그럼 안전 조끼를 입고 주차장을 어슬렁거리며 카트를 모으는 사람이 보이면 주차 자리에 카트를 그냥 두고 집으로 가면 된다. 그렇게 해도 괜찮다.

이제 다 된 것일까? 끝난 것일까?

계약주의에는 전제가 있다. 바로 모든 사람이 함께 사는 세상을 위한 최소 기준을 정하기 위해 적극적일 거라는 전제 아래 모두가

---

5 차가 뜨겁지 않을 수도 있다. 그러나 로스앤젤레스에 살면 항상 어김없이 뜨거워진다. 정말 싫다.

동의하고 따르기로 한 기준을 설정한다. 스캔론은 저마다 다른 사람들로 가득한 이 세상을 둘러보고는 모두가 따를만한 행동 기본값을 설정하려 한다. 스캔론 이론은 사람들이 확실히 싫어하고 동의하기 어려울 만한 행동을 하지 않도록 하는 데 초점을 둔다. 예를 들면 쇼핑 카트를 훔치거나 망가뜨려 다른 사람이 쓸 수 없게 만들거나, 결혼식에서 술에 취해 길가에 버려진 카트에 올라탄 뒤 친구 닉에게 카트를 밀어달라고 해서 인도를 엄청 빠르게 달리다 카트 밖으로 떨어져(닉도 많이 취해 제대로 미는 게 불가능한 탓에) 길바닥에 나뒹구는 행동이 있다.[6] 따라서 쇼핑 카트 사용을 위해 제안한 저 규칙들은 모두 합리적으로 거부될 것이다.

스캔론 규칙이 살만한 사회를 위한 최소 기준을 정할지라도 윤리적 결정을 내릴 때 오로지 그 규칙에만 의지할 수는 없다. '없으면 안 되는 최소' 기준만 맞추며 살고 싶지는 않다. 그냥 시험에 통과만 하는 정도로는 부족하다! '모두가 동의한 규칙'이라는 이 기준을 간신히 달성하는 정도가 아니라 훌쩍 넘어서서 윤리계의 슈퍼스타가 되고자 한다. 이 말은 모두가 동의한 계약주의 규칙을 따르기만 하

---

6 이 예는 순전히 이론일 뿐이다. 나는 2005년에 이런 짓을 하지 않았다. 만일 내가 그런 짓을 했다면 내가 갖고 있던 유일한 정장에 커다란 구멍이 나 다음 달에 참석할 또 다른 결혼식에 가려고 새로 정장을 사야 했을 테고 그건 멍청한 짓이기 때문이다. 나는 카트에서 떨어지자마자 벌떡 일어나 이번에는 내가 밀어주겠다며 닉에게 쇼핑 카트에 타라고 해서 닉도 떨어져 정강이에 멍이 들게 한 적이 절대 없다. 지금 말한 것 중 아무 일도 일어나지 않았다. 2005년에 나는 서른 살이었다! 서른 살 남자가 하기엔 말도 안 되게 멍청한 짓이다.

는 것이 아닌 그보다 더 해야 한다는 의미다. 시작은 계약주의로 해도 계속 정진해야 한다….

그러면 이렇게 해보자. 지금 장을 본 마트에서 특별히 직원을 고용해 주차장을 서성대는 길 잃은 카트를 수거하여 마트 입구로 갖다 놓게 했다고 치자. 물건을 차에 다 싣고 난 후 스캔론의 계약주의 이론을 활용해 (늘 그렇듯) 다음에 취할 행동을 결정한다. '마트에 쇼핑 카트 수거 전담 직원이 따로 있으면 카트를 주차장에 그대로 두고 가도 된다'는 규칙에 합리적으로 반대할 사람은 없으리라는 전제가 있으므로, 카트를 주차장에 그대로 두고 가기로 한다. 그럼 다른 몇 가지를 더 생각해보자. '카트를 두는 곳이 그렇게 먼 거리는 아니다.' '방금 카트를 사용했다. 아버지는 항상 무언가를 사용하고 나면 원래 자리에 돌려놓으라고 하셨다.' 생각은 계속 이어진다. '다른 사람에게도 이 카트가 필요할 것이다. 그런데 모든 사람이 카트를 쓴 뒤 주차장에 그대로 두고 가면 카트 수거 직원이 그 속도를 따라잡지 못해 나중에 오는 사람이 카트를 가지러 갔을 때 카트가 없을 수도 있다. 내게 그런 일이 일어나면 굉장히 짜증 날 것이다.'[7] 그다음 생각으로 넘어간다. '카트를 그냥 두면 다른 사람 자동차와 부딪치거나 주차 공간을 막을 수 있고 차에서 내리다 문으로 칠 수도 있으

---

7 모두가 그렇게 하면 일이 엉망이 된다는 개념이 칸트 이론의 핵심 사상이라는 것은 앞 장에서 이미 다뤘으니 알고 있을 것이다. 정말이지 칸트는 여기저기서 튀어나온다. 윤리적 딜레마를 어떻게 자르고 다지든 결국엔 의무론의 메아리가 울려 퍼진다.

므로 카트를 주차장에 아무렇게나 두는 것은 꽤 기분 상하는 일이다.' 생각은 이어진다. '마트 주차장에 카트 수거 직원이 있긴 하지만 일 자체가 지루하고 물리적으로 피곤하며 반복적이다. 또 밖에서 하는 일이라 덥거나 추울 테고 월급을 많이 받지도 못할 것이다. 그게 그들의 일이긴 해도 조금이나마 도울 기회가 있지 않을까.' 카트를 40미터 끌고 가 원래 있던 자리에 두는 것 정도로는 도달하는 전체 '선'의 분량이 크지 않겠지만 현실에서 실제로 일어나는 일이므로 많은 사람의 삶을 조금이라도 개선할 수 있지 않을까. 마트 직원은 사람들이 어질러놓은 카트를 정리하지 않아도 되고, 다음 손님은 편리하게 마트 입구에서 카트를 빼서 쓸 수 있으며, 주차장에 들어온 차들은 서성대는 카트에 부딪히거나 차 문을 열면서 카트를 치지 않을 테고 또 주차 공간이 카트로 막히지 않아 좋지 않은가. 그야말로 작은 수고를 들여 많은 사람에게 좋은 일이 아닌가!

자, 그렇다면 카트를 쓰고 나서 제자리에 두어야 하는 것일까? 아니다. 안 그래도 된다. 그래도 카트를 제자리에 갖다 둘 것인가? 그렇다. 그렇게 하는 것이 좋으니 말이다. 좀 더 수고가 들어도 가능하면 계약론에서 말하는 '없으면 안 되는 최소한의 필요'보다 더 하는 것이 좋다[8](말은 이렇게 하지만 나야말로 그 조금의 수고를 더 들이지 않는

다. 이유는? 그러고 싶은 사람이 어디 있겠는가?). 여기에는 하찮은 정도의 수고와 배려가 들지만 잠재적으로 꽤 많은 사람의 행복과 편의를 창출하고 스트레스를 줄여준다. 다른 사람을 돕는다는 말이다. 바로 이것이 우리가 여기서 공유하려는 목표여야 한다.

'다른 사람을 돕는 것'은 크고도 막연한 생각이지만 그 목표 없이는 '윤리'가 존재할 수 없다. 그러므로 계약주의자의 최소한을 넘어 '다른 사람을 돕겠다'고 선언하려면 그 의미를 정확히 짚고 넘어가는 것이 좋다. 말 그대로 다른 사람을 돕는 방법에는 여러 가지가 있다. 친구가 이사할 때 계단에서 무거운 박스를 들어줄 수도 있고 노숙자에게 무료 음식을 제공하는 단체에 50달러를 기부할 수도 있다. 그렇다면 '다른 사람에게 잘하기' '배려하기' '이기적으로 행동하지 않기' 같은 소소하면서도 한편으로 이상적인 것들은 어떨까? 무엇을 하자고 정확히 짚어서 말하기는 어렵지만 이런 생각을 하면 지구라는 공간에 함께 살며 다른 사람을 어떻게 대해야 하는지 실질적인 답을 얻을 수 있다. 그리고 그 정확한 의미를 설명하기 어렵다고 해서 설명하기를 포기해서는 안 된다. '다른 사람'이 중요한 이유를 설명한 것 중 가장 훌륭한 것은 사실 전혀 '설명'이 아니다. 그보다는 세계관에 가깝다. 바로 아프리카 남부의 '우분투ubuntu' 개념이다.

줄 의도는 없었다는 점을 기억하고 여기서 멈춘다. 다시 계약주의의 최소 규칙으로 돌아가 합리적으로 거부할 수 없는 규칙 정도로 만족하자. 마트에 카트 수거 직원이 따로 없을 때는 카트를 제자리에 갖다 놓게 하자는 규칙 말이다.

"우리가 있어서 내가 있다"

우분투는 한마디로 완벽히 정의할 수 없는 개념이다(내가 찾아본 바로는 그렇다). 내가 남아프리카 전통 부족 줄루Zulu나 코사Xhosa의 언어 또는 다른 아프리카 언어를 아는 것도 아니라서 영어로 다소 모호하게 설명할 수밖에 없다. 우분투는 상당 부분을 경구나 일화, 속담으로 설명하는데 남아프리카 철학자 요한 브로드릭Johann Broodryk은 우분투를 이렇게 정의한다.

인간적임, 보살핌, 나눔, 존중, 연민 그리고 모두가 가족이라는 의식 아래 변치 않는 인간의 공동체적 삶에 행복을 가져다주는 가치에 기반을 둔 고대 아프리카의 포괄적 세계관

브로드릭은 그다음에 나올 질문도 예상한다.

"기본적으로 모든 문화는 이런 긍정적 가치에 기반을 두고 있는데 그 개념이 과연 특별한가라는 질문이 나올 수 있다."

물론 우분투를 '인간의 상호연결성'으로 이해한다면 이 말이 맞다. 불교나 힌두교의 다르마dharma 개념에도 유사성이 있다. 브로드릭은 아프리카에서는 "이들 가치를 훨씬 깊은 수준에서 실행한다"는 점에 차이가 있다고 주장한다.

"이는 진정 열정적인 인류의 삶에 관한 것이다. 인류애가 다른 모든 것에 우선하며 이것이 삶을 살아가는 이유다."

더 나아가 작가 믈룰레키 음야카Mluleki Mnyaka는 우분투를 "(…) 옳고 그름을 결정하는 아프리카 사회의 (…) 결정요인이자 (…) 인식", 그러니까 하나의 윤리 사상으로 해석한다. 아, 우분투는 아프리카 철학의 뿌리로 인류의 연결 방식에 관한 세계관이며 가치와 옳은 행동을 결정하는 인문학 정신을 의미하나 보다. 그런데 '우분투'라는 단어 자체는 무슨 뜻일까?

이 부분에는 딱 떨어지지 않는 면이 있다. 우분투에는 굉장히 여러 가지 뜻이 있는데 그중 어느 것도 직접적이고 간단하게 번역할 수 없다. 이 단어는 특정 공동체의 윤리적 가이드라인을 담고 있으며 어떤 사람이 사용하는가와 어떤 아프리카 언어를 구사하는가에 따라 그 의미가 달라진다. 브로드릭은 단어 자체도 여러 가지라고 설명한다. 줄루족은 '우분투'라고 하지만 스와힐리족은 '우투utu'라고 하며 쇼나어로는 '운후unhu'다. 물론 중심 생각은 같다. 어떤 단어를 사용하든 모두 '인간다움' 또는 '이상적인 인간상'에 관한 것이다. 처음 이 단어를 접한 것은 확실히 학문적 맥락에서가 아니었다. 2008년 보스턴 셀틱스(내가 제일 좋아하는 농구팀이다)가 NBA 챔피언십에서 우승했을 때 코치 닥 리버스Doc Rivers는 여러 명의 스타 선수가 개인의 영광보다 공동 목표(팀 우승)에 집중하게 하는 데 우분투를 사용했다고 말했다. 단어 자체를 해석하기보다 그 개념의 본질에 집중하는 편이 더 낫다. 내가 볼 때 우분투의 전체 개념에 꽤 가까이 다가가는 속담이 하나 있다.

"사람은 다른 사람을 통해 사람이 된다."

우분투는 스캔론의 계약주의와 같지만 한층 강화한 형태로 볼 수 있다. 우분투는 단지 타인에게 의무를 지는 데서 끝나지 않고 사람은 다른 사람을 통해 존재한다고 말한다. 타인이 건강한 것이 내가 건강한 것이고 타인의 행복이 내 행복이며 타인의 관심사가 곧 내 관심사다. 누군가가 다치거나 상하는 것은 내가 그렇게 되는 것과 마찬가지다. 정치학자 마이클 오니예부치 에제Michael Onyebuchi Eze가 우분투의 특징으로 인용한 덕목은 아리스토텔레스의 '관대함, 나눔, 친절'을 떠올리게 하지만 우분투에서는 개인이 아닌 공동체를 강조한다. 2006년 넬슨 만델라Nelson Mandela는 우분투가 무엇이냐는 질문에 이렇게 답했다.

우리가 어렸던 그 옛날, 우리나라로 여행을 온 한 사람이 내가 사는 마을에 당도했다. 그 사람은 음식이나 물을 달라고 부탁할 필요가 없었다. 그가 마을에 도착하자 사람들은 음식을 가져다주고 보살폈다. 이것은 한 단면일 뿐 우분투는 다양한 형태를 지닌다. (…) 우분투는 스스로 부유해지지 말라는 뜻이 아니다. 중요한 점은 이것이다. "주위 공동체도 함께 성장하도록 하고 있는가?"[9]

---

9   만델라는 이 부분의 정확한 의미를 설명하지 않았다. 나는 '공동체도 성장하도록 한다'는 것이

그럼 다시 돌아가자. 왜 쇼핑 카트를 제자리에 갖다 놓아야 하는가? 그것이 다른 사람을 돕는 길이자 나 역시 다른 사람을 통해서만 사람으로 존재하기 때문이다. 현대인은 자신이 당면한 문제와 괴로움을 해결하느라 바쁘게 사는 존재로 자신만의 작은 세계 안에 갇혀 자기 삶을 해결하고 고통을 줄이는 데만 급급하기 쉽다. 한번 보자…, 썩 유쾌하지 않다. 우리는 지구에서 혼자 살지 않는다. 케냐의 철학자이자 신학자인 존 S. 음비티John S. Mbiti의 말대로 우리는 우리보다 훨씬 큰 전체의 작은 일부일 뿐이다.

개인은 혼자 존재하지 않으며 존재할 수도 없다.(…) 사람은 존재 자체로 다른 사람에게 의무를 지는데 여기서 다른 사람이란 지난세대와 동시대의 모든 사람을 의미한다. 개인은 전체의 일부일 뿐이다.(…) 한 개인에게 일어나는 일은 전체 공동체에 일어나는 일이며, 전체 공동체에 일어나는 일 역시 개인에게 일어나는 일이다. 개인이 할 수 있는 말은 오직 이것뿐이다. "나는 우리로 인해 존재하고 우리가 있어서 내가 존재한다."

물리적 성장보다 정신적 성장을 의미한다고 본다. 자기 자신을 위한 일로 공동체를 희생시키거나 주변 사람이 고통받게 해서는 안 된다는 뜻이다. 대신 공동체의 건강과 번영을 우선시하는 방식으로 스스로를 성장시켜야 한다. 만델라가 말 그대로 '모두가 돈을 벌 수 있을 때 우리도 돈을 벌 수 있다'는 뜻으로 말했을 수도 있다. 다음 장에서는 존 롤스를 만날 텐데 그는 이 개념에 다른 시각으로 접근한다. 롤스는 사회를 "상호이익을 위해 모인 협력 공동체"로 정의하며 제한된 자원(모든 사회가 그렇듯)을 완전히 똑같이 나누기보다 한 사람이 좀 더 갖더라도 가장 소외된 사람 역시 이득을 얻는 방식으로 분배하는 해결책을 모색하고자 한다.

다른 사람에게 그냥 의무만 지는 게 아니다. 우리는 우리의 빌어먹을 존재 자체 때문에 타인에게 의무를 진다. 이런 방식으로 '다른 사람'을 생각하면 '서로에게 지는 의무'의 최소한만 하고 말 수는 없다. 다시 말해 주변 사람의 짐을 덜 수 있다면 그 망할 놈의 쇼핑 카트는 제자리에 갖다 놓아야 한다. 여기서 우리가 해야 할 일은 무언가를 결정하려고 체크리스트를 작성할 때 '공동체의 건강과 행복'을 우선순위에 두는 것이 전부다. 하면 좋고 아니면 마는 부산물로 취급해서는 안 된다.

이것은 수백 년간 남아프리카 철학의 중심 사상이었다. 하지만 서양 철학에서는 인간의 도덕적 삶은 다른 사람과의 상호 관계에 달려 있다는 계약주의 개념을 어느 정도 아웃사이더로 취급한다. 이 책에서는 르네 데카르트를 따로 다루지 않지만 서양 사상에서 가장 기본 사상 중 하나인 그 유명한 데카르트 철학의 제1명제, '코기토, 에르고 줌Cogito, ergo sum'(앞서 말한 '나는 생각한다. 고로 나는 존재한다'의 원문)을 잠시 생각해보자. 이를 우분투 사상, 즉 '우리가 있어서 내가 존재한다'와 비교하면 세상에나 이렇게 큰 차이가 있다니 하는 생각이 든다. 데카르트는 자신의 단일 의식으로 존재를 증명하고자 했다. 우분투를 실행하는 이들은 자신의 존재를 정의할 때 다른 사람의 존재를 조건으로 한다. 이 두 가지 전혀 다른 명제에서 나온 각각의 문명과 법제, 사회 구성원을 주제로 흥미로운 책을 쓸 수도 있으리라. 참고로 나는 아니다. 너무 어려울 것 같다. 그래도 누군가는 가능하지 않으려나.

지금까지 나는 계약주의를 상당히 건조하고 지적인 방식으로 서술했다. 마치 맨정신으로 들어가 원칙을 정하고 투표하는 회의에서처럼 말이다. 반면 히에로니미는 계약주의를 바라보는 더 따뜻하고 유연한 방식을 제안했다. 스캔론은 우리와 지구를 함께 쓰는 사람들에게 다가가 이렇게 말하라고 한다.

"당신이 저를 우리 시스템을 거부할 권한이 있는 중요한 사람으로 대한다는 걸 압니다. 저 역시 당신을 그렇게 대한다는 것을 아실 거예요. 그리고 우리는 서로가 그 사실을 안다는 것을 알고 있어요."

스캔론은 '서로를 존중한다는 걸 서로 알고 있는' 윤리 체계를 확립하고자 한다. 도덕의 이러한 방향 전환은 우분투만큼은 아니지만 그래도 우리 내면의 이기주의에 제동을 걸고 주변 사람(아는 사람과 모르는 사람을 통틀어)과의 관계를 개인적 '선량함 계량기'의 중심에 두게 한다. 일단 이 입장을 받아들이면 음… 적당한 단어가 없어서 쓰자면, 멍청한 채로 살기는 힘들어진다.

최소한의 도덕:
누군가에게는 여전히 너무 어렵다(고 한다)

코로나19 바이러스가 창궐한 뒤 처음 1년을 지나는 동안 지속적으로 이어진 해로운 쟁점이 하나 있었다. 바로 아무도 마스크를 쓰고 싶어 하지 않는다는 것이었다. 더 정확히 말하면 아무도 마스크를 쓰고 싶어 하지 않았고 수백만 명의 천치가 실제로 마스크를 쓰지 않았다. 스캔론이《우리가 서로에게 지는 의무》를 출간한 때가 1998년인데 만약 지금 이 책을 쓴다면 이들 천치를 두고 할 말이 훨씬 더 많았을 게 분명하다. 마스크를 쓰는 것은 마트에서 장을 본 뒤 카트를 제자리에 갖다 놓는 것 정도로 성가신 일이다. 아무것도 하지 않는 것보다는 좀 더 수고가 들지만 사실 더 든다고 할 수도 없을 만큼 작은 수고다. 대신 마스크를 썼을 때의 장단점을 헤아려보면 쓰지 않는 게 미친 짓으로 여겨질 정도다. 우리가 할 일은 2달러짜리 마스크를 사서 밖에 나갈 때 쓰는 것이다. 이득을 보는 사람은 지구상의 모든 사람이다. 마스크를 써서 얻는 이익은 사회가 훨씬 빨리 제자리로 돌아가고 사람들이 아프거나 죽지 않는다는 점이다. 묘하게도 전 지구에 퍼진 전염병은 계약주의를 설명하는 데 이상적인 시나리오다. 이 상황에서 사람들이 서로에게 지는 의무는 그 형태가 명확히 드러나는데 의무의 크기는 그야말로 미세하고 이득은 천문학적으로 막대하다.

앞에서 계약주의는 불합리하거나 이기적으로 느껴지는 행동을 빠르고 효과적으로 드러낸다고 말했다. 음, 타코 체인점 타코벨에 앉아 마스크는 억압의 한 형태라며 소리를 지르는 사람의 영상을 볼 때마다 '불합리한 인간이군. 네 규칙은 거부하겠음' 하는 생각이 든다(우분투를 실행하는 사람의 관점에서 모든 사람이 마스크를 쓸 필요는 없지 않느냐는 것은 말이 안 되는 질문이다. 마스크의 주요 기능은 나 자신을 지키기 위한 게 아니라 내가 병에 걸렸을 때 다른 사람을 지키는 것이다. 마스크는 우분투의 물리적 환생이나 마찬가지다).

스캔론의 책은 약간 빡센 감도 있지만 이론이 우아하고 단순하다. 내가 스캔론을 만났을 때[10] 그가 직접 말하길, 이론이 너무 단순해서 멘토인 데릭 파핏Derek Parfit이 좀 의아해했다고 한다. 스캔론이 책을 쓰도록 설득한 파핏은 아마도 최근 50년간 가장 중요한 철학자일 것이다. 마침내 스캔론이 계약주의에 관한 초본을 데릭에게 보여주었을 때 그는 이렇게 말했다고 한다.

"팀, 이건 윤리 이론이 아니잖나. 이건 자네 성격을 기술한 거잖아."(철학자는 가끔 재수가 없다.[11])

개인적으로 나는 동의하지 않는다. 내 결정과 다른 사람의 결정에 보이는 내 반응을 비교해볼 때 계약주의는 윤리적 가이드로 의지할 만하다. 그래도 기억해야 할 것은 계약주의는 살만한 사회를 만들기 위한 최소한의 기준선만 제공한다는 점이다. 그 최소한의 기준선에 도달했을 때 자신과 세상을 더 좋게 만들고자 좀 더 수고를 할지 그

---

10 철학자와 잘 아는척하는 것이 할리우드 배우와 친한척하는 것보다 더 별로인가? 지금까지는 그렇지 않았지만 그럴 수도 있겠다 싶다. 그래도 스캔론과 만난 이야기는 하고 싶다. 팀 스캔론을 꼭 만나고 싶었고 정말 멋진 경험이었다. 마음에 안 들면 고소하든가.

11 토드의 메시지: 파핏은 윤리에 관해 객관주의자다. 즉, 어떤 행동에 따른 사람들의 반응과 상관없이 그는 객관적으로 옳고 그름이 있다고 믿는다. 반면 계약주의자 스캔론은 행동의 옳고 그름은 (합리적인) 판단에 따라 달라진다고 믿는다. 파핏의 관점에서 스캔론은 너무 주관적인 차원에서 윤리를 논한다. 여하튼 재수 없는 것은 마찬가지다.

렇지 않을지는 개인의 선택이다.

이제 화살통에 화살을 가득 넣어 두었다. 덕 윤리, 의무론, 공리주의, 계약론, 우분투…. 그야말로 꽉 찼다! 지금까지 우리가 지녀온 의문은 간단하다. 이유 없이 폭력을 써도 되는가? 다음에 올 질문은 조금 더 까다롭고 미묘하다. 이 질문에 답하려면 지금까지 살펴본 주요 이론이 전부 필요한데 그 과정에서 새로운 사상도 만날 예정이다. 그리고 대답은 계속해서 점점 더 어려워질 것이다.

아무튼 계속 잘해봅시다!

How to be Perfect

2부

좋은 사람이 되는 것은
아직도 어렵다

지금까지 살펴본 것을 모두 받아들

인 뒤 더 곤란한 질문을 던지고 앞서

배운 것을 바탕으로 답변하며 더 멋

진 것을 배우자.

5장

도덕적 완벽함

불타는 건물에 뛰어들어 안에 갇힌 사람들을 구해야 할까 미국이 2차 세계대전에 참전했을 때 잭 루카스Jack Lucas는 열세 살이었다. 2년 후 그는 나이를 속이고 어머니의 서명을 위조해 해병대에 입대했고 루카스가 속한 부대는 1945년 일본 규슈의 이오지마섬에 상륙했다. 열일곱 살이 된 지 일주일이 채 안 된 어느 날 그가 숨어 있던 참호 옆에 수류탄 두 개가 떨어졌다. 그것을 본 사람은 루카스뿐이었는데 그는 곧바로 옆에 있던 동료를 밀쳐내고 수류탄 위로 몸을 던지며 또 다른 수류탄을 자신의 배 아래로 끌어당겼다. 폭발과함께 루카스의 몸은 공중으로 떠올랐다 바닥으로 떨어졌고 당연히그는 죽었어야 했다. 어쩐 일인지 루카스는 몸에 수류탄 파편 250개가 박혔음에도 죽지 않았다. 결국 몸을 회복한 잭은 그의 용기를 기리는 명예훈장을 받았다.[1]

---

1 이 일 말고도 루카스에게는 별의별 거친 일이 많이 일어났다. 1961년 낙하산 부대 훈련 임무에 투입됐을 때는 낙하산 두 개가 모두 작동하지 않았고, 1977년에는 아내가 사람을 고용해 맥주에 약을 탄 뒤 루카스의 총으로 그를 죽이고 자살한 것처럼 위장하려 했다(누군가가 이 일을 경찰에 밀고했고 루카스는 약이 든 맥주를 바꿔치기해 계획이 실패로 끝나게 했다). 이 모든 일에도 그는 어찌어찌 살아남아 2008년 여든 살 나이로 사망했다.

이 이야기처럼 놀랍고도 영웅적인 군대 영웅담은 사람들에게 영향을 미친다. 그냥 영향이 아니고 매우 큰 영향을 미친다. 전장에서 군인들은 비상할 정도의 용감함을 보여주며 일반인과는 달라 보인다. 그들 역시 실제로는 그런 일이 일어나리라고 상상조차 할 수 없는 불가능한 시나리오를 마주한 일반인일 뿐인 경우가 많은데도 말이다. 아마 군인이 아니어도 우리가 실제로 살아가는 공간에서 영웅적 행동을 하는 평범한 사람을 본 적 있을 것이다. 지하철 선로에 떨어진 사람을 구하기 위해 뛰어들거나 제멋대로 고속도로를 건너는 거북이를 구하고자 차도로 뛰어드는 사람 말이다. 그러한 이야기는 우리가 직접 경험할 수도 있다는 점에서 더 오랫동안 회자되며 사람들에게 깊은 인상을 남긴다. 내가 같은 상황에 있었다면 똑같이 할 수 있었을까, 아니 할 수 있었다 해도 과연 그렇게 했을까 의문이 든다. 나는 속으로 조용히 생각할 것 같다.

'휴, 저 여자가 해서 다행이다. 방향 감각도 없는 바보 거북이 때문에 목숨을 걸 수는 없잖아.'

그러다 내가 그 사람만큼 용감하지 않다는 사실을 깨달으면 기분이 좀 그렇다. 어쨌든 이 일은 곧 다 잊고 어느새 유튜브에서 10대들이 코로나19 자가 격리 동안 집에서 만든 루브 골드버그Rube Goldberg(미국의 풍자만화가. 만화에 쉽고 단순한 작업을 거창하고 복잡하게 해내는 장치와 기계가 등장한다-옮긴이) 장치를 보며 쿨하다고 생각한다.[2]

인간의 놀라운 점 중 하나는 비록 자신은 해내지 못해도 다른 사람이 행한 수준 높은 덕을 보고 배운다는 사실이다. 우리는 1940년 런던 폭격 당시 용감한 런던 상인들이 굳건한 의지로 폭탄의 잔해를 헤집고 나아가 묵묵히 가게 문을 열었다는 이야기를 듣는다. 천안문 광장에서 탱크 앞을 가로막은 무명의 남자에 관한 영상도 본다. 자기 경력과 정신 건강에 문제가 될 것을 알면서도 다른 사람에게 같은 일이 일어나지 않게 하려고 자신이 당한 충격적인 학대 상황을 세상에 알리는 여성들의 기사도 읽는다. 덕분에 우리는 그런 일이 가능하다는 것을 알게 된다. 수준 높은 용기와 결의, 불굴의 의지, 다른 사람을 향한 관대함과 공감이 4분 안에 1,600미터 돌파하기나 깎아지른 절벽을 자유 등반하는 것처럼 노력으로 얻을 수 있는 것이라는 사실을 말이다. 감사하게도 사람들은 대부분 그런 상황에 놓일 일이 없다. 대다수에게는 고속도로에서 거북이를 구할지 말지 결정해야 할 일 자체가 일어나지 않는다. 그렇지만 좋은 사람이 되고 싶다면 여전히 그처럼 극단적인 상황에서 어떻게 행동해야 할지 생각해봐야 한다. 한마디로, 좋은 사람이 되려면 우리도 그 영웅들이 한 대로 행동해야 하는 것일까? 좋은 사람이 되는 데 필요한 미덕의 한계를 이해하는 것으로 앞으로 나아갈 방향을 알 수 있다. 이

---

2 그 영상을 보다가 나는 평생 저런 장치는 못 만들겠지 싶어 또 기분이 가라앉는다. 도대체 저런 건 다들 어떻게 만드는 거지?

는 좋은 사람이 되려는 목표에 다다르기 전에 실질적으로 정확히 얼마나 좋은 사람이어야 하는지 가늠하게 한다. 어디까지가 인간으로서 필수적으로 갖춰야 하는 선이고 어디까지가 '하면 좋지만 하지 않는다고 해서 나쁜 인간이 되는 것은 아니지 않나?' 정도인지. 사실 그렇지 않은가. 불타는 건물 안의 모든 사람을 구출하기 위해 당장 그 안으로 들어가지 않으면 나쁜 사람인 것은 아니지 않느냐는 말이다. 이 책의 원제 '완벽해지는 방법How to Be Perfect'은 농담이니 일단 제쳐두고, 좋은 사람이기 위해 완벽해야 할 필요까지는 없지 않은가?

… 그렇지 않을까?!

도덕적 완벽함: 경고성 이야기

칸트를 따르려는 포부가 있다면 답은 이미 나와 있다. 좋은 사람이 되기 위한 행동은 어떤 면에서 '완벽'해야 한다. 칸트는 절대주의자이며 그의 의무론은 다른 어떤 사상보다 완벽이 아니면 아무것도 아니라고 주장한다. 칸트의 테스트에 통과할지 알기 위해 불타는 건물 시나리오 같은 이론적이고 극단적인 이상값을 제시할 필요조차 없다. 그 상황이 얼마나 어이없고 황당한지와 상관없이 보편 준칙을 알고 그것을 따르려는 의무를 다하지 않으면 그것으로 실패다. 칸트는 언제까지나 머리를 절레절레 흔들며 용납하지 않을 것이다. 일단 불타는 건물을 다시 생각해보자. 보편 준칙을 무엇으로 정하는가에 따라 칸트가 정하는 요구 단계가 좀 달라질 수 있다. 예를 들어 준칙이 '다른 사람을 구할 기회가 있으면 무조건 자신의 안전을 희생해야 한다'라면 뭐, 얼른 수건으로 코와 입을 틀어막고 불타는 건물 안으로 뛰어드는 수밖에. 그러나 '다른 사람의 생명을 살리기 위해 빠르고 단호하게 행동해야 한다'가 준칙이라면 얼른 119에 신고하고 비상 상황에서 구조 작업을 하는 전문가에게 알리는 것만으로도 충분하다. 만약 가장 가까운 소방서가 한 시간 거리에 있다면? 준칙에 구조대의 근접성과 관련한 경로를 포함해야 할까? 또 다른 변수가 있다면?

　예상한 대로 앞서 논의한 칸트주의 사상 비판과 다시 직면한다. 칸트가 순수이성으로 만들라고 주장한 이 멍청한 준칙 공식은 망할 불가능에 가깝다. 내게 윤리 사상의 핵심은 실제 생활에서 쓸 수 있느냐에 있다. 칸트의 추론에는 시간과 인내심을 쏟아부을 수 있는 시나리오도 많지만 그렇지 않은 것도 무척 많다. 건물이 불타고 있는데 그 상황에 맞는 적절한 보편 준칙을 발견해야 한다면 글쎄…, 너무 가혹한 일이 아닐까. 창문에서 소리치고 있을 그 사람들을 좀 생각하자.

　같이 소리를 지르는 건 어떤가.

　"여기 갇혀 있어요! 살려주세요!"

　"아, 네. 잠시만요. 지금 구출을 시도하는 것이 도덕적으로 꼭 필요한 일인지 아직 확실치 않아서요!"

　"전부 이해합니다! 꼭 의무론 준칙을 따르고자 하는 의무감에서 나온 대로 행동해야 합니다!"

"이해해주어 감사해요! 30~40분이면 답이 나올 것 같아요!"

칸트주의에서는 극단적 상황이든 반복적 일상이든 같은 윤리 추론을 하도록 요구한다. 두 가지 모두 어려운 상황이다. 그럼 공리주의 관점에서는 위 상황에서 어떤 일이 일어날지 생각해보자. 앞서 살펴보았듯 공리주의 행동은 간단한 상황에서는 결정이 수월하지만 상황이 복잡하면 어려워진다. 건물이 불타는 상황은 그 범위 안에서도 가장 복잡한 상황이다. 트롤리 딜레마에서와 마찬가지로 다른 사람의 목숨을 구하는 일이긴 하지만 추가된 것이 있다. 구출을 시도해도 사람들을 구할 수 있을지 아무도 모른다는 점이다. 트롤리 딜레마에서는 결과가 명확하고 계산이 가능했으나(한 명이 죽느냐 다섯 명이 죽느냐) 이 경우에는…, 아무도 모른다. 모두를 구출할 수도 있고 다 같이 죽을 수도 있다. 일부를 구할 수도 있지만 대신 내가 죽을 수도 있다. 아무도 못 구한 채 나까지 죽을지도 모른다. 최악의 경우 그렇다. 엄격한 공리주의 입장에서는 여러 명의 목숨을 살릴 수 있으면 살리는 것이 맞다. 그렇지 않은가? 더 많은 사람의 행복이 더 낫지 않나. 그러다 설사 내가 죽더라도, 건물이 불타는 상황이 너무 무섭고 구조물 화재가 얼마나 위험한지 아무런 지식이 없더라도, 운동한 지 오래되어 몸 상태가 엉망이고 어제 마요네즈 뚜껑을 열다가 죽을 뻔했더라도, 그래서 영웅적으로 사람들을 구할 수 있을 리가 거의 없더라도 말이다. 엄격한 공리주의 법전에 따르면 이런 생각 자체가 말도 안 된다. 한 사람의 목숨(바로 내 목숨)을 걸고 몇 명일지는 몰라도 높이 솟은 그 지옥에서 최대한 여러 명의 목숨을 구하려 노력해야 한다. 아니, 당신이 훌륭한 공리주의자라면 차라리 경찰 신호 탐지기를 사서 다른 건물에 불이 나는 시나리오를 들어보고 그쪽에 사람이 더 많으면 그들을 구하러 얼른 달려가야 하는 게 아닐까? 사실 무엇을 하든 목숨을 구하는 것보다 더 많은 행복을 창출할 수는 없는 것 아닌가.

여기서 우리는 공리주의를 향한 새로운 비판을 만난다. 종형 곡선의 가장 끝까지 결과주의 이론을 따라가다 보면, 즉 행복을 극대화하는 것만 중시하며 행동하는 삶에서 피할 수 없이 다다르는 종점을 향해 가다 보면 결국 '행복 펌프'라는 커다란 함정에 빠지고 만다.

그럼 결과주의자의 세계관을 온전히 받아들였다고 해보자. 어느 날 길을 가다 땅에 떨어진 5달러를 주웠지만 지금 5달러가 꼭 필요한 것은 아니라서 세상을 좀 더 나은 곳으로 만들기로 결심한다. 인터넷에 접속해 5달러로 모기장을 사서 사하라 이남 아프리카에 전달해 어린이들이 말라리아에 걸려 죽는 것을 막아낼 유능한 자선단체한 군데를 찾아낸다. 5달러로 사람의 목숨을 구한다?! 일이 쉽게 풀린다. 마음이 들떠 내친김에 은행 계좌를 조회하니 잔액이 3,000달러(약 380만 원-옮긴이) 정도 있다. 이번 달 월세를 냈고 직업도 안정적이고 아픈 데도 없으니 이 돈도 당장 꼭 필요한 것은 아니다. 3,000달러면 모기장 600개를 사서 600명의 목숨을 더 구할 수 있다! 3,000달러 모두 기부하기로 한다. 이제 집 안을 둘러보니 오래된 옷더미와 필요 없는 책, 가구가 눈에 들어온다. 그것을 팔아 돈을 전부 기부하면 더 많은 모기장을 살 수 있을 것이다. 그러고 보니 사실 직장까지 걸어가도 되고 가야 할 곳이 있으면 어디든 승차 공유 서비스 리프트Lyft를 부르면 그만이므로 엄밀히 말해 자동차도 꼭 필요한 건 아니다. 어린이들이 말라리아로 죽어가는 상황에서 꼭 필요하지도 않은 자동차를 보유할 필요는 없지 않은가? 과연 이것이 공평한 일일까? 아니다. 차를 팔아 그 돈도 모기장 자선단체에 기부한다. 그런 식으로 집도 팔아 기부하고 친구 집에 얹혀산다. 그러다 또 깨닫는다.

"참, 신장이 두 개잖아. 하나밖에 필요 없는데…."

이제 알았을 것이다.

전통 공리주의는 어떻게 하면 선하게 살 수 있는지 간단한 규칙을 제시하지만(고통과 슬픔보다 행복과 쾌락을 더 많이 만들면 된다) 기본 삶을 유지하기 위해 어디쯤에서 선한 행동을 멈춰야 하는지는 알려주지 않는다.

〈굿 플레이스〉에 더그 포셋이라는 인물이 나오는데 최대 행복을 추구하다 못해 극단으로까지 가고자 하는 인물(물을 조금만 줘도 되는 직접 기른 렌틸콩만 먹는다)이다. 그는 동네 10대 불량청소년들이 아무리 바보 같은 짓을 하라고 시켜도 그렇게 함으로써 학폭 가해자들이 행복해진다면 원하는 대로 해줘야 한다는 의무감에 사로잡혀 있다. 바로 이것이 공리주의 세계관을 무조건 도매금으로 따라가다 보면 그 끝에서 직면하는 '행복 펌프'의 위험성이다. 자기 자신을 갉아먹으며 다른 사람의 행복을 충천해주는 배터리가 되는 셈이다. 공리주의 행동에 제재를 가하는 선은 이성이나 구조에 따라서라기보다 임의로 정해지며 주관적이다. 이것이 내가 공리주의를 살아가는 방식의 가이드라인으로 삼기를 꺼리는 이유다. 공리주의를 만든 사람들은 언제 멈춰야 하는지 알려주지 않았다. 언제 멈춰야 하는 것일까?

현대 철학자 수전 울프Susan Wolf는 한 학회지에 발표한 논문 〈도덕적 성인들Moral Saints〉에서 이 개념, 즉 '도덕적으로 완벽하다'는 것이 어떤 의미인지 묻는다.

타인을 위한 복지 증진은 도덕적 성인에게 중요한 문제다. 대다수 사람에게 이것은 물질적 안락함, 스스로 선택한 지적·신체적 활동에 참여할 기회, 사랑과 존경 그리고 사랑하고 존경하며 함께 있으면 즐거운 사람과의 우정 같은 것을 의미한다. 도덕적 성인의 행복은 타인의 행복에 달려 있을 것이므로 그는 다른 사람을 위해 온 마음을 활짝 열어 기꺼이 헌신할 것이다.

이것이 '행복 펌프'의 개념인데 다시 말하면 이런 뜻이다. 울프에 따르면 '행복 펌프' 역할을 하는 사람은 기본값을 '자기 보호'가 아닌 '타인 보호'로 설정한다. 자아가 뒤집힌 것이다. 이렇게 보면 사실 아주 이상하게 들리지는 않지만(심지어 우분투가 떠오르기까지 한다) 이 성인군자의 경지에 도달하려면 언제나, 모든 상황에서 이같이 행동해야 한다. 이 개념이 본질적으로 불가능한 이유다. 친한 친구 칼과 점심을 먹고 있는데 맞은편 길에서 어떤 여자가 주차 기계가 작동하지 않아 끙끙대고 있으면 당장 자리를 박차고 달려가 도와주어야 한다. 때마침 여동생과의 갈등으로 한참 감정이 격해져 이야기하던 칼이 그것 때문에 기분이 나쁘지만 않다면 말이다. 이 경우 주차 기계와 씨름 중인 여자를 도움으로써 창출한 행복보다 그 행동에 따른 칼의 불행이 더 커졌다. 그런 식으로 계산하다 보면 미주리주에서 일어난 홍수 때문에 수천 명이 집을 잃었다는 이야기를 어디서 들었는데 칼이나 주차 기계 여자보다 더 도움이 필요한 사람이 있을 테니 당장 공항으로 달려가야 한다. 이처럼 끝없는 공리주의 계산에 따르다 보면 정상적인 삶을 사는 것 자체가 불가능해진다.

그 사람은 결국 어떻게 되겠는가? 유일한 목표가 성인군자가 되는 것이라면 과연 사람으로(여기에 맞는 정확한 다른 단어가 없다) 사는 일이 가능하기나 한 걸까? 울프 역시 이 점에 염려를 표했다.

> 도덕적 성인이 배고픈 사람을 먹이고 아픈 사람을 치료하고 자선단체 옥스팜Oxfam의 모금에 인생을 모두 바치면 빅토리아 시대의 소설을 읽거나 오보에를 연주하거나 테니스 백핸드 연습을 하는 것은 필연적으로 불가능하다. (…) 이런 특징이 결핍된 삶은 이상하리만큼 메마른 삶처럼 보인다. (…) 도덕적 성인이 맛있는 음식에 보이는 관심 같은 것은 불편한 사치에 불과하다. 선을 행하는 데 써야 할 인적 자원을 오리 파테 앙 크루트pâté de canard

en croute 따위를 만드는 일에 사용하는 것은 어떤 논쟁으로도 정당화할 수 없어 보인다.

성인군자는 영화를 보러 갈 수도, 테니스를 치거나 아랍어를 배울 수도, 오리 파테 앙 크루트든 뭐든 요리를 할 수도 없다. 그런 것을 하느라고 도덕적 성인으로 활동할 소중한 시간을 빼앗기면 안 되기 때문이다. 그리고 삶을 풍요롭게 해주는 그러한 일을 하지 않는 성인군자는 굉장히 지루한 인간일 수밖에 없다. 울프는 더할 수 없이 건조한 어조로 이렇게 서술한다.

"도덕적 성인은 굉장히 좋은 사람이어야 한다. 공격적이지 않은 것은 매우 중요하다. 다만 이럴 경우 지루하고 유머 감각이 없으며 무미건조한 사람이 될 수밖에 없다는 점이 걱정이다."

그렇다! 다른 사람이 재미있어하지 않는 일에 혼자 웃을까 봐 조바심하며 걱정하고 누군가가 동의하지 않을까 봐 두려워 세상 관찰을 포기하는 사람이 지루하지 않을 리 없다.

관심사가 단 한 가지인 사람과 친구가 되고 싶어 하는 사람은 당연히 없다. 그 관심사가 도덕적 완벽함이든 수영이나 백파이프 연주든 마찬가지다. 인간은 개성과 고유하고 독립적인 특성을 갖춘 한 존재라는 점 때문에 사랑하는 무언가를 추구하고 새로운 경험을 해나간다. 인간이라는 작은 정원에 고유함의 씨앗을 심고 길러내려는 마음이 없다면 과연 '사람'이라 부를 수 있을까 싶다. 다시 말해 세상 모든 것이 윤리에 관한 것일 수는 없고 그래서도 안 된다(울프는 "사람이 견딜 수 있는 윤리에는 한계가 있어 보인다"라고 했다). 지금껏 인간은 멋있고 가치 있고 훌륭한 업적을 성취해왔다. 그 값진 성취에 성인군자의 삶과 상충하는 면이 있다면 성인이 되는 길을 내려놓고 이를 그저 삶의 방향에 관한 합리적 가이드 정도로 여겨도 된다. 그렇게 하지 않으면 아무것도 아닌 채 세상의 불을 밝힐 뿐인 무디고 일차원적인 배터리로 남고 만다.[3]

"꼭 필요한 선의 상한선은 어디인가?"라는 질문은 덕 윤리에서 답할 문제로 보인다. 칸트와 밀은 '무엇을 해야 하는가'를 묻는 반면 아리스토텔레스는 '어떤 사람이 되어야 하는가'를 질문한다. 내 생각에 첫 번째 질문이 좀 더 현실적이다. 칸트나 밀은 실제로 어려운 결정을 내려야 하는 상황에서 열어볼 수 있는 실질적 지침서를 제공하려 한다. 하지만 이렇게 규칙을 제안하는 이론은 특정 상황에서 힘을 잃기도 한다. 혹은 지나치거나 터무니없는 행동을 제안하기도

---

3 울프의 글은 정말 멋지다. 특히 이 부분의 주장은 우아할 정도다. 그녀의 글에는 두 종류의 성인군자, 즉 이성적 성인(칸트주의적 접근)과 사랑의 성인(공리주의적 접근)이 등장한다. 울프는 두 성인을 모두 자멸적 존재로 깨끗이 처리한다. 우선 이성적 성인은 '가능한 한 모든 사람을 행복하게 하라'는 준칙을 보편화할 수 없다. 모두가 그 준칙을 따르고자 한다면 우리는 모든 사람의 삶에 문제가 생길 때까지 기다렸다 그것을 고쳐주려 할 테고, 결국 모두가 아무것도 하지 않는 상태에 봉착할 것이다(칸트 자신도 행복에서는 보편 준칙 세우기를 포기했다. 내 '하와이안 피자와 레드 핫 칠리 페퍼스' 문제만 봐도 사람들이 얼마나 각기 다른 이유로 행복을 느끼는지 알 수 있다). 그렇다고 모두가 공리주의를 주장하는 사랑의 성인이 되어 타인을 위해 자신의 행복을 거부하면 우리는 모두 굉장히 불행해지고 결국 세상의 전체 행복이 줄어든다. 이는 사랑의 성인이 다다르려 하는 바와 정반대다.

한다. 아리스토텔레스는 덕이 있는 사람이 되고자 노력하면 자연스레 선한 결정을 내릴 것이라고 말한다. 질문의 열쇠는 '연습이 완벽을 만든다'는 아리스토텔레스의 접근 방식(더 정확히는 '꾸준히 연습하면 점차 완벽에 가까워진다'지만 한 번에 귀에 와닿지 않는다)에 있다.

"선한 사람이 되기 위해 얼마나 선해져야 하는 것일까?"

중용은 말 자체로 모든 덕의 하한선과 상한선을 제시한다. 시소의 극단적 양 끝은 악이다. 지나치게 용감한 군인은 무모하고 어리석게도 혼자 산을 넘어 적군 전체를 무찌르려 하고, 반대로 용기가 아예 없는 군인은 시련의 조짐이 보이자마자 오줌을 지리며 동료를 버리고 만다. 다시 말하지만 이상적인 덕의 양은 지나침과 부족함의 중간 지점, 이론상 완벽한 균형을 이루는 그 지점이다. 시소보다 줄다리기를 떠올리면 이해가 쉽다. 줄다리기 밧줄은 중간을 끈으로 묶는데 줄에 가해지는 힘이 한쪽으로 쏠리면 끈이 이쪽이나 저쪽으로 조금씩 움직인다. 줄다리기를 하는 양 팀을 악이라 하면(겁쟁이 또는 무모한 사람) 밧줄 중간에 끈으로 묶은 부분은 용기의 중용이라 볼 수 있다. 힘이 균형을 이룰 때는 양쪽에서 가하는 동일한 힘 때문에 끈이 두 악 사이에서 완벽하게 중간에 위치한다. 그러나 둘 중 한쪽 악이 줄을 더 세게 당기면 끈은 그 악을 향해 밀리므로 반대편의 다른 악이 다시 줄을 반대 방향으로 당겨야 한다. 마찬가지로 중용도 덕의 균형을 유지하기 위해서는 어느 정도 '악덕'을 필요로 한다. 예를 들어 용기의 중용을 찾고자 한다면 약간의 비겁함과 소심함이 필요한데 그것 없이는 너무 무모해지기 때문이다.

킹스 칼리지 런던의 고전학 교수 에디스 홀Edith Hall은 이 관점에서 아리스토텔레스의 중용을 멋지게 설명한다.

> 스스로 생각하는 내 단점은 인내심이 없고 무모하며 지나치게 퉁명스럽고 감정적으로 극단적이며 앙심을 품기도 한다는 것이다. 아리스토텔레스의 '중용'에 따르면 적당한 선만 지키면 이 모든 것은 괜찮다. 인내심을 잃어본 적 없는 사람은 무언가를 이룰 수 없고 위험을 감수하지 않는 사람은 제한적인 삶을 살 수밖에 없다. 진실을 회피하고 고통과 기쁨을 표현하지 않으면 정신적, 감정적으로 정체되고 결핍이 생긴다. 또한 자신에게 해를 가한 상대에게조차 아무런 앙심을 품지 않으면 그 역시 스스로를 착각하고 있거나 자존감이 너무 낮은 것이다.

다시 말해 아리스토텔레스는 언제나 미소 짓고 한 번도 성질을 내지 않으며 스승에게 좋은 말만 하는 완벽한 성인군자가 되라고 하지 않는다. 오히려 그런 사람은 어떤 덕을 실현하려 했든 딱 알맞은 수준, 즉 골디락스의 과녁에 정확히 명중하는 데 실패한 것이다. 이런 사람은 정말 짜증 나는 스타일이다. 그리고 지루하다. 이 사람이랑 어울리고 싶은 사람이 있을까? 그저 아무것도 하지 않고 앉아 있다 보니 언제나 완벽해서 사람들에게 잘난 척이나 하는 그런 사람. 아니, 더 최악은 너무 완벽해서 잘난 척조차 전혀 하지 않는 사람이다.

어떻게 감히 잘난 척하지 않을 수가 있지? 그건 정말 최악이다!

너무 흥분한 것 같다. 어쨌든 요점은 지나침이나 부족함에 치우치지 않으려면 유용하고 해가 되지 않을 만큼 알맞은 양의 '불완전한' 자질이 필요하다는 것이다. 아리스토텔레스의 모든 행동과 탐색, 적용은 한 가지 목적을 향한다. '번영' 상태로 나아가는 것 말이다. 내 경우에는 그와 비슷하긴 하지만 좀 더 실용적인 이점이 있다. 완벽하지 않은 행동을 어느 정도 허용해서, 심지어 필요하게 해서 덕을 찾는 부담을 좀 덜어낸다는 점이다. 여기서 비유법을 한 번 더 쓰자면 덕 윤리는 마치 어린이 볼링장에서 공이 옆으로 빠지는 것을 막기 위해 세워놓은 범퍼 같은 역할을 한다. 한 방향으로 너무 치우치면 중용을 찾는 과정에서 다시 원래보다 나은 궤도로 돌아간다. 철저하게 용감하지 않아도, 완전하게 친절하지 않아도, 완벽하게 관대하지 않아도 된다는 것을 아는 것만으로도 더 나은 사람이 되는 이 고단한 프로젝트가 가능할 것처럼 느껴진다.

모르는 웬 바이올리니스트를 위해 인생 전체를 희생하지 말 것

이쯤에서 철학자 주디스 자비스 톰슨이 고안한 '바이올리니스트' 사고 실험을 살펴보자. 톰슨은 트롤리 딜레마 사고 실험에도 지대하게 기여했는데 앞 내용을 기억할지 모르겠다. 톰슨은 메그라는 여자가 콩팥 기능이 망가진 아르만도라는 유명한 바이올리니스트와 (병원에서) 등을 맞댄 채 깨어나는 상황을 상상한다. 메그는 아르만도에게 콩팥을 줄 수 있는 유일한 인물로 아르만도의 목숨을 살리려는 음악사랑 협회에 납치당해 지금 그 옆에 누워 이런저런 외과 장치와 연결되어 있다. 음악사랑 협회는 메그에게 아르만도는 세계적인 바이올리니스트이며 그의 음악이 많은 사람을 행복하게 만드니 언제까지가 될지는 모르지만 아르만도와 그처럼 연결된 상태로 있어야 한다고 말한다. 미안합니다, 이제부터 그냥 앉아 이 병든 바이올린 대가의 혈액 청소기가 되어주어야겠어요.[4] 과연 말이 되는 요구일까? 대개는 아니라고 한다. 그리고 그때부터 사람들은 대부분 그 이름과 달리 매우 위험해 보이는 음악사랑 협회 회원들을 눈여겨보기 시작한다.

어떤 결과주의자는 메그가 인간 혈액 청소기로서 새 인생을 살아야 한다고 할지도 모른다. 아르만도에게는 팬이 수백만 명이나 있다! 그의 음악은 많은 사람에게 기쁨을 안겨준다. 그런데 메그는 지금까지 무엇을 했는가? 아, 보험회사 가이코GEICO 인사부에서 일하시죠. 참 대단한 일 하시네요. 런던 필하모닉과 드보르자크 A단조 바이올린 협주곡을 연주해본 적 있나요? 아르만도는 해봤는데 정말 멋졌어요. 자, 이제 인정하고 아르만도의 피 청소나 하시죠(물론 철저

---

4 톰슨은 아르만도가 병원 침대에 누워 다른 사람의 신장으로 혈액 노폐물을 걸러내는 동안 어떻게 바이올린 연주를 할 수 있는지는 명확히 하지 않았지만 일단 그 부분은 넘어가자.

한 결과주의자라면 그 일이 자신에게도 일어날 수 있음을 알게 된 사람들이 느낄 고통도 추가하는 등 고려할 것이 많다).

칸트주의자라면 여기서 고개를 돌려버릴 것이다. 메그를 목표로 두지 않고 목적을 위한 수단으로 삼는 것인가? 아르만도는 살아남기 위해 메그를 이용하고 있다. 메그는 아르만도의 인간 목발이다. 나쁘고 또 나쁜 일이다. 칸트주의자는 음악사랑 협회와 수술을 담당한 의사, 병실 청소를 담당한 사람, 병실 자판기를 채운 남자까지 불러 이야기를 나누리라. 칸트주의자는 모든 사람과 이야기를 나누는 편이다.

아리스토텔레스 역시 메그가 강제로 아르만도에게 영원히 콩팥을 기증하고 있을 필요가 없다는 점에는 칸트와 의견을 같이하겠지만 이유는 다를 것이다. 아리스토텔레스는 자기희생에는 한계가 있으며 다른 사람의 번영을 돕는 쪽으로 지나치게 기울면, 즉 행복 펌프가 되면 자기 번영은 이룰 수 없다고 말하리라. 적당한 양의 '이기심'은 허용되며 이기심 없이는 자기 삶을 가치 있다고 느끼지 못하므로 심지어 좋은 일이다. 인간의 궁극적 목적이 '번영'이라면 고통으로부터 조금은 자신을 보호할 필요가 있다.

"내 인생과 행복을 끝없이 저당 잡히면서까지 알지도 못하는 바이올리니스트에게 내 콩팥을 대여해줄 필요는 없다."

이 정도는 확실히 누구에게나 필요한 적당한 양의 '이기심' 범주 안에 들어간다.[5]

더 좋은 사람이 되려는 먼 여정에서 아리스토텔레스를 공식 가이드로 삼자고 옆구리를 찌르는 것처럼 보일 수도 있겠다. 전혀 그렇지 않다. 나는 각각의 사상이 모두 유용하다고 생각한다(더구나 아리스토텔레스에게는 가령 노예 제도에 적극 찬성한 것 같은 개인적인 문제도 있었다. 그는 노예 제도가 100퍼센트 옳다고 생각했다. 물론 2,400년 전 일이라는 건 알지만 아무리 그래도 그렇지…. 아리스토텔레스, 노예 제도에 그렇게 적극적이면 안 됩니다!). 사상과 학파에 관계없이 사람들을 구하고자 불타는 건물 안으로 뛰어드는 것은 분명 용감한 일이지만 윤리적으로 꼭 필요한 건 아니다. 특히나 생존 확률(당신이든 건물 안에 있는 사람들이든)을 계산하는 것이 불가능할 때는 말이다.[6] '다른 사람들을 구하기 위해서라면 언제나 목숨을 걸어야 한다' 같은 준칙을 보편화할 수는 없다. 그렇게 하면 계속해서 살아남을 확률이 거의 없는 상황에 봉착하기 때문이다. 성패를 알 수 없는 위험천만한 일을 벌이는 것(더욱이 화재 위험을 진단하고 타인 구출 전략을 세울 능력도 없는 채로)이 '선을 극대화'한다고 보기도 어렵다. 그리고 적군 전체를 혼자 막아내려 한 아리스토텔레스의 지나치게 용감한 군인과 마찬가지

---

5 톰슨은 정치적으로 모난 쪽으로 기울어질 위험을 감수하고 원치 않는 임신을 한 경우의 낙태를 논의하고자 이 사고 실험을 고안했다. 어떤 결론을 내렸는지 짐작하는 것은 어렵지 않다. 풋 역시 모든 논쟁의 출발점이 된 1967년 논문에서 낙태를 논의했는데 그 제목은 〈낙태 문제와 이중효과 원칙The Problem of Abortion and the Doctrine of Double Effect〉이다.

6 윤리학의 다른 모든 문제처럼 이 계산은 상황에 따라 달라진다. 근무 중인 프로 소방관인가요? 음, 그렇다면 지금 당장 뛰어드세요. 그렇게 하기로 한 일이니까요. 트롤리 딜레마의 변형 사고 실험과 마찬가지로 우리가 전차 회사에 소속된 전차 운전자인지, 그냥 옆에 서 있던 사람인지에 따라 그 상황에서의 역할은 달라진다.

로, 무모하게 불타는 건물로 뛰어드는 것은 확실히 '지나치게' 용감한 행동으로 볼 수 있다. 이는 용기라기보다 무모함 쪽으로 기운다. 다른 것과 마찬가지로 계산법은 하나다. 용감한 것은 좋지만 멍청한 것은 안 좋다.

이 모든 것으로 볼 때 근본적으로 어디까지 윤리적이어야 하는가 하는 질문에는 한계가 있다. 도덕적으로 완벽한 개념은 불가능하며 어떤 식으로든 완벽을 목표로 하는 것은 현명하지 못하다. 만일 불타는 건물 안으로 뛰어들었다면? 그래서 그 안에 있던 사람들을 구출했다면? 그 짧은 시간 안에 보편 준칙을 정해 그대로 따랐거나, 최대 다수의 최대 행복 개념을 엄청 존중한 나머지 자기 목숨을 걸었거나, 그것도 아니면 그들을 구하는 정도의 용기는 지나치지 않다고 생각했을 것이다. 어쨌든 했다! 모든 사람이 당신의 머리를 쓰다듬으며 그 용기에(그 짧은 시간 안에 보편 준칙을 정하고 따른 속도에도) 경외심을 표한다. 활활 타오르는 불길 속에서 걸어 나오는 당신의 사진도 찍는다. 이보다 더 멋질 수는 없다. 다른 사람을 구하기 위해 자기 생명과 몸을 던지는 현시대 슈퍼히어로! 사진을 보고 있노라니 영웅 탄생에 엔도르핀이 샘솟아 얼굴이 붉어지고 인스타그램이 부르는 소리가 들리는 것 같다.

"올려…, 엄청 멋있을 거야. 사진 올려…."

6장

행동의 의미

방금 이타적 행동을 했다.
그렇다면 나한테 돌아오는 것은 무엇일까

몇 년 전 내가 무척 민망한 짓을 한다는 것을 깨달았다. 우리 집 근처에 스타벅스가 있는데 갈 때마다 같은 것을 주문했다. 중간 사이즈 커피. 가격은 1.73달러로 현금을 지불했는데 잔돈을 받을 때마다 계산대 옆에 놓인 팁 통에 던져넣었다. 아니, 그냥 던져넣지 않았다. 바리스타가 내게 잔돈을 건네고 돌아서서 커피를 만든 뒤 다시 내 쪽으로 몸을 돌려 내가 베푸는 자비로운 27센트의 은혜를 볼 때까지 기다렸다가 넣었다.

내가 이런 짓을 한다는 걸 갑자기 깨달았을 때(아마 100번은 하고 나서였을 것이다) 수백 개 질문이 한꺼번에 머릿속에 쏟아졌다. 얼마 되지도 않는 그까짓 친절 좀 베풀면서 왜 그리 상대방이 알아봐주길 바랐을까? 바리스타에게 고작 팁 27센트를 주면서 무슨 윤리 쿠폰이라도 바랐던 것일까? 아니면 내가 팁도 안 주는 인간으로 보일까 봐 두려웠던 것일까? 이러한 기부(팁은 기부와 다르지만 어떤 의미에서는 관련이 있다)에는 어떤 의미가 있을까? 남모르게 기부하면 도덕 가치가 더 큰 것일까? 만일 그렇다면 좀 짜증 나지 않는가? 자선단체에 기부하고 기부자 명단에 이름을 올리지 않으면 내가 얼마나 좋은 사람인지 아무도 모를 것이 아닌가?

이유가 무엇이었든 하나는 분명해졌다. 내가 엄청나게 궁색한 인간이라는 점이다. 이미 팁으로 27센트를 내는 것도 궁색한데 그나마도 누가 볼 때만 하니 두 배로 궁색하다(이 에피소드 전체에서 단 하나 좋은 점이 있다면 이 생각을 하다 〈굿 플레이스〉를 제작하기에 이르렀다는 것이다). 내가 도대체 무엇을 하고 있고 또 왜 그렇게 하는지 (또) 궁금해졌다. 내가 그토록 궁색한 행동을 정확히 왜 하게 되었는지 알기 위해 여기저기 들쑤시고 다니다가 도덕적 응보moral desert[1] 개념을 마주했다.

인류 역사에 꺼지지 않는 갈증, 인정욕구

철학에서 '응보應報'란 여러 상황에서 내가 남에게 무언가를 베풀어 그들이 내게 진 빚 혹은 그로 인해 내게 주어진 자격을 논하는 개념이라 볼 수 있다. 그리고 도덕적 응보는 내가 어떤 선한 행동을 했

---

1 헷갈릴 수 있지만 여기서 '응보desert'란 낙타가 어슬렁거리는 모래 많고 바짝 마른 곳('사막'과 철자가 같다 - 옮긴이)을 뜻하는 게 아니다. 아이스크림 같은 것을 의미하는 디저트dessert('응보'와 철자가 비슷하다 - 옮긴이)는 더더욱 아니지만 발음은 디저트와 같다. 어원을 거슬러 올라가면 '무언가를 받을 자격이 있다'는 의미의 'deserve' 개념과 연결된다. 나는 X를 한다, 그러므로 Y의 자격이 있다. 뭐 아이스크림도 비슷한 원리가 아닌가 한다. '녹색 콩을 다 먹으면 디저트를 받는다' 같은…. 그러나 여기서 '응보'라는 철학 용어가 나온 것은 정말 아니올시다다. 셸리 케이건의 《응보의 기하학The Geometry of Desert》은 이 주제와 관련해 주목할 만한 책인데, 제목만 보면 오레오 과자를 여러 개 쌓아 원기둥 수업을 하는 쿨한 수학 선생이 쓴 책 같다.

을 때 그만한 보상이 따라야 한다는 개념이다. 보상은 선한 행동으로 우주에 만든 긍정의 힘 덕분에 영혼이 부유해지는 영적 보상일 때도 있지만, 말 그대로 '크고 번쩍이는 트로피'를 뜻할 때도 있다. 도덕적 행동을 한 뒤 보상받는 이야기, 그들에게 마땅히 보상해야 하는 의무(아니면 최소한 그렇게 하도록 옆구리라도 찌르는) 이야기는 차고 넘치지만 이는 사실 꽤 복잡하고 이해하기 어려운 문제다. 많은 부분에서 차트와 그래프, 논리 행렬이 등장하고 문제가 수학적으로 바뀌는데 여기서는 그런 것을 건너뛰고 기본 질문을 이야기하자. 윤리적 행동을 하면 보너스를 받을 '자격'이 생길까? 내 이야기로 돌아가면 나는 바리스타에게 팁을 주며 한편으로 이렇게 생각했다.

'내가 팁을 주었으니 그걸 보고 응당 내게 감사를 표하겠지.'

사실 팁 개념 자체가 이와는 정반대가 아닌가. 애초에 팁은 상대방이 내게 베푼 친절에 보상하는 것인데 그 자격이 있는 사람 대신 내가 보상받는 격이니 말이다. 이것은 틀렸다. 그렇지 않은가?

나뿐 아니라 다른 사람들도 그렇게 생각한다는 것을 알고 조금 자신감이 생겼다. 좋은 일을 하고 나서 다른 사람에게 인정받으려는 욕구는 지난 수백 년간 논의해온 일이고 내 친구와 동료를 대상으로 비공식 조사를 한 결과 많은 사람에게 비슷한 약점이 있었다. 인간은 뭔가 좋은 일을 하면 인정받고 싶어 한다. 망할, 누구나 작은 금 배지를 원한다. 좋은 사람으로 보이길 원한다는 얘기인데(말 그대로 그렇게 보이는 것이 중요하다) 완전히 이해가 가면서도 동시에 매우 민망하다(덧붙이는 말: 철학은 아주 많은 부분에서 민망한 인간 행동과 성향을 연구한다. 인간은 참으로 이상하고도 이상한 존재다). 우리는 왜 보잘것없는 것도 잘한 일을 인정받길 강렬히 원하는 것일까?

이것을 바라보는 몇 가지 시각이 존재한다. 적어도 서양 철학 관점에서는 흔히 '윤리'라고 생각할 수 있는 것 이상으로 확장해서 근거를 다룬다. 멍청하고 비참하게도 27센트어치의 도덕적 응보를 구걸하는 나 자신을 발견했을 때 나는 이 책의 첫 부분에서 언급한 질문을 내게 던졌다.

"지금 무엇을 하고 있는 것일까?"

그때까지는 나 자신에게 그런 질문을 던져본 적이 별로 없었다. 특히나 커피를 사는 평범한 상황에서는 더더욱. 하지만 이후로는 더 나은 결정을 내리려면 언제나 그렇게 해야 한다고 믿게 되었다. 그 믿음은 나를 틱낫한Thich Nhat Hanh의 글로 이끌었다.

틱낫한(1926~2022)은 베트남의 불교 승려인데 1967년 마틴 루서 킹 주니어는 그를 노벨평화상 후보로 지명했다. 이 문장을 다시 한 번 읽어보자. 세상에 '마틴 루서 킹 주니어가 노벨평화상 후보로 지명했다니' 이보다 더 자랑하기 좋은 말이 있을까? 중요한 건 이것이다. 모든 사람이 할법한 행동, 즉 '마틴 루서 킹 주니어가 나를 노벨평화상 후보로 지목했음'이라고 프린트한 티셔츠를 입고 다니거나 '마틴 루서 킹 주니어가 나를 노벨평화상 후보로 지목했음'이라고 쓴 깃발을 휘날리며 서 있는 대신 틱낫한은 그저 베트남에서 평화운동을 하며 사람들을 도왔다. 이는 그가 얼마나 좋은 사람인지 말해준다. 틱낫한의 저술 중 가장 유명한《틱낫한 불교》에는 이런 이야기가 나온다.

우황제가 중국 선불교 창시자 보리달마에게 자신이 전국에 절을 지었는데 그 공덕이 얼마나 되는지 물었다. 보리달마가 답했다. "전혀 없습니다." 그러나 명상 속에서 그릇 하나를 닦아도, 지금 이 순간을 깊이 살면서(지금 이곳이 아닌 다른 곳에 있기를 원치 않고 명예나 남의 인정에 상관하지 않는 상태) 절을 하나 지어도, 그 공덕은 무한하며 또한 행복에 이를 것이다.

명상은 불교 철학의 핵심이다. 틱낫한은 이를 '현재의 순간으로 데려다주는 기운'이라고 설명한다. 윤리라기보다 종교 개념처럼 보이기 쉽지만 이를 내 궁색한 도덕적 응보 추구 사건에 적용하면 윤리 측면을 발견할 수 있다. '선한' 행위를 하기도 전에 남들이 알아주길 바란 내 행동은 그 행위가 행위 자체뿐 아니라 다른 역할도 하기를 바라는 마음에서 나왔다. 행위에 따른 반응과 그로부터 내가 얻을 이익을 신경 쓴 것이다. 팁을 주는 행위는 더 이상 단순히 팁을 주는 게 아니라 어떤 목적을 위한 수단이 되었고 그 목적은 이기적이었다. 불교 철학에서 진정한 행복은 지금 이 순간에 깊이 집중하고 그것을 행하는 것 자체 외에 다른 목적을 갖지 않는 데 있다.

이 아름다운 한 개념에 서양 철학의 거대한 부분이 녹아들어 우아하게 재구성되었다.[2] 예를 들어보자. 선한 사람으로 인정받으려는 욕망에 굴복하면 다른 사람의 칭찬이나 또 다른 형태의 도덕적 응보를 받고자 하는 의도로 행동하게 되고, 결국 우리의 금욕적인stoic[3] 프러시안 감시자 이마누엘 칸트와 얽히고 만다. 칸트는 보편 준칙을 따르려는 의무감에서 나온 행동이 아니라며 우리를 꾸짖을 테고 또 작은 친절을 베풀면서 그 대상을 목적, 즉 자기 기분을 위해 혹은 칭찬과 인정을 받기 위한 수단으로 삼았다고 할 것이다(칸트로서는 참으로 설상가상 상황이다. 이 변태 같은 완벽주의자가 요즘 사람들을 보면 어찌할 바를 모를 것 같다).

그런데 공리주의자는 한 사람보다 두 사람이 기분 좋은 편이 더 나으므로 팁 주는 것을 바리스타가 목격하는 게 좋다고 하리라. 바

---

2 〈굿 플레이스〉 시리즈의 마지막에서 치디가 엘리너에게 말하는 죽음의 은유 역시 틱낫한의 글에서 영감을 받았다. 그는 인간의 삶이 파도가 만들어졌다가(특정 차원과 특성, 특질을 지닌 채) 원래 왔던 바다로 다시 돌아가는 것과 같다고 설명한다. 물은 불변이다. 파도는 일정 시간 존재하는 물의 다른 형태이므로 마침내 파도가 잦아들고 바다로 돌아가면 슬퍼할 게 아니라 기뻐해야 할 일이다. 참 아름답고 평화로운 생각이라 떠올릴 때마다 조금씩 눈물이 난다.

3 스토아학파는 소크라테스를 숭배하며 사람들을 러셀의 용어로 '평범한 욕망'(물질 소유 욕망 같은)으로부터 자유롭게 해 더 큰 자유를 얻도록 하려 한 고대 그리스와 로마, 시리아 철학자들을 말한다. 여기서는 'stoic'을 사전적 의미로 '금욕적인'이라는 뜻으로 사용했는데 풀어서 설명하면 '쾌락이나 고통에 무관심하다'는 뜻이다. 철학을 많이 아는 독자라면 칸트에게 사용한 '금욕적'이라는 단어를 보며 대문자 S를 쓰는 스토아학파Stoics에 내가 몰지각하다는 이유로 당장 책 전체에 어마어마한 반박을 할지도 모른다. 지금 러셀이 이야기한 스토아학파 부분을 다시 읽고 있긴 하지만 러셀은 칸트가 스토아학파와 '닮았다'고 했다. 나 역시 꿋꿋이 주장하도록 하겠다. 러셀의 말을 조금 교활하게 활용해 근거로 대기는 했으나 그 역시 내가 똑똑하고 이 주제에 정통했기에 가능한 일이다.

리스타는 팁을 받아 좋고 나는 (27센트어치) 후한 마음을 인정받아 좋고. 공리주의자는 바리스타가 당장은 못 봐도 결국 팁을 세고 기록하면서 알게 되므로 어쨌든 그의 행복에는 변함이 없을 테고[4], 나 역시 그가 결국엔 알게 되므로 내가 팁 주는 것을 바로 알아차렸을 때와 얼추 비슷한 양의 행복을 느낀다고 하는 것이다. 그렇지만 내가 팁을 주는 장면을 바리스타가 보는 걸 내가 보면 거기에는 추가적 행복이 있으므로 바리스타가 볼 때 팁을 주는 게 전체 행복의 양을 늘린다는 결론을 낸다.

아리스토텔레스라면 뭐라고 했을까? 솔직히 말하면 잘 모르겠다. 이 행동은 '미덕'의 카테고리 안에 깔끔하게 속하지는 않는다. 자부심이 살짝 지나친 정도라고나 할까? 아니면 겸손이 살짝 부족하다고 해도 될 것 같다(한 가지 확실한 것은 아리스토텔레스가 팁 27센트 자체를 너무 보잘것없게 볼 거라는 점이다. 다음에는 1달러를 넣어 관대함의 중용에 한 발 가까이 가보자[5]). 아리스토텔레스는 여기에 더해 오래된 내 문제점인 의무감 과잉도 지적할 것이다. 결국 내 결론은 이렇다. 내가 팁을 주며 바리스타에게 칭찬이나 감사 표시 같은 걸 바란 것은

---

4 벤담에게는 '근접성' 역시 중요하므로 바리스타가 팁을 빨리 볼수록 좋긴 하다. 이 부분은 곧 다시 다루겠다.

5 이런 상황에서는 맥락이 중요하다. 나는 돈을 잘 버는 TV 코미디 프로그램 제작자이고 마찬가지로 돈을 잘 버는 TV 코미디 프로그램 제작자와 결혼까지 했으므로 27센트는 상당히 니태힌 팁이다. 사회경제적 위치가 나와 다른 사람이라면 팁 27센트가 꽤 후한 것일 수 있다. 이는 12장에서 더 얘기하겠다.

사실이지만 그보다는 미국 식당에서 팁을 주는 게 일종의 '규칙'(또는 합의한 일반적인 관행)인 상황에서 내가 팁을 주지 않았다고 바리스타에게 오해받을지 모른다는 두려움이 더 컸다! 아내 J.J가 우리가 파리로 신혼여행을 갔을 때의 이야기를 해주면서 그 사실을 깨달았다. 유럽에서는 서비스 가격이 음식 가격에 포함되기 때문에 따로 팁을 내지 않아도 된다. 나는 이 내용을 미리 읽고 갔지만 그래도 가는 곳마다 웨이터에게 팁을 남겼다. 이때 내가 걱정한 것은 두 가지였다. 촌스럽고 이기적인 미국인으로 보이지는 않을지와 규칙을 어기는 건 아닌지 걱정한 거다. 팁을 내지 않아도 문제의 '규칙'을 어기는 게 아니라는 증거가 충분했음에도 그랬다(나는 신혼여행 내내 그랬고 여행이 끝나고 비행기에서 내릴 때 J.J가 나를 보며 말했다. "기장한테도 팁을 주지 그래?" 멋진 한 방이었다). 스타벅스 팁도 맥락이 같다. 그 바리스타가 상상 속 '좋은 손님 체크리스트'에서 내 이름 옆의 작은 박스에 체크를 해주어야 했다. 내 의무감 과잉을 두고 상당히 짜증나는 일이라고 했던 것 기억날지 모르겠다. 자, 이 정도다.

이제 다시 위에서 말한 (꽤 강렬한) 공리주의의 반격으로 돌아가 내가 팁을 내는 것을 바리스타가 볼 때 '추가되는 선'과 이로써 일을 잘하고 있음을 인정받은 바리스타가 느끼는 행복감을 이야기해보자. 물론 하루 일을 끝낸 그가 전체 팁을 셀 때 어차피 같은 느낌을 받기는 할 거다. 하지만 작더라도 그 자리에서 주고받은 우리의 인간적 교류가 바리스타의 하루에 작고 빛나는 어떤 것을 선사할 수도 있다. 그것은 내게도 마찬가지이므로 여기서 또 다른 가치가 발생한다. 이는 이 문제를 나와 격렬히 토론한 한 친구가 지적한 부분인데 덕분에 일방적으로 이뤄지는 금전 거래를 훨씬 더 넓은 범주에서 생각하게 되었다. 자선단체 기부 같은 것을 포함해서 말이다. 기부는 감사를 표시하는 팁과는 분명 다른 종류의 거래지만 두 가지 모두 도덕적 응보와 관련해 같은 윤리적 질문을 던진다. 두 경우 모두 누군가(또는 어딘가)에게 돈을 주는 행위이고 둘 다 그 행동에 따른 보상을 원한다는 점도 같다. 좋은 일을 했다고 머리를 쓰다듬어 주는 걸 당연하다 여기며 인정하기 부끄럽긴 해도 이는 꽤 강렬한 느낌이다. 공치사하고 싶다!

중세 유대계 철학자 마이모니데스Maimonides는 12세기 최고 걸작 《미슈네 토라Mishneh Torah》에서 자비로운 기부에는 여덟 단계가 있다고 이야기한다. 가장 높은 단계는 모르는 사람(돈이 필요하고 선물을 받을만한 사람이라 가정하자)에게 아무도 모르게 돈을 주는 일이다. 그보다 아래 단계에는 아는 사람에게 아무도 모르게 주는 것과 부탁받기 전에 주는 것이 있다. 가장 낮은 단계는 배고픈 아이를 보면서 계속 머리를 굴리며 계산하고 툴툴거리다 "으윽, 주지 뭐" 하며 27센트를 던져 주는 것이다. 내가 팁 27센트를 준 행동은 그보다 바로 한 단계 위이다. '부족하지만 웃으면서 기꺼이 주기.' (다시 말하지만 스타벅스 팁이 '자선 기부'는 아니다. 그러나 여기서는 행동의 구체적인 사항이 중요한 게 아니고 보상 욕구를 이야기하고 있다.)

자선의 최상위 단계는 '모르는 사람에게 익명으로 기부하는 일'이다. 이는 누군가가 남부 아칸소주 외곽 지역의 빈곤 퇴치를 위해 애쓰는 단체에 거금을 기부할 때 아무도 모르게 익명으로 해야 한다는 뜻이다. 익명 기부(윤리적으로 선한 행동)는 기부자 명단에 '익명'이라고 적힌 것을 보는 다른 사람들에게 영향을 미친다. 그 자체로 좋은 것일 수도 있다. 익명 기부 자체가 틱낫한이 말한 '사려 깊음mindful' 메시지를 전달하면서 그것을 본 사람들이 타인의 인정이나 자신의 긍지를 위한 것이 아닌 순수한 기부라는 사실에 감명받을 수도 있다. 또 다른 사람들(나 같은 사람)은 기부자 명단에 적힌 '익명'이라는 단어를 보고 '누구지?!' 하는 생각을 떨치지 못한다. 로스앤젤레스에 가면 내가 예전에 아이들 때문에 미쳐버릴 것 같고 무엇을 하며 놀아줘야 할지 모르겠을 때 아이들을 데리고 간 박물관이 하나 있다. 그곳 벽에는 수천만 달러에 달하는 기부금 명단이 적혀 있는데 그중 몇몇은 익명이다. 그런 것을 볼 때마다 대체 그 기부자들이 누구인지 궁금해서 참을 수가 없다! 내가 왜 그러는지는 모르겠다. LA 박물관 방문객이 반대할 만한 인물이 아닐까 하는 의심도 들고, 한편으로는 누가 그 많은 돈을 투척했는지 알고 싶은 저열한 호기심도 있고…, 또 다른 한편에는 윤리적 호기심이 있다. 그 좋은 일을 누가 한 것일까?

이것이 익명의 기부 행동에 보내는 반론의 핵심이다. 영화배우 조지 클루니나 방송인 오프라 윈프리, 농구선수 르브론 제임스 같은 유명인이 자선 기부를 한 후 이를 공개해 얼마나 많은 추가적 선이 발생했는가? 그 선물의 공적인 성격 덕분에 얼마나 많은 사람이 기부에 더 관심을 보이게 되었는가? 엄청 많은 추가적 선과 관심이 발생했다. 꼭 유명인이 아니어도 괜찮다. 아칸소주 외곽 지역의 빈곤 퇴치를 위해 천 달러를 기부하면 친구와 동료, 가족이 알게 되고 그들도 영감을 받아 기부할 것이다. '완전한 익명'과 '셀카에 #나멋져 #너보다내가짱 #미친듯한관대함 태그 달아 올리기' 사이 어딘가에 있을 중용을 찾자.

공리주의 1승!

익명으로 베푸는 행동에 선하고 순수하며 사려 깊은 무언가가 있다는 점은 부인할 수 없다. 대신 그 행동 자체 외에 그 행위로 일어날 수 있는 모든 것을 날려버린다. 솔직히 나는 칸트의 '규칙과 규정' 접근 방식보다 익명 기부를 옹호하는 불교의 인본주의적 설명에 더 끌린다. 그러나 오랜 시간 이 문제를 거듭 고민한 결과 내 안의 공리주의자가 결국 승리했다(말했다시피 나는 아직 아리스토텔레스에게 완전히 빠지지는 않았다!). 자선 기부의 목표는 돈을 가진 사람에게서 돈이 필요한 사람에게로 최대한 많은 돈이 흘러가게 하는 데 있다. 종종 급박한 상황이 벌어진다. 그 돈은 비상 재난기금으로 쓰이기도 하고 필요한 사람에게 음식과 보호처, 약을 제공하기도 한다. 동기의 순수함을 요구하는 것은 제한을 두지 않아야 하는 영역에서 그 수요를 제한하는 역할을 하는 것 같다. 다시 말하면 이렇다. 그 돈을 주기만 하면 될 뿐 왜 주는지는 상관이 없다(물론 합리적 범위 안에서 그렇다. 이 점은 곧 다시 이야기하겠다). 이번 시합에서 나는 선을 최대화하려 하는 공리주의의 손을 들어주기로 했다.

예를 하나 들어보자. 전에 나는 할리우드 '올해의 인물'을 선정하는 화려한 자선 행사에 참석한 적이 있다. 그런 인물을 선정하는 이유는 그 사람이 기여한 바가 커서 상을 주려는 게 아니고(사실 뽑힌 인물 중 상당수가 올해의 인물로 선정되기 전까지 해당 자선단체와 아무 상관이 없었다) 그들의 힘과 영향력을 이용해 할리우드의 다른 사람에게서 기부를 끌어내기 위해서다. 스콧 파워브로커('실세'라는 뜻의 power broker를 성으로 한 작가가 만든 가상 인물-옮긴이)가 사람들에게 전화해 "제가 이번에 자선 디너 호스트로 뽑혔는데 저와의 식사권을 사겠습니까?" 하고 물으면 모두 좋다고 할 것이다. 할리우드 실세에게 전화를 받은 사실 자체도 기쁘고 또 동료들에게 둘이 오래된 친구라고 자랑하고 싶기도 할 테니까("진짜 오래 알고 지냈지. 아참, 이번 주에 자선 행사에서 보기로 했어" 이러고 싶지 않을까). 내가 참석한 해에는 막강한 엔터테인먼트 회사 대표(이름을 조시라고 하자)가 올해의 인물로 뽑혔다. 자선 행사를 주최한 관계자 중 한 명인 친구에게 그 이유를 묻자 작년에 조시의 오랜 라이벌인 그렉이 뽑혀 역대 최대 금액을 모금했기 때문이라고 했다. 그들은 조시를 올해의 인물로 뽑으면 그의 도마뱀 뇌(편도체. 분노와 공포 등을 조절하고 반사적 행동을 관장하는 뇌 영역-옮긴이)에 도사리고 있는 경쟁 본능이 자극받아 작년에 라이벌인 그렉이 모금한 금액을 넘기려 애쓸 것이라고 예측했다. "넘었어?" 하고 묻는 내게 친구는 웃음을 터트리며 상황을 들려주었다. 조시에게 전화하자 수상자로 지목해도 되느냐고 양해를 구하기도 전에 마주 짖어대며 "작년에 그렉이 얼마 모았죠?" 하고 물었다고 한다. 그는 곧바로 수상을 수락하고 모금 활동을 시작했는데 결과가 그렉보다 좋았다.

자선단체 모금 활동의 동기가 '라이벌을 무찔러 할리우드 우두머리 수컷alpha male의 우월감을 보여주겠다'는 것이라면…, 그다지 이상적이지는 않다. 마이모니데스의 단계에서는 꽤 아래에 속할 테고 칸트의 시험에는 당연히 불합격이며 불교 사상의 마음 집중과는 매우, 아주 거리가 멀다. 하지만 내 생각은 이렇다. 그래서 어쩌라고? 조시는 선한 목적으로 수백만 달러를 모금했고 그 부산물로 조시의 자아도취가 좀 빵빵해졌다면 그러라고 하지. 현대 사회의 자선 기부는 숫자 게임이다. 자선 활동에는 수십억 달러가 필요한데 돈은 얼마 안 되는 일부에게 집중되어 있다. 숫자 게임을 이야기하자면 다른 어떤 윤리 사상보다 공리주의가 도움을 준다. 다른 건 모두 무시하고 (합리적 범위 내에서) 결과, 즉 전체 모금액만으로 세상을 좀 더 공평한 곳으로 만들 수 있다면, 나는 그것도 괜찮다고 생각한다. 어쩌면 많은 윤리학자가 이 점을 비웃을지도 모른다. 윤리의 목적은 더 나은 행동과 나쁜 행동을 구분하는 선을 긋는 데 있다. 행동의 이유를 무시하면 '윤리를 행한다'고 볼 수 없다. 그렇다면 여기서 구분하는 선을 그어보자. 내 경우에는 자선 기부에 한해 기부하는 사람들의 동기보다 그들을 판단하는 방식에 더 관심이 있다. 이걸 비웃을 윤리학자에게는 내 견해의 철학적 근거로 윌리엄 제임스William James의 글을 제시한다.

철학의 잠발라야

19세기의 아리스토텔레스라 할 수 있는 윌리엄 제임스(1842~1910)는 심리학, 철학, 교육, 종교 그리고 여러 다른 분야에 관한 글을 썼다. 그는 '현대 심리학의 아버지'라 불리며(굉장히 쿨한 별명이다) 제임스가 건물 짓는 데 돈을 보태지도 않았는데 하버드대학교에 그의 이름을 딴 거대한 건물도 있다. 어마어마한 기부 없이 하버드 건물에 자기 이름을 붙이려면 얼마나 뛰어나야 하고 학문적 영향력이 막강해야 하는지 아는가?[6] 제임스는 실용주의 철학 사조에 크게 기여했다. 그는 1906년 이후의 여러 강의에서 실용주의를 "끝도 없을 형이상학적 논쟁을 해결할 방법"이라고 설명했다. 아, 드디어 모두에게 유용한 것이 등장한 모양이다.

제임스는 강의를 시작하며 나무 위 다람쥐에 관한 친구들의 논쟁을 일화로 들곤 했다. 나무 반대편에 서 있는 사람이 다람쥐를 보려

---

[6] 그야말로 엄청나게 극단적으로 뛰어나고 학문적 영향력이 막강해야 한다.

고 계속 나무 주변을 빙빙 돈다. 다람쥐는 훨씬 더 빨리 같은 방향으로 돌고 결국 다람쥐와 언젠가 다람쥐를 볼 수도 있을 사람 사이에 계속 나무가 버티고 있는 상황이 빚어진다. 여기서 질문이 생긴다. 이 사람은 다람쥐를 중심으로 '돌고' 있었을까?[7] 제임스에 따르면 여기서는 '돈다'는 것이 어떤 의미인지에 따라 답이 달라진다. '그 사람이 다람쥐로부터 동서남북의 여러 지점에 있었느냐'는 의미라면

---

7 나만 관심이 있을지도 모르는 간략한 별책 부록: 여기서 제임스가 말하고자 하는 바는 지구와 달의 관계와 거의 정확히 일치한다. 달은 지구 주변을 공전하면서 천천히 자전하기 때문에 지구에 사는 우리는 항상 달의 같은 면만 마주한다. 즉, '달의 어두운 면'은 결코 볼 수 없다. 사실 나는 제임스가 달과 지구 대신 다람쥐와 나무로 설명해서 조금 놀랐다. 제임스의 철학은 전체적으로 거침없고 멋진 방식으로 과학 혹은 과학 이론의 격동과 맞물려 있기 때문이다. 여기서 역사 이야기를 좀 하자면 제임스가 활동하던 시기는 사람들이 세상을 보는 방식이 어마어마하게 달라진 직후라 그 후유증을 크게 앓고 있었다. 제임스의 강의가 한창이던 1905년은 아인슈타인이 특수상대성 이론과 빛의 입자 이론 논문을 발표해 물리학 세계를 산산조각 내면서 아인슈타인의 '기적의 해'라 불린다. 전 세계 과학자가 모든 걸 처음부터 다시 시작해야 하는 상황이었다. 증명이 가능하다고 믿고 있던 이론을 바탕으로 구축해온 세계관 전체가 하루아침에 전부 틀린 것으로 밝혀진 상황이 지적으로나 감정적으로 얼마나 힘겨웠을지 상상해보라. 1906년 갑자기 40년간 해온 모든 강의를 쓰레기통에 처박아야 했을 예순여덟 살의 물리학자를 생각해보자. 으윽, 끔찍하다. 이제 윌리엄 제임스를 다시 얘기하자면 철학자이자(내 생각에는 우연이라 할 수 없게도) 심리학자인 그는 사람들이 오래되고 낡은 사고방식으로부터 새롭고 더 나은 것으로 옮겨가는 데 도움을 줄 이론을 고안했다. 그는 새로운 생각을 형성하는 과정과 "새로운 경험이 주는 부담감"이 인간에게 어떻게 작용하는지, 그리고 그로 인한 "내적 갈등은 이전까지 했던 생각의 큰 부분을 수정함으로써 벗어날 수 있다"는 점을 저술했다. 당시 일어나고 있던 과학적 돌파구 속에서 제임스는 새로운 사실을 받아들이는 유연성이 필요하며 이전에 진리라 믿었지만 더 이상 적절하지 않고 심지어 정확하지도 않은 것 때문에 새로운 진리를 거부해서는 안 된다고 주장했다(이것은 이후 장에서 더 깊이 다루겠다). 어쨌든 이 긴 이야기의 요점은 제임스가 다람쥐와 나무보다 자전하며 지구를 공전하는 달을 예로 들었어야 했다는 점이다. 과학적 비유를 드는 편이 제임스가 말하고자 한 바의 주제 의식을 더 명확히 했으리라고 본다. 반대 의견: 하지만 나무 주위를 뛰어다니는 작은 다람쥐라니, 상상만으로도 귀엽다. 뭐, 둘 다 괜찮은 방법이네.

맞다, 그는 "다람쥐를 중심으로 돌고 있었다"고 답할 수 있다. 그러나 '그 사람이 다람쥐 앞에 있다가 옆으로 갔다가 다음에는 뒤로 갔다가 다른 쪽 옆으로 다시 왔는지' 묻는 것이라면 아니다, 그는 "다람쥐 주변을 돌고 있지 않았다". 다람쥐는 (나무를 사이에 두고) 언제나 그 사람 쪽을 향해 있었기 때문이다. 여기서 제임스는 더 큰 논제를 던진다. 그게 무슨 차이지? 어떤 사건을 정확히 묘사할 수는 있겠지만 어떻게 설명하든 실제로 일어난 일에는 차이가 없으므로 나머지는 그저 의미론적 논쟁일 뿐이다. 이것이 실용주의가 묻는 바다.

한 개념이 다른 것보다 더 맞는다고 할 때 실질적으로 어떤 차이가 있는가? 두 개념 사이에서 실제적 차이를 조금도 찾을 수 없다면 결국 같은 것이나 마찬가지이며 그 모든 논쟁은 헛되다. 서로 다른 개념을 심각하게 논쟁 중이라면 그들 사이에서 확실하고 실제적인 차이점을 보여줄 수 있어야 한다.

제임스의 실용주의는 "처음의 것, 원칙, 범주, 원래 그런 것으로부터 고개를 돌려 마지막에 남은 것·열매·결과·사실을 바라보고자 한다." 단순히 진실 자체를 중요하게 여겨 그것에 도달하기 위해 모든 방법을 동원한다. 그는 실용주의를 설명하고자 방문이 여러 개 있는 '호텔 복도' 은유를 사용했다. 어떤 문을 열면 안에 종교인이 있고 그 옆문을 열면 무신론자 여성이 있다. 각각의 문을 열 때마다 화학자나 수학자, 윤리학자가 있을 수 있다. 이는 각각 그 나름대로 어떤 의미 있는 사실에 도달한다는 뜻이다. 실용주의자는 언제라도 아무 문이나 열고 진실에 도달하기 위해 주어진 것을 활용한다. 그야말로 철학의 잠발라야Jambalaya(쌀, 고기, 해산물, 채소 등 다양한 재료를 볶다가 육수를 붓고 끓여 만드는 미국 남부의 쌀 요리. 여기서는 '여러 요소가 섞였다'는 의미로 쓰임-옮긴이)라 할 수 있다.

이제 무슨 말을 하려는지 아시겠죠? 모금 의도가 썩 순수하지만은 않았던 자선단체에서 올해의 인물로 뽑힌 인물과 호텔 복도를 걷다 보면 여기저기 문에서 고함치는 소리가 들린다. 모금하는 데 쓴 방법이 보편 법칙을 따르지 않았어! 그건 관용의 중용을 찾지 못한 거야! 마이모니데스의 이상에 맞지 않아! 그것은 마음을 다한 게 아니잖아![8] 복도에서 이러한 불만을 전부 듣고 생각에 잠긴다. 그때 공리주의자의 말이 들려온다. 자아도취를 좀 했다만 어쨌든 그 덕분에 사상 최대 기부액을 모았고 누구한테 해를 끼친 것도 아니잖아? 실용주의자에게는 논쟁의 여지가 없는 바로 이 사실이 다른 모든 의견보다 우세하다. 실용주의가 그 자체로 '공리주의적'이지는 않지만 이 경우에는 공리주의 사상을 가장 적절한 해답으로 꼽을 것이다. 물론 다른 상황에서는 칸트나 아리스토텔레스와 손을 잡기도 한다.

8　나는 특히 평화롭고 고요한 틱낫한이 호텔 복도의 문 중 한 군데 뒤에 서서 목청껏 소리를 지르는 장면을 상상하는 것이 즐겁다.

그런데 여기에는 잘 살펴보고 피해야 하는 함정이 하나 있다. 앞에서 내가 결과(기부금이 사상 최대라는)만 좋으면 '합리적 범위 내에서' 뭐든 무시해도 좋다고 한 것을 기억하리라. 이 '합리적 범위 내에서'라는 삽입구는 굉장히 중요하다. 자선 기부에서도 그 의도와 동기를 무시할 수 없고 실용주의자라도 기부의 종류에 따라 실질적 차이가 있다고 결론을 내릴만한 상황은 쉽게 생각할 수 있다. 기부한 사람이 범죄자라면 자선단체를 거쳐 돈을 세탁하려 할 수도 있다. 범죄 행위를 가릴 사회적 지위를 얻기 위해 기부한 것일 수도 있다. 악명 높은 성매매범이자 소아성애자였고 다방면에서 엉망진창 악당이던 제프리 엡스타인은 어떤가. 그는 영향력 있는 사람들에게 접근하고 자신의 평판을 세탁하는 수단으로 많은 돈을 여러 자선 기관에 기부했다. 이 경우 제프리 엡스타인의 기부와 그 정도로 엉망은 아닌 기부 사이에 '실질적 차이'가 있다고 분명히 말할 수 있다. 그렇지만 할리우드 올해의 인물은 자기중심적이기는 해도 다른 사람에게 해를 끼치지도 않았고 범죄를 저지른 것도 아니니(지금까지는)…, 그 돈이 필요로 하는 사람에게 가기만 한다면 실질적 차이는 없다. 사람과 다람쥐는 둘 다 나무 주위를 돌았고 그걸 정확히 어떻게 묘사할지는 중요한 문제가 아니다.

제임스는 실용주의가 "기존의 고집 센 이론을 풀어줄 중재자이자 조정자"라고 했다(나는 이 문장이 좋다). 실용주의는 정말이지 "어떠한 편견도 없고 방해하는 교리도, 입증을 위해 엄격한 규범을 들이대는 일도 없다. 실용주의는 매우 온화하다. 어떤 가설이든 받아들이고 어떤 증거든 고려 대상으로 삼는다." 그 논리가 올바른 사실과 이어져 있기만 하다면. 여기서 사실이란 '조시의 자기중심적 자아도취가 없었으면 달성하지 못했을 많은 돈이 모여 필요한 사람들에게 갔고 그로 인해 피해를 본 사람은 아무도 없다'는 점이다. 그러니 마음에 들지 않아도 받아들일 수밖에.

틱낫한은 제임스와 내 의견에 동의하지 않을 것이다. 그는 어떤 행동에 따른 결과보다 그 행동을 하는 사람 자체를 더 중요시한다. 불교에서 행복은 올바른 행복이어야 한다. 부처님의 가르침을 따름으로써 마음으로 얻는 행복 말이다. 틱낫한은 말했다.

모든 사람은 행복해지길 원하고 우리 안에는 각자가 생각하는 행복에 가까이 가게 하는 강한 힘이 있다. 그런데 그것으로 인해 고통을 받는다. 높은 지위나 복수심, 부, 명성, 소유 같은 것은 행복에 다가가게 하기보다 방해가 된다는 것을 알아야 한다.

자선 기부(또는 팁 주기)의 결과에 집중하다 보니 어느새 선을 극대화하면 기부자의 동기는 부차적이라는 실용주의와 공리주의의 결론에 도달했다. 그러나 틱낫한은 칸트와 마찬가지로 행동 그 자체를 돌아볼 것을 권한다. 자기 행복을 위해 자선단체에 기부하는 것, 즉 칭찬과 우러름을 받기 위해 기부하는 것은 칸트의 보편 법칙과 진실한 행복에 관한 틱낫한(또는 부처)의 관점을 모두 위배하는 행위다. 행동 자체 외에 다른 의도 없이 마음에서 우러나 행하는 것은 더 큰 기쁨과 평안을 안겨준다. 할리우드 모금 행사가 어떻게 펼쳐지는지 보면 틱낫한은 탐탁지 않게 여길 가능성이 크다. 설사 모든 돈이 그 돈을 진정 필요로 하는 사람들에게 갔을지라도 틱낫한은 올해의 인물 조시를 매우 불행한 사람으로 볼 것이다. 더구나 식사가 스테이크였으니 채식주의자 틱낫한에게는 그것만으로도 상당히 실망스러운 일이리라.

실용주의자는 누가 좋은 일을 한 뒤 자기 머리를 쓰다듬어 주든 말든 개의치 않는다. 자기 과시는 '좋은 취향과 나쁜 취향'을 가르는 것보다는 윤리적인 문제가 아니니 말이다. 이마누엘 칸트와 틱낫한은 (각자 다른 이유로) 그 점을 짚고 넘어갈 테고 나쁜 동기로 하는 선한 행동은 언젠가 진짜로 도덕적 문제를 일으킬 가능성이 있다는 것은 어렵지 않게 알 수 있다. 선한 행동에 따른 외부 보상이 행동 그 자체보다 더 매력적으로 보일지도 모른다. 그렇다고 보상에만 끌리다 보면 결국 클릭 수와 '좋아요' 수, 다른 사람들의 선호, 띄워주는 인터뷰 같은 것을 위해서만 행동할 수 있다. 〈굿 플레이스〉에서 타하니 알자밀이라는 인물이 바로 그 병을 앓고 있다. 명성과 관심 욕구에 잡아먹혀 결국 어둠의 세계로 빠져드는 인물이다(자신보다 더 유명하고 성공한 여동생 카밀라를 질투해 카밀라의 동상을 쓰러트리려다 거기에 깔려 죽는다). 물론 이 장에서는 실용주의를 이야기하고 있긴 하지만 선하고 순수한 의도로 현재에 집중하는 삶에서도 너무 멀어지지 않는 것이 좋다. 이 범주에서 가장 극단적인 단계는 '트위터에 자랑하려고 기부하는' 것을 훌쩍 뛰어넘어 나쁜 이유로 남을 위하는 척 가장해 진짜 악행을 저지르는 일이다. 부유한 사람들이 공부를 못하는 자식을 대학에 보내려고 거액을 기부하거나 새클러Sackler 일가가 중독성 처방약물을 불법적으로 판매했던 자신들의 부끄러운 과거를 덮기 위해 여러 박물관에 기부하는 그런 행태 말이다. 이런 것은 누가 봐도 윤리적 행동이 아니다.

실용주의는 우리에게 스스로 도덕적 심판관이 되라고 한다. 행동을 직접 살펴보고 결과에 차이가 있는지 판단해 논쟁이 헛된 것인지 의미 있는 것인지 결정하라고 조언한다. 당연한 얘기겠지만 우리가 스스로 심판을 본다면 또 새로운 질문이 떠오른다. 호루라기를 언제 불어야 하는 걸까? 우리가 볼 때 누군가가 세상에 확연히 부정적 영향을 미칠 나쁜 행동을 했을 때일까? 누군가의 비도덕적 행동을 판단할 뿐 아니라 소리 높여 지적해야 할 때는 언제일까?

전에 아내가 시속 1.6킬로미터 속도로 어떤 남자의 차를 들이받았을 때의 이야기를 해야겠다. 그 일로 우리의 삶은 발칵 뒤집혔다.

7장

잘못의 무게

그래요, 제가 댁의 차를 쳤어요.
그런데 허리케인 카트리나는 어쩔 건가요?

2005년 J.J.(당시 나와 약혼한 사이였다)는 길이 꽉 막혀 교통 흐름이 매우 느린 길에서 앞차를 살짝 들이받았다. 근처에 있던 경찰은 샅샅이 살펴보고 아무 일도 없다고 했다. 양쪽은 서로의 정보를 교환한 후 헤어져 각자 갈 길을 갔다. 며칠 후 그 남자는 836달러(약 100만 원-옮긴이)를 보상하라고 연락했다. 전체 펜더를 교체해야 한다는 것이었다.

중요한 것은 이 일이 허리케인 카트리나(2005년 8월 말 미국 남동부를 강타한 초대형 허리케인-옮긴이)가 덮쳤을 때 일어났다는 점이다. 뉴올리언스는 아예 물에 잠겼고 다른 모든 미국인과 마찬가지로 나 역시 수천 명이 목숨을 잃고 멋진 도시가 영원히 사라진 장면에 경악을 금치 못하고 있었다. 뉴올리언스가 고향이던 내 친구 한 명은 허리케인 카트리나로 아버지를 잃었다. 장례식 직후 설상가상으로 가족이 살던 집마저 심하게 망가졌다.[1] 정말이지 모든 면에서 끔찍

---

[1] 이 친구는 여기서 자기네 집은 다른 사람들의 집이나 도시의 건물이 망가진 만큼 심하게 피해

했다. 그 소란 속에서 나는 그 남자의 차를 검사하러 갔다. 아무리 집중해서 들여다보아도 그가 뒤 범퍼에 있다고 주장하는 15센티미터 길이의 연필로 그은 듯한 주름은 보이지 않았다. 그 상황에 짜증이 난 나는 이 사브Saab 세단 범퍼에 발생한 비극적인 일이 어떻게 일어났는지 굳이 상기하지 않아도 고작 그 정도 일에 836달러를 내라는 것은 불합리하다고 말했다. 당신 같은 사람 때문에 로스앤젤레스 자동차 보험료가 이렇게 비싸진 것이라고도 했다. 그리고 이런 제안을 했다. 적십자에서 모금하는 카트리나 구호기금에 그 남자 이름으로 836달러를 기부할 테니 고성능 현미경이라도 있어야 보일까 말까 한 그 미세한 범퍼의 흠집은 그냥 고치지 말고 다니라고 했다. 그 남자는 생각해보겠다고 했다.

그날 나는 내가 도덕적으로 우위를 점했다고 확신하며 화가 나서 친구와 동료에게 자초지종을 털어놓았는데 그 눈덩이는 빠른 속도로 커졌다. 여러 사람이 내 모금 활동에 동조했다. 그 남자가 자동차 범퍼를 고치지 않으면 자기들도 적십자에 돈을 기부하겠다고 약속한 것이다(참고로 그 남자는 이런 일이 일어나고 있다는 사실을 전혀 몰랐다). 기부하겠다고 약속받은 금액은 곧 2,000달러가 되더니 다시 5,000달러로 늘어났고 인터넷 초창기 시절이라 48시간도 채 지나기 전에 수백 명이 이 일을 전혀 모르는 사브의 차주가 차를 고치지

를 본 건 아니라고 말해달라고 했다(남을 배려하는 착한 사람이다).

않으면 2만 달러(약 2,500만 원-옮긴이)를 웃도는 돈을 내겠다고 약속했다. 나는 이 일을 기록하기 위해 블로그를 시작했고 규칙적으로 업데이트했다. 몇몇 주요 언론사의 문의를 받기도 했다. 나는 키보드와 발군의 도덕적 사유를 무기로 나 혼자 뉴올리언스를 구할 수 있다는 꿈에 부풀었다.

그러다 속이 메스꺼워졌다.

J.J.도 마찬가지였다. 우리는 정확히 같은 순간에 그런 느낌을 받았다. 우리는 최근의 일과 사람들의 기부 약속, 미디어의 인터뷰 요청을 신나게 이야기하다 서로를 바라보고는 순간 서로의 얼굴에 똑같이 지나가는 불쾌한 느낌을 읽어냈다. 지금 우리가 하는 일은 뭔가 단단히 잘못되었다…. 그게 무언지 정확히 짚어낼 수는 없지만 하여튼 그렇다. 우리 내면의 작은 목소리가 무언가를 소곤댔고 마침내 뭐라고 하는지 들리기 시작했다. 내 윤리 철학 여정을 탄소 연대 측정법으로 알아내면 우리가 로스앤젤레스에서 처음 임차해 함께 살기 시작한 집 현관에서 나눈 늦은 밤의 대화가 기원일 것이다.

어떻게 해야 할지 딱히 알지 못한 채 나는 윤리학 기사와 책을 찾아 읽기 시작했다. 철학 교수들에게도 마구잡이로 전화했는데 그중 많은 사람이 친절하게 대화에 임해주었다(나중에야 알았지만 철학자들은 철학 이야기하는 것을 아주 좋아한다). 내가 하는 행동이 윤리적인지 확실한 답변을 듣고 싶었으나 철학 문제가 흔히 그렇듯 내게 조언한 사람들은 내가 원한 것보다 훨씬 광범위한 답변을 주곤 했다. 그 남자의 행동을 공개 비난하는 것은 더 중요한 문제에 많은 사람의 관심을 불러일으키는 한편 변화를 불러오기도 하므로 좋은 일일 수 있다. 아니다. 남자의 행동을 공개 비난하는 것은 나쁜 일이다. 그에게 정당하게 받아야 할 것과 사고와 관련 없는 사회적 선 사이에서 선택을 강요하는 일은 부당하다. 교수 중 한 명은 이게 무슨 윤리적 질문거리가 될 일이냐고 코웃음을 쳤다. 단지 내가 그 남자에게 못되게 구는 것이 문제일 뿐이고 타인에게 못되게 굴지 말라고 하는 데 꼭 윤리 철학이 필요한 것은 아니라고 했다. 맞는 말이다.

이러한 대화로 모순이 있는 결론을 도출하긴 했지만 그래도 그날 밤 우리가 느낀 불쾌한 감정의 철학적 설명을 찾는 데 도움을 받기도 했다. 나는 그 남자에게 망신을 주고 있었다. 내 행동의 문제가 무엇이었는지 알고 나자 안심이 되면서 새로운 고통이 찾아왔다. 배가 아파 무언가가 잘못되었다고 느끼고 있는데 의사가 진료하더니 충수가 터졌다고 말해주는 것과 비슷했다. 좋은 소식(내가 맞았다!)과 나쁜 소식(병원에 가야겠네)이 겹치는 상황이다. 그 도덕적 결과물은 복잡하고 분석하기 어려운 것이었다. 그냥 있는 그대로만 말하자면 이렇다. J.J.가 남자의 차를 들이받았다. 펜더 교체에 836달러라니, 말이 안 되지만 그건 그가 정한 금액이 아니었다. 사실 남자는 아무 잘못이 없다. 여기서 어떤 미묘한 뉘앙스나 변형, 복잡한 상황 등을 참작해야 할지라도 나는 그 사실 자체만으로 나 자신과 이야기하기로 했다. 잘못한 것도 없는데 그 사람에게 망신을 주는 것(최소한 그가 한 행동보다 훨씬 더 심하게 망신을 주는 것)은 나쁜 일처럼 느껴졌다.

결국 나는 큰마음을 먹고 남자에게 전화했다. 지금까지 있었던 일을 모두 이야기한 뒤 실수를 인정하고 사과했다. 836달러 수표를 끊어서 이미 보냈으니 곧 받을 것이라고도 했다. 남자는 흔쾌히 용서했고 돈의 일부를 적십자에 기부할 수도 있다고 했다. 그리고 남자가 차를 고치지 않으면 기부하겠다고 약속한 모든 사람에게 메시지를 보내 상황을 설명하고 어쨌든 허리케인 피해자에게 돈을 보내는 것은 좋은 일이니 기부를 하라고 권했다. 사람들은 대체로(만장일치는 아니다) 이 정도면 좋은 결말이라 생각했고 그 대하드라마로 결국 2만 7,000달러(약 3,300만 원 - 옮긴이)를 모금해 카트리나 피해자들에게 전달했다.

아직 공리주의의 승리를 축하하기엔 이르다. 앞에 소개한 멍청한 선생들과 바보 같은 마시멜로 실험처럼 나쁜 행동에서 나온 좋은 결과라는 느낌을 지울 수가 없다.

좋아, 내가 잘못했다 치자. 하지만 그전의 네 잘못은?

아내가 그 남자의 범퍼를 구겨놓기 전까지는 수치심과 죄책감 간의 차이를 한 번도 생각해보지 않았다. 가장 기본 형태의 죄책감은 뭔가 잘못을 저질렀을 때 느끼는 내적 감정으로 개인적 실패에 따르는 불쾌하고 사적인 감각이다. 수치심은 스스로 느끼는 굴욕감으로 외부의 누군가가 나를 평가하는 데서 오는 감정이다(미국 드라마 〈왕

좌의 게임〉에서 기억에 남는 장면이 있다. 평생을 중세 왕조처럼 살아온 악마적 캐릭터 세르세이가 강제로 길 한가운데를 나체로 걸어가야 했고 사람들이 "창피한 줄 알아라!"라고 소리치는 장면이다. 드라마 속 독백으로 시청자는 세르세이가 그동안 저지른 수많은 범법행위에도 단 한 점의 죄책감도 느끼지 않는다는 것을 안다. 그 수치스러운 산책이 끝나고 세르세이는 자신에게 잘못한 모든 사람을 파괴한다). 나는 사브 차주의 빗나간 가치 시스템에 경멸을 느껴 망신을 주었다. 뉴올리언스 전체가 익사하는 마당에 어떻게 차 범퍼 주름이나 걱정하고 있는지 이해가 가지 않았다. 그래서 다른 사람들까지 초대해 남자를 무대 정중앙으로 끌고 나와 그의 선택을 평가했다. 우리의 이런 행동(우리라기보다 대체로 나 혼자 한 것이긴 하다)에서 비롯된 죄책감 때문에 J.J.와 내가 불쾌감을 느낀 것이다. 무엇인지 정확히 콕 집어 말할 수는 없지만 무언가 잘못하고 있다는 내적 감정의 불평이었다. 그런 망신이 필요한 상황도 분명 있다. 신문만 매일 정독해도 망신당해 마땅한 일을 무더기로 발견할 수 있다. 부정부패, 만연한 위선, 사익을 위한 권력남용, 직무유기, 인종차별, 부정직. 전부 미국 공화당 상원의원 테드 크루즈Ted Cruz 이야기다![2] 악행을 저지른 사람에게 망신을 주는 것이 중요한

---

2 좀 막 나가는 것 같긴 하지만 이 글은 크루즈 상원의원의 2021년 스캔들이 터진 그 주에 썼다. "심각한 텍사스 혹한 사태에 굳이 딸을 데려다주러 칸쿤Cancún(멕시코 남동부 도시—옮긴이)으로 갔을 뿐이고 바로 다음 날 아침 다시 돌아오려 했다(그냥 보통사람들처럼). 음, 내 여행용 가방이 엄청 크다는 점이나 아내가 칸쿤에 있는 리츠칼튼 호텔로 사람들을 일주일간 초대한 단체 메시지 같은 것은 그냥 무시해주면 좋겠다. 여러분이 이야기하는 것은 내가 칸쿤에 간 것과 전혀 상

역할을 한다는 건 언뜻 생각해도 알 수 있다. 나쁜 사람들이 저지른 악행이 나쁜 것임을 스스로 알게 하고, 최소한 그들이 나쁜 사람이라는 점을 좋은 사람들에게 알려줄 수 있다. 하지만 망신을 줌으로써 나쁜 행동을 제지하려면 그 나쁜 행동과 망신을 당했을 때 드는 느낌 사이에 어떤 관련이 있어야 한다. 사브 범퍼 사건에는…, 그것이 없었다. 차에 흠집이 난 것과 허리케인 카트리나는 두 사건이 동시에 일어났다는 점 말고는 아무 상관도 없는 일이었다. 도시가 망가진 것이 자동차 한 대 범퍼에 흠집이 난 것보다 더 중요할까? 물론 그렇다. 여기에 동의하지 않을 사람은 없다.[34] 내 행동에서 문제가 되는 것은(음, 몇 개 있지만 그중 하나만 이야기하면) 그처럼 무작위로 도덕적 공격을 가하는 것 자체가 공정하지 않다는 점이다. 세상에는 무엇이 되었든 두 사람이 다투는 일보다 더 중요한 무언가가 거의 매일 일어나고 있다. 여동생에게 50달러를 빌려 일주일 안에 갚기로 했다고 치자. 일주일이 지나 여동생이 와서 돈을 갚으라고 할 때

관이 없으며 확실한 것은 내가 칸쿤에 잠깐 들러 딸만 내려주고 올 생각이었다는 거다(솔직히 말하면 뭐 다 애들 잘못이지). 내 도움이 절실한 구민들에게로 바로 돌아오려 했고…, 그래서 지금 그렇게 하고 있는 중이다. 카메라 앞에서 사람들 차에 구호품 물도 막 싣고 있지 않은가, 봤지? 나 지금 사람들 돕고 있는 거야?" 이 책을 출판할 무렵에는 아마 모두 잊고 용서도 하겠지만 나는 이 일이 현대에 일어난 '미국 정치인 망신당해도 싸지 칵테일'에 가장 적합한 예라고 생각한다.

3 토드의 지적: 이상하겠지만 스코틀랜드 철학자 데이비드 흄은 여기에 의문을 제기할 것이다. 흄에 따르면 불합리한 욕망은 존재하지 않으며 이 세계의 생존보다 손거스러미 자르는 일을 더 가치 있게 여긴다고 해서 그것이 불합리한 것은 아니다.

4 내 지적: 이래서 사람들이 윤리 철학 교수를 싫어하는 것이다.

슬쩍 뉴스를 틀면 무언가 엄청난 재난이 일어나고 있음을 발견할 수 있다. 그때 "지금 남수단에서 아이들이 기근으로 죽어 가는 마당에 너는 네 돈 50달러를 달라고 할 정신이 있니?" 하고 말한다면? X를 이야기하는 사람에게 X와 상관없는 Y가 훨씬 더 급한 일이라며 망신을 주는 것은 옳지 않다. 이것을 '피장파장의 오류'라고 하며 요즘 말로는 '그쪽이야말로주의whataboutism'다.

이는 보통 방어 전략으로 사용한다. 어떤 사람이 나쁜 짓을 하다 들켰다. 진짜 범죄든 인터넷에서 사소하게 저지른 것이든. 잘못을 깨끗이 인정하면서 덧붙여 "그럼 (더 심각한) X는 어떻고?"라고 하거나 "네가 한 그 나쁜 짓은 어떻고?"[5] 또는 "내가 (좋은 일 Y를) 한 것은 어떻고?"라고 하는 식이다. 이것은 내 혐의를 주장하는 사람 눈에 모래를 뿌리는 전략으로, 일시적으로 그의 눈을 가려 혐의에서 벗어나고자 한다. 이 방식으로는 악행의 도덕적 결점을 설명할 수 없으므로 대부분 빠져나가기 힘들다. 예를 들어 팀이 여성혐오성 농담을 했다고 치자. 친구 조가 그것을 지적하며 팀에게 그런 말을 하다니 창피한 줄 알라고 한다. 팀이 답한다. "그래서 너는 완벽하니? 너는 동물 농장에서 알파카를 훔친 적도 있잖아!" 이것이 사실이라 할지라도 조가 알파카를 훔친 것은 팀의 행동과는 무관한 일이다.

---

5 라틴어 좀 한다고 뻐기는 당신, 이건 'argumentum ad hominem(라틴어로 '그 사람을 향한 논쟁'이라는 뜻. 인신공격의 오류와 같은 의미로 쓰인다—옮긴이)' 아니냐고 하겠지. 주장 자체보다 주장하는 사람을 공격하는 것.

팀은 조가 저지른 도덕적 잘못을 이용해 조의 주장이 잘못되었다거나 효력이 없다는 암시를 주고 있다. 바보 같은 짓이다. 두 가지 모두 사실일 수 있다. 조는 알파카를 훔치는 짓을 저질렀고 팀의 발언 역시 여성혐오성인 것이 맞다. 중요한 것은 조가 언젠가 알파카를 훔쳤다는 사실 때문에 팀의 모욕적인 발언을 지적할 기회를 빼앗아야 하는 건 아니라는 점이다.

또 다른 변형 문제를 살펴보자. 9·11 사건 후유증으로 뉴욕 그라운드 제로Ground Zero(폭발이 있던 곳이라는 의미로 9·11 사건 이전 세계무역센터가 있던 장소를 말한다-옮긴이) 현장 근처에 이슬람 사원을 세우는 것을 두고 논쟁이 일었다. 반대자들 사이에서 자주 나오는 말이 "무슬림이 사우디아라비아에 유대교 회당을 세워주면 우리도 그라운드 제로에 무슬림 사원을 지어주겠다"이다. 여기서 이런 질문이 떠오른다. 왜 미국인은 사우디아라비아가 어떻게 할지에 따라 결정을 바꾸는 것인가? 지금까지 인권을 향한 미국의 '모호한' 행적을 생각해보면 더욱 이상하지 않은가? 종교의 자유를 이야기할 때 미국의 기대치가 사우디아라비아보다 훨씬 커야 하지 않을까? 아무 이유도 없이 한 나라의 행동을 다른 나라의 행동과 연결하다니, 참으로 표리부동한 주장이다. 아이가 있는 부모라면 이 전략을 잘 알 것이다. 아이들에게 TV를 그만 보라고 하면 아이들은 곧바로 "매디슨네 부모님은 하루 15시간이나 TV를 보게 해준다던데!" 하고 소리친다. 이런, 우리는 응수한다. "그러니까 매디슨이 그 모양이지. 걔네 엄마, 아빠 전에 학교 모금행사에서 완전히 취하는 바람에 결국 소방관이 와서 택시에 태워 보냈잖아."(사실 이렇게 말하고 싶지만 실제로 하지는 않는다. 대신 이렇게 말한다. "너는 매디슨이 아니고 우리도 걔네 부모가 아니지 않니.") '다른 사람이 나쁜 짓을 했으니 나도 나쁜 짓을 해도 된다'는 윤리적으로 허술한 주장이다.

어떤 잘못을 했을 때 전혀 상관없는 다른 행동으로 주의를 돌리는 것은 논점 일탈이다. 논점은 '내가 잘못했다'이다. 앞에서 이야기한 모든 철학자는 기본적으로 서로 다른 주장을 펼치고 있지만 "그런 말을 하지 않아야 한다는 것은 정말 확실하다"는 점에 모두 동의할 것이다. 각자의 행동은 각자 책임져야 하니까. 어떻게 행동할 것인지 그 도덕적 관점은 철학 사상마다 모두 다르다. 그러나 어떤 행동과 전혀 관련이 없는 다른 사람의 행동을 기반으로 자신이 한 일을 평가해야 한다고 할 철학자는 아무도 없다. 이 점은 고정불변이지만 2023년 현재 상황을 보면 세상은 자기가 한 일과 관련 없는 다른 일을 들이대며 면피하려는 사람들로 가득하다. 단지 자동차를 고치고자 했을 뿐인 남자에게 망신을 주기 위해 허리케인을 이용한 나만의 '그쪽이야말로주의'가 다시 생각난다.

저 변호해주실 분?

공개적으로 망신을 주는 개념은 최소한 성서 시대 때부터 있어 온일이다. 이를테면 죄를 벌하거나 일종의 청교도적 복수 의지를 날

려버린다는 의미에서 목과 손에 형틀을 채우고, 발을 결박하고, 의식儀式의 형태로 사람을 학대하고, 소리를 지르고, 간지럽혔다.[6] 19세기에 사라진 차꼬형着庫刑(족쇄 달린 칼에 묶어 공개적으로 놀림과 학대를 당하게 하던 형벌–옮긴이)은 현대에 새로운 형태로 부활하고 있다. 조금이라도 유명한 누군가가 뭔가 거슬리는 짓을 하면 스마트폰과 컴퓨터로 (요즘 애들 말로) SNS 드래깅dragging(SNS상에서 다른 사람을 공개적으로 망신을 주는 행위–옮긴이)을 매일 자행한다. 물론 '드래깅'을 자주 당하는 사람에게는 대개 그럴만한 이유가 있다. 문제의 인물은 보통 무언가 잘못 행동했거나 잘못 말한 것이 노출되면서 그 값을 치른다. 물을 것도 없이 여기에는 공공의 이익이 있다. 지독한 사람들이 저지른 지독한 일이 그들이 전에 생각지도 못한 방식으로 형장에 끌려 나온다. 현대 시스템의 과도한 폭로에는 해보다 득이 많다고 생각한다. 그러나 이쯤에서 더 큰 문제가 떠오른다. 망신 주기가 윤리적 성과를 내는 데 과연 생산성 있는 방법인가 하는 점이다. 일단 망신을 당하면 행동을 바꾸고 싶은 마음이 사라진다. 그보다는 방어기제가 높아지고 고집을 부리며 저항한다. 망신을 주면서 기대하던 결과와 반대 효과가 나는 것이다.[7] 형벌의 목적은 스스로 저

---

6 이상하겠지만 간지럽히는 것 맞다.

7 이건 누가 봐도 심리학 이야기지만 '역화 효과backfire effect' 현상에 관한 흥미로운 연구가 있어 살펴볼 만하다. 이는 자기 신념에 반하는 정보를 제시받았을 때 그 증거가 명백히 사실이고 더할 나위 없이 확실해도 새로운 것을 받아들이기보다 오히려 기존 편견을 더 강화하는 것을 말한다.

지른 일의 결과를 책임지게 하는 것과 앞으로의 행동을 바꾸게 하는 데 있다. 그런데 절벽 끝으로 밀리고 샌드백처럼 공개적으로 두드려 맞으면 그게 어려워진다.

내가 무슨 대단한 개혁운동이라도 벌이듯 설치던 때 잘한 일이 몇 가지 있다. 사브 차주의 이름을 공개적으로 밝히거나 자동차 번호판 사진을 올리지 않았다. 그렇게까지 하면 안 된다는 생각은 명확했다. 그나마 내 머릿속 작은 목소리의 소소한 승리라고 할 수 있다 (그때 내가 이름을 밝히거나 번호판 사진을 올렸다면 나중에 그의 기분이 어땠을지 상상이 가지 않지만 대충 분노와 수치심이 뒤섞인 느낌이 아니었을까 싶다. 그랬다면 결코 좋은 결과가 나오지 않았을 것이다). 반면 정말 별로인 일도 저질렀다. 그럼 이 펜더 대실패 사건(아니면 사브 스토리라고 해야 할까?)을 간단하게 브리핑하겠다.

내게 유리한 철학적 방패를 찾으려면 결과주의로 가야 한다. 어쨌거나 나는 그 사소한 펜더 사건으로 거대한 부의 재분배를 이뤄 도움이 절실한 사람들에게 가도록 만들었다. 망신당한 사브 차주가 얼마나 고통을 겪든 내가 모은 기부금이 창출한 행복이 다 갚고도 남는다. 하지만 결과주의에서는 내 행동이 초래한 사회적 손해도 합산해서 행복의 총량을 계산한다. 이제 사람들은 아무리 작은 일도 그 일의 중요성을 놓고 국민투표를 하는 세상에 살고 있다. 일반적으로

망신당하지 않으려는 인간의 강한 본능 때문이다.

그런 세상이 살기 좋은 사회는 아닌 것으로 보인다. ESPN에서 변압기를 고치던 스티브를 기억하는가? 그때 사람들은 자신도 같은 일을 겪을 수 있는 세상임을 깨달음으로써 그것이 초래한 추가 고통을 더해 행복·고통의 총량을 다시 계산했지만 사실 추가된 고통은 그리 크지 않다는 결론에 도달했다. 사람들은 대부분 스티브와 같은 처지에 놓일 일이 없음을 알고 있고 그러한 세상을 향한 두려움은 사실상 존재하지 않기 때문이다. 하지만 이번 상황은 다르다. 사람들은 언젠가 누군가와의 작은 논쟁이 다른 큰 사건 때문에 왜곡되고 뒤틀리는 상황에 놓일 수 있다고 생각한다. 누구나 다른 사람들과 작은 논쟁을 겪으며 어딘가에서는 항상 그보다 훨씬 큰 문제가 발생하고 있다. 이 문제에는 공리주의적 '재계산'을 충분히 적용해볼 법하며 그 총합에 엄청난 양의 고통을 추가해야 한다.

또 칸트주의자는 뭐라고 할 것인가? 몇 가지가 떠오른다. '사소한 교통사고에 연루된 사람에게 보상받기 전에 국가적 재난 상황에서 필요한 것이 무엇인지 고려해 자동차 수리의 상대적 중요성을 따져보라고 강제하는 것'은 분명 정언명령에 위배된다. 이것이 언제나 모든 사람이 따를 수 있을 규칙일까? 아니다. 그건 미친 짓이다. 칸트주의는 여기서 비난을 멈추지 않는다. 나는 두 번째 공식도 위반했다. 그 남자를 여러 가지 목적을 위한 수단으로 이용했으니 말이다. 이 사고와 전혀 관계없는 사람들을 돕는 데 이용했고 뉴올리언스의 허리케인 피해자 처우에 관한 내 분노를 달래는 데 이용했으며…, 로스앤젤레스 자동차 보험의 불합리성을 이야기하는 데도 이용했다. 칸트주의자가 내 행동을 비판하고자 마음을 먹는다면 못 할 일이 없을 정도다(내 행동을 두고 계약주의자가 뭐라고 할지 생각하고 싶지도 않다. 팀 스캔론이 이 얘기를 들으면 나한테 무척 실망할 것이다. 아무도 말하지 말 것).

아리스토텔레스라면 내가 내 행동에 죄책감을 느낀 부분, 즉 그 마지막 결과에 골프 경기에서 갤러리가 박수를 치듯 슬그머니 박수를 보낼지도 모르겠다. 죄책감이 부족한 사람은 결코 행동 변화를 일으키지 않고 자신의 행동이 초래한 결과에 무관심해진다. 죄책감이 지나친 사람은 자존감이 낮아지고 심지어 타인에게 해를 입힐까 두려워서 전전긍긍하다 세상을 등진다. 그 사이 어디쯤엔가 중용이 있다. 바로 '올바른 자기 인식'이다. 그래서… 잘했어, 마이크. 결과적으로 내게는 알맞은 양의 죄책감이 몰려와 결핍에서 중용으로 향하는 상태에 다다를 수 있었다. 그럼 내가 사브 차주에게 느끼게 한 수치심은 어떨까? 아리스토텔레스가 그 건에도 박수를 보낼까? 그렇게 기대해도 될까?

아니다. 그런 일은 없다.

다시 말하지만 누군가가 나쁜 행동을 했을 때 어느 정도 망신을 줄 수는 있다. 적당한 망신은 건강한 세계에서도 악행을 막는 무기로 사용하는 데 필요하다. 수치심을 느끼지 못하면 인간은 모두가 보는 광장에서 아무 걱정 없이, 평판이 깎일 두려움 없이, 원하는 대로 아무렇게나 행동할 것이다. 동료 시민의 부도덕한 행동이나 신념에 약간 망신을 주는 것은 괜찮다. 이것은 나 혼자 대충 생각해서 하는 말이 아니라 아리스토텔레스가 망신 주기 자체가 덕은 아니라면서도 실제로 한 말이다.

지나치게 쉽게 수치심을 느끼는 사람은 모든 일에서 부끄러움을 느끼며 이는 과도하다. 수치심이 부족하거나 수치심을 전혀 느끼지 않는 사람은 명예를 모르는 사람이다.

그렇지만 아리스토텔레스가 온화함을 설명한 방식을 다시 떠올려보자. 화를 내야 할 상대를 향한 알맞은 양의 분노, 이것이 온화함이다.

바로 이 부분이 사브 차주와의 일에서 내 잘못의 핵심이다. 그는 내가 행한 만큼 망신당할 정도로 잘못하지는 않았다. 그가 자기 차를 얼마나 아끼는지만 이야기하면 그만이었다. 나는 거기에 아무런 관련도 없는 허리케인 카트리나까지 끌고 들어가 이 사건에 인류의 크나큰 고통을 덤으로 얹었다. 나와 그 남자는 경미한 사고를 이야기하고 있었는데 나는 그 방정식을 통째로 갖다 버렸다. 이는 무지막지하게 불공평한 행동이었고 그 때문에 사건이 공공연하게 커지자 갑작스러운 죄책감이 폭발하고 말았다. 아리스토텔레스가 이 일을 처음부터 지켜봤다면 이렇게 말했을 것이다.

"진짜 큰 실수했네."[8]

　자신과 타인에게 도움을 주는 죄책감이나 수치심의 알맞은 양이라는 게 있다면 죄책감이 수치심보다 훨씬 더 많이 필요할 것이다. 죄책감은 자기 행동을 스스로 깨닫는 데서 나오며 인간은 타인의 말보다 자기 내면의 목소리에 더 귀를 기울이고 잘 반응한다. 내 행동이 별로라는 것을 J.J.와 내가 스스로 깨닫지 못하고 누군가가 지적해서 알았다면 어땠을까 생각해본다. 타인에게 망신을 주는 행동 때문에 망신을 당했다면(메타 망신!) 말이다. 조용히 받아들이고 우리 행동을 뒤돌아보았을까? 아니면 돈이 자선단체로 간다는 점과 범퍼가 약간 구겨졌다고 836달러를 요구하는 게 말이 되느냐는 점을 내세우며 고집부리고 같이 싸웠을까? 내 행동을 다른 어떤 사람이 지적했고 그 방어기제가 발동했다면 지금쯤 굉장히 다른 책을 쓰고 있을지도 모른다. 《남의 행동 평가 지침서: 후회는 없다》 정도의 제목을 달지 않았을까.

　문제는 J.J.와 내 방향을 극적으로 수정하게 한 것처럼 죄책감을 속삭이는 내면의 작은 목소리가 늘 존재하는 것은 아니라는 데 있다. 특히 그것이 미묘하고 복잡하거나 이런저런 일이 얽혀 있다면 더욱 그렇다. 돌아보면 우리를 깨닫게 한 것은 철학이나 이론이 아니었다. 그냥 대화하다가 알게 된 것이다. 우리의 행위를 소리 내 말

8　철학자들이 내 친구처럼 이야기하는 상상을 하면 철학을 이해하기가 수월하다.

하는 간단한 행동으로 그 행위에 문제가 있다는 결론에 다다랐다.[9] 당시에는 윤리 개념을 이해하지도 못했다. 재미없는 로맨틱 코미디 영화 예고편처럼 들릴 위험을 감수하고 말하자면 우리에게는 서로밖에 없었다.[10] 더 나은 사람이 되고자 한다면 대화라는 간단한 행동이 격한 파도를 헤쳐가는 데 얼마나 강력한 힘을 내는지 알아야 한다.

그 사건을 다시 살펴보면 앞에서 다룬 줄리아 애나스가 한 말의 의미를 더 잘 알 수 있다.

"(덕을 연습하면) 단순한 습관에 필적하는 반응 속도와 직접성을 획득하지만, 그렇게 학습한 교훈이 정보를 제공하고 유연성과 혁신을 가져다준다는 점에서 습관과는 차이가 있다."

그전보다 더 마음에 와닿는다. 철학을 공부한 적 없는 나는 황당한 일을 마주하고는 정확히 무엇인지 모르는 상황 속으로 걸어 들어갔다. 처음에는 법적 윤리나 자동차 보험료, 의무, 책임, 허리케인, 수치심, 죄책감 그리고 최신 사브 세단 펜더의 수리비 경제학 등과

---

9 상담의 본질이다. 여유가 있으면 누구나 상담을 받아보길 권하는 이유다.

10 파멜라 히에로니미는 존 스튜어트 밀의 일화를 하나 소개했다. 그가 우울증을 딛고 다시 일어선 것은 낭만주의 시 덕분이기도 하지만 인생의 사랑이던 해리엇 테일러의 힘이 컸다. 두 사람이 처음 만났을 때 해리엇은 결혼한 상태였고 두 명의 아이가 있었지만 둘은 계속해서 우정을 키워갔고 20년 뒤 해리엇의 남편이 사망했다. 이후 얼마 지나지 않아 두 사람은 결혼했는데 밀은 해리엇이 자신의 글에 큰 영향을 미쳤고 더 나아지게 했다고 말했다(해리엇도 작가다). 이 말을 하는 이유는 J.J.와 내가 우리 시대의 해리엇 테일러와 존 스튜어트 밀 같다는 얘기를 하기 위해서다. 물론 철학에 기여한 바는 우리 쪽이 훨씬 크지만 말이다.

씨름했다. 그럴 때 정확히 어떻게 해야 하는지 아는 사람이 있을까? 음…, 다양한 덕을 갈고닦아 아무리 해결하기 어렵고 새로운 상황이 닥쳐도 침착하고 박식하게 대처하는 사람이 어딘가 있긴 하려나. J.J.와 내가 이전에 유연하고 혁신적인 수준까지 덕을 길렀다면 그렇게까지 죄책감을 느끼지 않아도 되었을 테고 사브 차주의 수치심도 덜했을 것이다(뭐 여전히 엉망으로 대처했을 수도 있지만 그래도 더 잘 바로잡았으리라).

결국에는 펜더 사건이 좋은 일을 많이 했다. 일단 덕분에 내게 윤리 철학에 관심이 생겼다. 공리주의자들에게 칭찬받을 자선 기부금도 많이 모았다. 또한 이것은 나 자신의 행동을 돌아보고 잘못을 사과할 기회였고, 이는 우리 모두가 훨씬 더 자주 해야 하는 일이라고 생각한다(13장에서 더 다룬다). 이 일로 내 인생이 훨씬 나아졌던 기억이 난다. 이 모든 것을 겪고 난 후 나는 더 나은 사람이 되었다.

어제보다 오늘 조금이라도 더 나은 사람이 되는 것은 기분 좋은 일이다. 사람을 설레게 하고 미소 짓게 하며 항해에 미풍을 불어준다. 이 좋은 기분으로 지금까지 미뤄두었던 일을 처리한 뒤 마트에 가서 장을 보고 차로 돌아오는 길에 주차장에 서성이는 카트들을 제자리에 갖다 놓고(바로 이것이다. 어느새 이만큼이나 좋아졌다. 다른 사람 카트까지 제자리에 갖다 놓지 않는가) 보니 한쪽에 '한 사람당 하나'라는 문구와 함께 공짜 치즈 시식 코너가 있다. 와우, 내가 제일 좋아하는 훈제 고다치즈다. '한 사람당 하나'라는 문구가 있긴 하지만 이런 생각이 든다.

"나는 좋은 사람이지. 불과 1년 전보다 윤리 계좌에 점수가 많이 쌓였으니 이 정도 작은 규칙은 어겨도 될만한 권리가 있지. 한 개 말고 세 개를 집어야겠다."

이 정도는 괜찮지 않은가?

착하게 사는 건 피곤해

좋은 일을 했고 기부도 많이 했고 평소 훌륭하고 도덕적으로 올바른 사람이다.
그러니 마트 치즈 시식 코너에
'한 사람당 하나'라고 분명히 적혀 있는데 세 개를 가져가도 괜찮을까

✧

내 아버지에게는 이론이 하나 있었다. 부모님이 이혼한 뒤 아버지는
라이브 음악에 빠져들었고 (보통 혼자 사는 마흔 살 남자가 그렇듯) 엄청
난 양의 CD를 수집하기 시작했다. 일주일에 두 번에서 네 번 정도
매번 두 개나 네 개의 CD를 샀다. 아버지는 딱히 부자가 아니라서
내가 음악에 쓰는 돈을 이야기할 때마다 이런 말을 했다.

"이렇게 생각해보렴. 나는 록밴드 U2를 좋아하지 않잖아. 지금까
지 U2는 앨범을 열 장 정도 냈어. 나는 그중 아무것도 사지 않을 거
야. 그럼 총 150달러를 아끼는 셈이니 앞으로 150달러어치 CD는
공짜나 마찬가지야!"

물론 농담이었겠지만 내게는 늘 우스운 금전적 허점으로 남아 있
다. 돈을 쓰지 않으면 그렇게 '비축'한 돈이 계속 쌓여 나중에 별다
른 일 없이 빼서 쓸 수 있다고 해보자.[1] 윤리적 책임감도 그런 식으

---

1 이 바보 같은 예는 사실 기업 재무 회계의 실제 관행과 크게 다르지 않다. 이건 우리 문화에서
가장 덜 윤리적인 무대. 가령 일부 기업은 소위 '분식회계'를 사용하는데 이는 미래 수입과 사산
가치를 예측해 마치 확실한 것인 양 꾸며 기업 주가를 올리는 짓이다. 이것을 더 알고 싶을 경우

로 생각하는 사람이 있다. 좋은 일을 왕창 하면 은행 계좌에 도덕 화
폐가 쌓여 나중에 필요할 때 빼서 '사용'할 수 있을 거라는 생각….
썩 좋지 않은 생각이다. 이런 식이다.

"소고기 산업으로 환경이 망가지니 햄버거를 사 먹지 말아야 한
다. 하지만 뭐, 나는 대신 전기자동차를 타잖아. 햄버거 먹지 뭐!"

인간의 삶은 수천 가지 규칙으로 가득 차 있다(학교에, 직장에, 도로
에, 사회에, 집에도). 때로 우리는 이런저런 이유로 그중 하나는 어겨도
된다고 생각한다. 바보 같은 규칙이라서, 한물간 규칙이라서, 아니면
자신을 좋은 사람이라 여기며 예전의 선한 행동으로 프리패스를 얻
었다면서 말이다. 그 누구도, 심지어 나처럼 규칙에 지나치게 집착
하는 꽉 막힌 사람조차 세상 모든 규칙을 전부 지키지는 않는다. 불
가능한 일이다. 그러나 좋은 사람이 되고자 한다면 규칙을 어기려고
하는 그 순간을 어떻게 넘겨야 하는지 알아야 한다.

윤리적 피로감: 이 책에서 가장 중요한 용어

과거에 좋은 일을 했으니 가끔은 규칙을 어겨도 되지 않을까(혹
은 평소 윤리관과 상반된 선택을 해도 되지 않을까) 하는 생각을 이해하지
못하는 건 아니다. 나 역시 그런 생각을 자주 한다. 다시 말하지만 나
는 규칙에 매우 집착하는 스타일인데도 그렇다. 최근 나는 내 거래

'엔론 Enron'을 검색해보면 빠르다.

은행의 현황을 아무것도 모른다는 사실을 깨달았다. 갑자기 궁금해져 이것저것 뒤져보고 은행 창업자와 CEO, 이사회 구성원 등을 알아보다 충격적인 결론에 도달했다. 그 사람들, 괴물이었다(최소한 내 기준에서는 그랬다). 그들의 사회정치적 관점은 냉담하다 못해 잔인함에 가까웠다. 그들은 내가 볼 때 말도 안 되는 정치인과 단체에 수백만 달러를 기부했다. 그중 일부는 2021년 1월 6일 발생한 국회의사당 습격 사건에 책임이 있는 사람들에게 적극 돈을 대기도 했다. 내 아이들 입에서 나와도 추수감사절 저녁을 엉망진창으로 불쾌하게 만들만한 말을 공개적으로 하기도 했다. 이걸 보고 계좌를 다른 은행으로 옮겨야겠다고 생각했다.

그러자 은행 계좌를 옮기는 것이 어떤 의미인지 현실적으로 다가오기 시작했다.

우선 모든 다국적 은행은 (내 눈에는) 괴물로 가득하다. 다른 은행의 같은 위치에 있는 사람들을 대충 조사해보니 그 남자들은(기본적으로 전부 남자다) 본질적으로 도토리 키재기라 서로 교환이 가능할 정도였다. 은행 개혁 캠페인이 필요하다는 내 의견에 동조하는 미국 은행 CEO를 언젠가는 찾을 수 있을까? 한데 돈을 은행에 넣지 않으면 딱히 보관할 데가 없다. 매트리스에 구멍을 뚫어 돈을 숨기던 시절은 오래전에 지나갔다. 또 은행 계좌를 옮기는 일은 매우 성가시다. 수표책도 있고 매달 나가는 자동이체에다 카드도 그렇고 보통 일이 아니다. 그 모든 것을 정리해서 옮기는 일은 어렵고도 귀찮은 데다 무척 지루하기까지 하다.

그러면 은행 계좌를 원래대로 그냥 둘까? 보통은 모범 시민으로 살아가니 이 정도는…, 그냥 넘어가도 되지 않을까?

내가 생각하는 '윤리적 피로감'[23]에 봉착한 상황이다. 언제나 옳은 행동을 하려고 하면(여기서 좀 이상한 철학 용어를 하나 쓰고자 하니 이해 바란다) 돌아버리기 십상이다. 우리는 매일 여러 도덕적, 윤리적 결정에 봉착한다. 어떤 물건을 사고 사용해야 할지, 정치인은 누굴 지지해야 할지, 지구에서 어떤 식으로 존재하고 살아야 할지. 그 앞에는 언제나 더 나은 선택지가 있게 마련이다. 가령 환경에 '가장 좋은' 치약, 샤워할 때 물을 틀어놓아도 되는 '이상적인' 시간, '가장 윤리적인' 자동차, 자동차보다 '더 나은' 이동 수단이 있다. 식료품을 살 때 '가장 책임감 있는' 방법이 있고 절대 이용하지 말아야 할 '최악의' 온라인 서비스가 있다. 응원할 수 없는 '가장 괘씸한' 스포츠 구단이 있고 옷을 살 때 '가장 노동 친화적인' 회사가 있다. 비싼 태양열판을 지붕에 설치해야 하고, 물을 적게 쓰는 변기를 화장실에 놓아야 하며, 저널리

---

2 여기서 '윤리적 피로감Moral Exhaustion'을 대문자로 표기한 것은 사람들이 이것을 내가 유행시킨 용어로 인식했으면 해서다. 위대한 철학자에게는 모두 그럴듯한 용어가 하나씩 있다. 칸트의 정언 명령이나 아리스토텔레스의 중용처럼. 내게 쿨하고 함축적이며 철학적인 용어가 하나 생길 유일한 기회다. 다들 좀 도와주세요!

3 토드가 곧바로 이미 '동정 피로증compassion fatigue'이라는 용어가 있다는 걸 알려주었다. 미국 심리학 협회에 따르면 이는 "극심한 스트레스나 트라우마를 겪은 환자의 고통이 심리학자나 다른 의료진에게 전이되는 것"이며 "우울증과 불안을 일으킬 수 있다"고 한다. '윤리적 피로감', 그냥 내 것으로 하면 안 될까.

스트에게 임금을 주지 않는 언론사를 애용하면 안 된다.

이 모든 일이 두 배로 피곤하게 느껴지는 이유는 그렇지 않아도 그것 외에 처리해야 할(또 한 번 지나치게 학술적인 용어를 써서 유감이다) 쓰레기 같은 일이 개인적으로 허다하기 때문이다. 가족을 부양하고, 연애사에 얽히고, 학부모 회의에 불려가고, 친구의 비밀을 지켜주거나 소문내고, 자동차를 고치고, 토스트기와 문 경첩을 고치는(도대체 왜 맨날 고장이 나는 건지) 등 할 일이 무한정이다. 그나마 이정도는 양반이다! 누구나 언젠가는 훨씬 심각한 문제에도 당면한다. 질병, 실업, 가족의 위기, 제때 고치지 않은 토스트기로 인한 화재 등 언제나 많은 일이 발생한다. 일상의 성가신 일들을 비롯해 더 크고 심각한 문제 때문에 심지어 가장 운이 좋은 사람에게조차 사는 일은 엄청나게 어려운 일이다. 빈곤을 겪거나 다른 고난에 처한 사람들은 더 말할 것도 없다. 따라서 좋은 사람이 되려고 하면, 즉 해결해야 하는 모든 일을 다 처리한 뒤 좋은 사람이 되겠다는 목표까지 이루려 하면 우리 안의 배터리는 5퍼센트 정도 남는다(아, 해결해야 할 일이 또 있네. 매일 사용하는 전자기기의 배터리는 어째서 항상 방전 직전인지[4]). 이처럼 스트레스가 뒤섞인 상황에서 '옳은' 일을 하려면 그렇지 않은 일을 하는 것보다 종종 더 어렵고 더 많은 용기와 인내가 필

---

4 최근 화재경보기에서 갑자기 '배터리 교체!'라는 소리가 나서 새벽 세 시에 깼다. 계속 삐빅 소리가 나기에 그냥 벽에서 뜯어 쓰레기통에 던져버렸다. 설령 이 결정 때문에 언젠가 집이 불단다 해도 그날의 행동에 후회는 없을 것이다.

요하다는 사실을 고려해야 한다. 여기서 끝이 아니다. 이 책의 첫부분에서 이야기 했듯 '일상의 스트레스' '심각한 문제' '각자 다른 상황'이라는 고난 3관왕을 힘겹게 정복하고 더 나은 행동을 하기 위해 (5퍼센트 남은 배터리로) 안간힘을 쓴다고 해도 의도와는 달리 비참한 실패를 맞게 된다는 사실은 마치 똥으로 만든 아이스크림 위에 올린 썩은 체리조각을 보는 듯하다.

정말이지 피.곤.한. 일이다.

이런 상황에서 가끔 '옳은 일'을 하지 않는 것은 자신에게 주는 작은 선물 같은 느낌일 때가 있다. 우선 알아보고 행동하고 바꾸고 개선하는 데 드는 시간과 노력을 아낄 수 있다. 지금까지 잘해서 '따낸' 정당한 사치라는 느낌도 준다. 가짜뉴스를 생산하고 퍼뜨린다는 것을 알면서도 계속 페이스북을 써야 할까? 아니다. 그래서는 안 된다. 하지만 젠장, 가족과 연락하려면 이게 좋은데. 더구나 방금 페이스북에서 과민대장증후군 환자를 위한 5,000미터 달리기를 하는 친구에게 100달러를 기부했다. 좀 쉬자. 나 좋은 사람이라고!

어떤 때는 규칙 자체가 영 수상해서 지키고 싶지 않다. 2년 전 우리 가족은 아주 착하고 병색이 짙은 유기견 헨리를 입양했다. 헨리는 귀여운 9킬로그램짜리 잡종견으로 삶의 첫해가 녹록지 않았지만 다정하고 사랑이 많은 강아지였다. 돌봄을 받은 헨리는 드디어 건강해져 동네 주변을 산책할 수 있었는데 당혹스럽게도 목줄만 하면 괴물로 돌변했다. 짖고 이빨을 드러내며 으르렁대고 하네스를 벗으려고 몸부림쳤다. 그야말로 난리가 났다. 목줄이 없을 때는 귀여운 꿈의 강아지였다가 목줄만 채우면 영화 〈더 프레데터The Predator〉에 나오는 맹수가 되었다.[5]

그러다 보니 헨리를 데리고 산책하려면 선택을 해야 한다. 목줄을 하느냐 그냥 나가느냐. 우리 동네에서 목줄을 하지 않는 것은 규칙 위반이다. 규칙 강박이 있는 나는 항상 '목줄' 버튼을 누르지만 규칙을 따르느라 엉망진창이 된다는 점을 인정할 수밖에 없다. 다른 사람들에게도 피해가 막심하다. 헨리도 엉망이 된다. 지나가는 어린이들은 겁에 질린다. 이 모든 단점이 있는데도…, 규칙을 어기면 안 되는 걸까?

잠재적 규칙 위반에는 두 가지 경우가 있다. 첫 번째는 도덕적 응보에 관해 마치 놀이공원 도깨비집 안에 있는 뒤틀린 거울 같은 개념을 지닌 때다. 도덕적 응보는 원래 잘한 행동에 그만한 보상을 받아야 한다는 것인데, 그 대신 이미 잘한 일이 있으니 어느 정도 나쁜 짓을 해도 될 것처럼 느끼는 것이다. 이 사고방식에 어떤 논리적, 윤리적 바탕이 있는 것은 아니지만 유혹적이다. 다시 말하지만 삶은 힘드니 어쩌다 한번은 윤리적 계산으로부터 자유로워져도 괜찮지

---

5 지금 이렇게 생각하는 사람이 있을지도 모른다. '아, 산책 줄 공격성이구나. 그럴 때는 이게 좋은데'라거나 '헨리를 고쳐줄 여자를 아는데' 등. 그만두길 정중히 부탁한다. 그야말로 안 해본 게 없다. 훈련사에게 보내고, 심리치료를 받고, 동물 무당(맞게 읽었으니 넘어가자)에게도 데려갔지만 아무 소용이 없었다. 헨리는 사랑스러운 길 잃은 영혼이다. 내 딸 아이비는 내가 책에서 헨리 이야기만 하고 루이자(우리가 기르는 다른 개) 이야기는 하지 않은 것을 알고 불공평하다고 했다. 그래서 루이자를 공식 언급하기 위해 이 주석을 조금 연장한다.

않을까. 두 번째는 규칙이 멍청하고 잘못되었거나 해를 끼치는 경우라 무시해야 한다고 합리적으로 느낄 때다. 둘 중 어느 쪽이든 규칙을 어기려고 하면 우리 뇌를 열어서라도 뜯어고치려는 이마누엘 칸트의 차갑고 무자비한 눈빛을 느낄지 모른다. 그는 "규칙은 규칙이다"라고 특유의 무뚝뚝하고 감정 없는 독일어로 말할 것이다.[6] 잘못은 잘못이다. 모두가 다 자기한테 맞는 규칙을 고르고 정하면 세상은 무법천지가 될 것이다! Keine Ausreden![7]

윤리적 무단횡단

여기서는 내 뇌가 열릴 각오를 하고 칸트에게 반론해야겠다. '뜨거운 여름날의 무단횡단 규칙' 때문이다. 자, 길 반대편에 있는 가게에 가려면 길을 건너야 한다. 횡단보도는 남쪽으로 한 블록을 더 가야 있다. 현재 기온은 40도이고 실내 온도가 100도인 차를 몰고 여기까지 왔다. 때마침 길에는 차가 전혀 없다…. 그냥 무단횡단한다. 엄밀히 말하면 범죄지만 사실 이게 무슨 범죄인가. 솔직히 완벽하게 이해가 가는 상황이고 이득이다. 그럼 칸트가 그렇게 하라고 할까? 아니다. 정언명령이니 보편 준칙이니 어쩌고저쩌고할 게 분명하다.

---

6 칸트의 목소리가 어땠는지는 전혀 모른다. 그렇지만 분명 무뚝뚝하고 감정이 없었을 것이다.

7 독일어 'Keine Ausreden'을 구글 번역기에 쳐보면 "이유 대지 마"라고 나온다. 칸트의 묘비명이 아닐까 싶다.

칸트, 그 입 좀 다무시죠. 지금 엄청 덥고 약국 체인점 CVS에 들러 얼른 처방약만 받아서 나오면 된다. 2초면 끝나는 일이고 땀이 비 오듯 쏟아진다. 그러니 제발 입 좀 다물자. 완벽한 사람은 없다. 마음에 안 들면 고소하든지. 이렇게 지쳤을 때 행하는 극히 작은 '악행'은 악행으로 칠 수도 없을뿐더러(모호하고 복잡한 방식으로 굳이 악행으로 만들 수는 있다) 이 정도 사소한 규칙은 어겨도 상관없다고 본다.

이기적인 소리로 들릴지도 모른다. 우리의 지킬과 하이드 박사 강아지를 목줄 없이 산책시키려고, 아니면 거래 은행을 바꾸지 않으려고(듣기만 해도 짜증 난다), 정당화할 이유를 찾기 위해 윤리적 무단횡단(적당한 상황일 경우) 이야기를 꺼낸 것일 수도 있다. 그렇지 않다. 우선 수전 울프의 '도덕적 성인'에서 보았듯, 또 그 짜증 나는 남자(나)의 미친 듯한 의무 강박에서도 알 수 있듯, 언제 어떤 상황에서나 모든 규칙을 전부 지키는 게 항상 좋은 것만은 아니다. 정치학자 제임스 C. 스콧은 가끔 규칙을 위반하는 것이 도덕적으로 꼭 필요하다고 말했다.

언젠가 정의와 이성의 이름으로 커다란 법을 어기도록 부름을 받을 것이다. 모든 것이 달린 일이다. (…) 정말 중요한 그날을 어떻게 대비할 것인가? 그날이 왔을 때 준비되어 있도록 '몸을 만들어야' 한다. '아나키스트 체조'를 해둘 필요가 있다. 무단횡단 정도라도 좋으니 매일 사소한 법을 어기는 습관을 들여야 한다. 법이 정당하고 합리적인지 자기 두뇌로 판단하라.

그렇게 언제나 갈고닦아야 드디어 그날이 왔을 때 준비되어 있을 것이다.

스콧에 따르면 사소한 규칙을 위반하는 것이 쌓여 윤리 근육을 강화하고 이로써 더 중요한 윤리 활동에 대비할 수 있다고 한다. 여기에 더해 나는 어떤 규칙은 조잡하고 원하는 결과를 얻는 데 비효율적이라고 생각한다. 예를 들면 '모든 개는 목줄을 하고 있어야 한다'나 '보행자는 무단횡단하면 안 된다' 같은 것이 있다. 우리가 좋은 사람이 되고자 한다면 이 땅에서의 피곤한 삶의 무게를 고려할 때 윤리적 피로감에서 벗어나 잠깐 휴식을 취하는 것 정도는 괜찮으며(심지어 꼭 필요한 일일 수도 있다) 그렇게 함으로써 정신 건강을 유지할 수 있다고 본다. 나는 두 가지 조건 아래 규칙 위반을 어느 정도 허용해야 한다고 생각한다.

첫째, 규칙 위반으로 다른 사람에게 명백한 해를 끼쳐서는 안 된다. 동물을 사랑하는 당신은 미국 동물 학대 방지 협회ASPCA에 기부하고 있으며 한번은 어쩌다 도로로 나와 서성이고 있는 거북이를 돕기 위해 차에서 내리기도 했다(맞다. 앞서 말한 그 예에 나온 사람도 당신이 맞다. 당신은 그만큼 동물을 사랑한다). 동물을 브리더breeder에게 돈을 주고 사지 말고 보호소에서 입양하라고 주장하기도 한다. 어느 날 친구가 브리더에게 월넛이라는 노란 래브라도 강아지를 샀는데 이사하는 바람에 데리고 있을 수가 없다고 한다. 여기서 당신이 월넛을 입양하면 브리더 대신 보호소에서 입양하기를 지지하는 자신만의 규칙을 위배하고 만다. 물론 강력한 반대 의견도 있다. 월넛 귀가 펄럭펄럭하는 것 좀 봐! 너무 빡빡하게 굴지 말고 월넛을 집으로 데려가자. 무단횡단을 한다고 이 땅에서 좋은 사람으로 살고자 하는 전체 계획이 무효가 되는 것도 아니고, 월넛을 집으로 데려간다고 몇 년간 유기견 보호소를 후원한 일이 사라지는 것도 아니다. 하지만 위반하려 하는 규칙이 '사고 현장에서 도망치지 말 것(뺑소니 금지)'이거나 '가짜 구실을 만들어 중동에서 전쟁을 벌이지 말 것' 같은 것이면 그 행위를 그냥 넘어가게 해줄 만큼 잔액이 빵빵한 도덕 은행 계좌는 존재하지 않는다.

둘째, 사소한 규칙을 어길지라도 그 행위가 이상적인 것은 아니라는 점을 알아야 한다. 규칙을 위반하면서 안 그런척하면 당신의 사소한 나쁜 행동이 초래한 최소한의 해로움이 계속 쌓여 점점 커진다. 심지어 자신을 바라보는 사고방식마저 바뀌 결국 당신이 어떤 사람인지까지 바뀔 수 있다.

공공정책 분야에 오버톤 윈도Overton window라는 개념이 있다. 이 개념을 고안한 조지프 오버톤 윈도[8]의 이름을 딴 용어다. 오버톤 윈도는 일정 기간에 걸쳐 정치적 개념을 '수용'하는 범위를 나눈 것이다. 어떤 개념(가령 동성결혼)은 전혀 수용이 가능하지 않은 단계 또는 아예 생각도 하지 않는 단계에서 출발한다. 시간이 지나면서 여

---

8 농담이다. 그냥 조지프 오버톤이다.

러 문화 요소가 등장하는데 그러면 일반적으로 성소수자LGBTQ+들을 더 받아들이게 되고 인기 TV 프로그램에 동성애자 캐릭터가 더 자주 나온다. 이로써 그 범위의 창이 조금 움직이고 동성결혼이 이전보다 정치적으로 좀 더 가능한 일이 된다. '정상'에 관한 문화 기준은 계속해서 진화하고(젊은 정치인이 집권하고 그 지지자들이 효과적으로 행동주의 활동에 참여하면서, 사람들이 자신이 맺고 있는 인간관계에 LGBTQ+에 해당하는 사람이 최소한 한 명은 있음을 깨달으면서) 더불어 오버톤 윈도도 변화해 현상을 수용하는 가능성 범위는 마침내 동성결혼을 합법 개념으로 받아들일 만큼 넓어진다. 처음에는 생각지도 못했던 어떤 개념이 수용 가능한 개념으로 바뀌면서 결국 현실이 되는 것이다.

사소한 규칙 위반에는 잠재적 문제점이 있긴 하다. 오버톤 윈도는 모든 현상의 범위에 사용이 가능하며 자신의 행동 중 어디까지를 스스로 받아들일 수 있는지에도 적용해볼 수 있다. 무단횡단은 나쁜 일이라는 걸 알지만 그래도 한다…. 그러다 보면 '가끔 무단횡단하는 사람'이 된다. 그리 큰일은 아니다. 그러나 일단 그 명제가 사실이 되면 '항상 무단횡단하는 사람'이 되는 것은 일도 아니다. 그러다 보면 어느 날 길에서 쓰레기통을 찾을 수 없을 때 '뭐, 껌 종이를 바닥에 버리는 게 무단횡단보다 훨씬 나쁜 것도 아닌데'라는 생각이 들고 그걸 실행한다. 결국 늘 쓰레기를 아무 데나 버리는 사람이 된다. 그렇게 쓰레기를 버리니 이제 불법주차도 서슴없이 한다. 오버톤 윈도는 거래처에 돈을 결제하지 않을 만큼 넓어지는데 일단 그 지경에 이르면 모두 건너뛰어 탈세하고, 돈을 횡령하고, 배우자 몰래 바람을 피우고, 인도에서 멸종 위기의 코뿔소를 밀수하고, 암시장에서 국제 테러 조직에 무기를 판매하게 된다.

그럼 이런 일이 실제로 일어날까? 당연히 아니다. 어린이들에게 담배 한 대를 피우는 것은 헤로인 중독으로 가는 지름길이라고 경고하던 1980년대 공익광고 속 경찰처럼 일부러 '만약의' 상황을 만들어봤다. 그래도 여기에는 중요한 점이 있다. 오버톤 윈도는 단계적으로 천천히 변화하고 사람들은 새로운 범주에 매우 빠르게 적응하기 때문에[9] 나쁜 일임을 알면서도 하고 싶다고 그냥 하다 보면 위험해질 수 있다.

사실 의도가 선하고 이성적이어도 우리 안의 결핍 본능에 너무 자주 굴복하다 보면 '암시장 무기상이 되는' 결과를 맞이할 가능성이 커진다. 이기적인 인간 말이다. 아무 때나 하고 싶은 대로 하고자 하

---

9 또 다른 TV 시리즈 〈더 오피스The Office〉를 집필하고 있을 때 프로그램 총괄 책임자(이자 내 멘토)였던 그렉 다니엘스는 극 중 마이클 스콧을 지나치게 얼토당토않은 만화 속 바보처럼 만드는 농담에 주의하라고 했다. 그는 자신이 쓴 만화 프로그램 〈더 심슨The Simpsons〉을 예로 들었다. 작품 초기 스태프들이 호머(심슨의 아빠 역할—옮긴이)가 얼마나 멍청한 캐릭터인지 보여주기 위해 '바보' 농담을 썼는데 망설이다 에피소드에 넣었다고 한다. 나중에는 호머가 더 멍청하게 보이도록 하느라 또 다른 농담을 만들어야 했고 점차 '지난주에도 멍청한 소리를 했는데 이번 대사는 그거보다 덜 바보 같네'라는 생각이 들었다고 한다. 〈더 심슨〉 두 시즌이 지났을 때 호머는 그냥 좀 정신이 없던 아빠에서 멍청하다 못해 자판기 두 개에 팔이 동시에 껴서 버둥댈 정도가 되었다. 그 프로그램은 만화라(그러니 만화적 캐릭터가 나와도 괜찮다) 호머의 고집불통 멍청함은 프로그램에 지대한 공헌을 했다. 하지만 그렉은 심지어 TV 프로그램 속 인물의 성격 오버톤 윈도 같은 그리 중요치 않은 것조차 주의해서 봐야 한다고 우려했다. 잘못하면 상황이 통제 불능 상태에 놓일 수도 있다.

는 자기 '권리'가 다른 무엇보다 중요하다고 믿으면 오로지 자신의 행복과 고통에만 도덕적 감각을 쏟는다. 아인 랜드Ayn Rand가 되고 마는 것이다.

나쁜 작가, 더 나쁜 철학자

아인 랜드(1905~1982)는 독자들에게 일생일대 거래를 제안한 소설가이자 철학자다. 그녀는 '합리적 이기주의'라는 19세기 개념을 만들어 진정한 윤리와 사회 진보를 이루려면 오로지 자신의 행복에만 집중해야 한다고 주장했다. 랜드는 자신의 이론을 '객관주의'라고 명명했는데 이는 공리주의와 정확히 정반대 내용이다. 즉, 모든 사람의 행복을 최대화하고 고통을 최소화하는 대신 오직 자신의 행복과 고통에만 신경 쓴다. 그녀의 소설《아틀라스》맺음말에는 이런 내용이 나온다.

> 본질적으로 내 철학에서는 인간을 영웅적 존재로 여긴다. 인간 자신의 행복을 삶의 도덕적 목적으로 하고 생산성 있는 성취를 인간의 가장 고결한 활동으로, 이성을 유일한 절대자로 삼는다.

참 대단한 철학이다. 당연히 좋은 의미에서가 아니다. 자신의 행복을 삶의 도덕적 목적으로 하면 그 밖에 다른 모든 것을 감수하고라도 자기 행복을 최대화해야 한다. 이때 '모든 것' 안에는 특히 다른 사람의 행복도 포함된다. 아인 랜드의 세계에는 ESPN 발전기 뒤에 낀 1,000명의 스티브가 존재할 수 있고 TV로 월드컵 경기를 보는 사람은 나밖에 없을 것이다. 그런데 TV를 보고 있는 나는 행복하며 남들은 내 행복의 잠재적 방해물이므로 그 1,000명의 스티브가 튀겨지도록 내버려둔다. 웃기는 이야기다. 랜드는 '친절함'에 관해 용감한 관점을 밝혔는데 다음은 내가 가장 좋아하는 부분이다.

> 이타주의를 친절, 선의, 타인의 권리 존중과 혼동해서는 안 된다. (…) 이타주의의 최소한의 기본이자 절대적 기본은 자기희생이다. 이는 자신을 제물로 바치는 행위이고 스스로를 포기하는 것이며 자기 부정이고 자기 파괴다. 이것은 자아를 악의 기준으로 삼는 것이며 선의 기준은 자아가 없음을 의미한다. 거지에게 돈 한 푼을 쥐여주어야 할지 말지 같은 피상적인 것 뒤에 숨어서는 안 된다. 그게 문제가 아니다. 중요한 것은 거지에게 돈을 주지 않고도 존재할 권리가 있느냐 없느냐 하는 점이다. 구걸하러 온 거지로부터 인생을 한 푼어치씩 사들여야 할지의 문제다. (…) 자존감 있는 인간이면 아니라고 답할 테고 이타주의자는 그렇다고 할 것이다.

다른 말로 하면 "그냥 다들 엿이나 먹어!"다.

과격한 이기주의와 자신을 제외하고 모두를 향한 완전한 경멸을 옹호하는 여자가 세계무대에서 퇴장당하지 않고 심지어 수많은 사람에게, 특히 자신을 자유주의자라 지칭하는 사람들에게 지지받고 있다는 사실에 낙담을 금할 수 없다. 미국 의회에도 '랜드주의자'가 한둘이 아니다. 전 하원의장 폴 라이언은 전 직원에게 랜드의 책을 읽으라고 요청했는데, 무시무시한 책의 길이와 엉망인 가독성을 생각하면 제네바 협약을 위반하는 요청이 아닐 수 없다. 한편으로는 놀랍지 않은 일이지 싶다. 랜드는 독자들에게 도덕적 순수함을 지키기 위해 자신의 이득만 게걸스럽게 챙기라고 말한다. 피칸 파이를 먹고 마운틴 듀 코드 레드를 마시면서 체중을 감소할 수 있다고 주장하는 다이어트 책은 분명 팔려나가긴 할 것이다. 랜드의 이론이 권력을 얻고 유지하는 데 관심 있는 사람들에게 매력적으로 다가간다는 점은 랜드가 재능이 없으면서도 그 위치를 계속 유지하는 이유이리라. 허풍이 심하고 과장된 산문 형태인 랜드의 소설은 수술 전 효과 좋은 마취제 역할을 하는 끝없는 괴물이다. 한 저명한 학자는 이렇게 말했다.

"아인 랜드에게는 딱 두 가지 문제가 있다. 생각도 없고 글도 쓸 줄 모른다는 것이다."[10]

앞서 논의한 윤리 이론을 언뜻 보기만 해도 객관주의는 역사의 불타는 쓰레기통 쪽으로 기울어져 있음을 알 수 있다. 공리주의와는 완전히 정반대니 뭐…, 이미 탈락이다. 이마누엘 칸트가 《아틀라스》

---

[10] 토드가 한 말이다.

1,172쪽[11]을 힘겹게 읽고는 무한 이기심을 확실한 보편 법칙으로 발표하는 것은 상상할 수 없다. 팀 스캔론은 꽤 침착하고 사려 깊은 사람으로 보이는데 그가 아인 랜드의 이론을 읽고 주먹으로 벽을 치는 모습을 떠올리는 건 어렵지 않다. 중용을 찾고자 하는 아리스토텔레스 학파 역시 중용 개념 따위는 호수 속으로 던져버리는 이론에 머리칼을 곤두세울 것이다. 그렇지만 오늘날 우리가 '가능한 한 이기적일 것!'을 주요 윤리 사상으로 인정하는 세상에 사는 것은 사실이다. 이 사상은 분명 존재하며 여기저기 다니면서 하고 싶은 것은 무엇이든 하라고, 타인 인생의 가치 같은 건 무시하고 타인을 자신의 목적을 위한 수단으로 여기라고, 누구에게도 빚진 것이 없다고[12] 말한다. 작은 도덕을 위반하면 그것이 당장 크게 해를 끼치지는 않아도 모두의 오버튼 윈도가 아인 랜드의 얼빠진 '합리적 이기주의' 같은 이론이 좀 더 합당하게 느껴지는 세상 쪽으로 기운다. 하지만 간단한 해결책이 있다. 윤리적 무단횡단을 할 때마다 그 사실을 인지하고 기억함으로써 정기적으로 자신의 행동을 점검해보는 일이다. '좋은 일' 계좌에서 출금해 쓰되 잊지 않도록 영수증을 책상 앞에 붙여놓으면 된다.

---

11 나도 랜드의 이론을 더 잘 이해하려고 《아틀라스》를 시도했으나 첫 220쪽을 읽고는 포기했다. 차라리 칸트가 쓴 바람에 관한 논문을 읽는 편이 낫겠다.

12 자칭 개인주의와 안하무인식 자본주의의 여왕이던 랜드가 말년에 메디케어Medicare(미국에서 시행하는 노인의료보험제도—옮긴이)와 사회보장연금을 직접 신청해서 수령했다는 점을 지적하지 않을 수 없다.

무임승차하는 닌자: 케이스 스터디

사소하고 상대적으로 덜 중요한 순간에 하는 윤리적 계산의 장기 효과를 생각하니 철학에서 가장 유명한 사고 실험 하나가 떠오른다. 무임승차자 문제Free Rider Problem다.

사람들로 꽉 찬 만원 전차[13]를 떠올려보자. 아이 부모와 유모차, 자전거를 갖고 탄 사이클리스트, 식료품 봉지 100만 개를 들고 있는 나이 든 커플들. 온갖 체취와 땀으로 젖은 러시아워의 비극이다. 승객들은 모두 전차에 타려고 정해진 요금을 냈고 오늘은 신기하게도 요금을 낸 승객과 전차의 수용 제한 인원이 정확히 들어맞는다(놀랍게도 철학 사고 실험에서는 이런 일이 자주 일어난다). 전차가 출발하려 하는데 뎁이라는 여자가 헐레벌떡 뛰어와 전차 바깥에서 점프해 기둥에 매달려가며 무임승차를 시도한다. 그녀는 전차 요금을 내지 않았지만 요금을 낸 사람의 자리를 뺏는 것도 아니다. 뎁의 행동에 무슨 문제가 있을까?

본능적으로 '당연히 문제가 있지' 하는 생각이 든다. 칸트주의자는 곧바로 채찍을 들고 화가 나서 방방 뛰며 독일어로 소리칠 것이다.[14]

---

13 표면상으로는 지난번에 브레이크가 고장 나 선로에서 일하는 사람들을 죽인 그 전차와는 다른 전차다.

14 토드는 소리치지는 않을 것 같고 대신 투덜거릴 거란다. "실망했을 뿐 화가 난 건 아니니까" 말이다. 독일 의무론자가 소리치는 것과 투덜거리는 것 중 어느 쪽이 더 재밌을지는 독자의 숙제로 남겨두겠다(이것이 내가 '독자에게 숙제를 남기는' 방식이다).

뎁은 명백히 정언명령을 위반했다. 전차에 무료로 올라탄 뎁의 행동이 보편 준칙이 될 리는 없다. 모든 사람이 그렇게 행동하면(전차가 만원이 될 때까지 기다렸다 요금을 내지 않고 무임승차하기) 모두가 무임승차하면서 요금을 내지 않아 전체 통근 시스템이 무너지고 만다. 칸트 관점에서는 확실히 잘못됐다. 물론 칸트 관점에서는 대다수 일이 잘못됐다. 칸트는 잘못된 사람들을 보면서 어떤 쾌감을 느낀 게 아닌가 싶다.

그런데…, 사실 전차 안의 누구에게도 피해는 없었다. 뎁이 전차 뒤로 올라타 무임승차를 했어도 전차는 여느 때와 마찬가지로 같은 시간 안에 목적지에 도착했다. 공리주의 관점에서 이 방식은 그럭저럭 괜찮다. 뎁의 은근슬쩍 전략으로 추가로 고통을 치르지 않고도 세상의 총 행복량은 증가했다(더 많은 사람이 목적지에 도착했다). 하긴 요금을 낸 승객들이 뎁을 향해 분노로 이글거리는 눈빛을 쏘아댔으므로 다시 계산해야 한다. 이들의 화를 전부 합치면 뎁의 무임승차로 증가한 행복량을 넘어설지도 모른다. 그럼 뎁을 본 사람이 아무도 없다고 해보자. 뎁이 빛의 속도로 전차 옆면을 기어올라 지붕 위에 납작 누웠고 이것을 아무도 못 봤다고 하자(알고 보니 뎁은 닌자였다. 그렇다고 하고 넘어가자).

이제 질문이 좀 바뀌었다. 닌자 뎁의 사소한 규칙 위반을 본 사람이 아무도 없어서 이 일로 누구도 불편을 겪지 않았다. 또한 남들은 다 요금을 내는데 닌자는 무임승차하는 세상에 사는 것에 아무도 분노를 느끼지 않는다. 이 경우 뎁의 행동은 어떻게 될까? 좋은 것일까, 나쁜 것일까? 무임승차 문제는 원래 버전에서 조금씩 형태를 계속 변형하며 영원토록 생각을 곱씹을 수 있는 주제다. 여기에는 트롤리 딜레마와 마찬가지로 수백만 가지 버전이 있으며 심지어 실제 생활에서도 굉장히 많이 일어난다. 일단 생각하기 시작하면 주위 어디서든 볼 수 있다. 백신을 맞지 않고 백신 접종자에게 묻어가며 자기 안전을 챙기고, 세금을 빼돌리면서 여전히 공공 자산은 사용하고…, 가뭄이 극심한 도시에서 자기 잔디에 물을 쏟아붓고, 투표는 하지 않으면서 정부에 불평은 늘어놓는 그런 경우…, 모두가 무임승차 문제의 변형이 될 수 있다. 그렇지만 오버톤 윈도의 변화를 막고 세상이 최악의 이기적 본능으로 들끓는 아인 랜드 세상이 되지 않도록 이번에는 이 문제를 전차 바깥쪽에서 접근해보자. 즉, 뎁이 이 문제를 어떻게 생각하는지 물어보자. 그녀의 파쿠르parkour(주변 환경을 극복하고 장애물을 통과하는 훈련-옮긴이) 능력과 은밀한 닌자 활동 덕에 전차 위로 올라탔다는 사실은 아무에게도 들키지 않았다. 뎁의 무임승차를 생각해볼 수 있는 사람은 뎁 자신뿐이다. 뎁은 괜찮을까? 자신의 죄책감이나 죄책감 부재를 생각해보면 윤리 은행 계좌에 쌓인 지난 윤리적 행동을 출금해서 쓸 때의 생각도 알 수 있으리라.

뎁이 자기 행동을 어떻게 느낄지는 대부분 뎁의 특수한 상황과 관련이 있을 것이다. 우리가 모르는 상황이 있을 수 있다. 이 무임승차 닌자는 노인을 노리던 강도 무리와 싸우고 아픈 아버지를 만나러 시내로 나와 음식을 가져다준 뒤 보니 닌자 유니폼에 전차 요금을 넣을 주머니가 없어서 '방금 엄청 좋은 일을 했고 아무에게도 피해를 주지 않으니 무임승차 한번 하지 뭐'라고 생각했을지 모른다. 이 경우 뎁은 무임승차가 이상적인 행동이 아니라는 점은 알고 있지만 한숨 돌리고자 했을 뿐이다. 앞으로 전차를 탈 때는 뎁도 다른 사람들처럼 전차 요금을 낼 것이다. 이런 상황에서는 뎁의 도덕적 허용 범위인 오버톤 윈도가 그다지 많이 바뀌지 않는다.

뎁이 좋은 넌자가 아니라 나쁜 넌자일 수도 있다. 종일 어슬렁거리며 넌자의 반사 신경을 이용해 어린아이의 사탕이나 훔치다가 무임승차 기회가 있어서 말 그대로 그냥 뛰어올랐을 수도 있다. 그렇다면 더 이상 가망이 없다. 뎁의 오버톤 윈도가 변화했다. 그전까지 한 나쁜 행동은 시시한 사탕 관련 범죄였지만 지금은 전차 요금을 내지 않고도 양심의 가책조차 느끼지 않는다. 죄책감이 없는 뎁은 이제 세상에서 가장 이기적인 나라로 가는 특급 열차에 올라탔다.

이 책의 목적 중 하나가 실패를 받아들이게 하는 것이라고 했던 걸 기억하는가. 도덕에 신경 쓰고 좋은 사람이 되고자 할 때 실패는 피할 수 없는 결과다. 여기서 완벽한 삶과 도덕적 성인군자나 그 비슷한 것을 논할 생각은 없다. (1) 그것이 불가능한 일인 데다 (2) 그런 삶을 바람직한 목표라고 생각하지도 않기 때문이다. 대신 내가 말하고자 하는 것은 크든 작든 실패를 겪었을 때 그것을 스스로 돌아보고 다음번에 어떤 결정을 내려야 할 때 그 실패의 느낌을 떠올려야 한다는 점이다. 이를 위해 무단횡단이나 전차 무임승차처럼 작은 예를 들어 살펴보면 도움을 받는다. 사실 뎁의 행동은 생각보다 허용이 가능한 일일 수도 있고 아닐 수도 있다. 다른 사람들 눈에 띌 수도 있고 아무도 모르게 할 수도 있다. 그중 무엇이든 뎁의 머릿속 작은 목소리가 크게 소리쳐 이 일이 습관화하지 않도록 만들기를 바랄 수밖에. 최소한 요즘 이런 일이 자주 일어나니 그만두어야 한다고 경고해주길 바란다.

작은 희생, 큰 보상

해를 끼치지 않는 사소한 규칙 위반과 오버톤 윈도의 나락으로 미끄러져 떨어지는 지름길 사이의 차이를 아는 것은 쉽지 않다. TV 드라마나 영화를 보면 처음에 사소하게 잘못된 결정을 내린 뒤 그것을 만회하려다 평생 더 나쁜 길로 빠져 결국 구제 불능 괴물이 되는 경우가 흔하게 나온다. 그러나 우리가 실제 생활에서 〈브레이킹 배드Breaking Bad〉의 월터 화이트처럼 메스암페타민(중추신경을 흥분시키는 마약-옮긴이) 가루를 제조하기 시작했다가 어느 날 뉴멕시코주에서 마약 왕국을 운영할 일은 거의 없다. 죄책감이 자신을 규제하는 역할을 하면 온전히 죄책감을 느끼는 것이 맞다. 내면의 양심이 멈추라고 소리칠 때는 잘 새겨들어야 한다. 누구에게나 자신을 바른길로 안내하는 내적 시스템이 있다. 양심의 가책에 귀를 기울이지 않으면 그 시스템이 작동하는 데 어려움을 겪는다. 많은 사람이 도덕 은행 계좌에서 출금하고도 책상 앞에 그 영수증을 붙여놓지 않아 자기가 저지른 사소한 잘못을 기억하지 못한다. 코로나19 사태로 불거진 '마스크 문제'를 다시 언급해보자. 마스크팀에 합류하기를 거부한 이들, 즉 새로운 규칙을 따를 필요가 없다고(또는 따르고 싶지 않다고) 결정한 사람은 다른 사람들이 모두 마스크로 코와 입을 가릴 때조차 마스크 쓰기를 거부하며 가게 주인이나 점원이 '무임승차'하지 말라고 부탁할 때마다 극심하게 분노한다. "어떻게 나한테 이럴 수가 있지!" 하면서 말이다.

"여긴 미국이다! 자유 국가에서는 내가 원하는 대로 할 수 있다! 미국 헌법은 '얼굴의 자유'와 '나랑 조지 워싱턴(미국 초대 대통령-옮긴이)이랑 대머리독수리(미국의 국조인 흰머리독수리를 의미-옮긴이)를 밟으면 죽는다'를 보장한다!"[15]

이런 태도 탓에(그리고 비겁한 언론과 이를 부추긴 정치인들 탓에) 우리는 끊임없이 밀려오는 바이러스에 나라가 갈기갈기 찢겨나가는 꼴을 보고 있을 수밖에 없었다. 설상가상으로 정부 역시 마스크 사용을 강제하지 않았다. 저들과 비슷한 이념적 이유에서였는지, 그 이념 소유자들의 분노가 두려워서 그랬는지는 잘 모른다. 아니면 둘 다거나 그 둘 다에 무지함과 멍청함이 결합해서 그랬을 수도 있다.

마스크 저항가들 사이에 널리 퍼진 죄의식 결여를 보고 있자면 토

---

[15] 이건 풍자나 패러디가 아니다. 그들의 주장은 실제로 거의 이런 식이며 내가 워싱턴이라는 둥 독수리라는 둥 정신없이 쓴 말 비빔word salad(논리적 연결 고리가 없는 말을 일관성 없이 나열한 것-옮긴이)보다 더 논리가 없다.

할 것 같은 느낌이다. 정말이지 최소한의 요구였다. 마스크를 쓰라는 것은 '무단횡단하지 말라' 정도의 개인적 희생만 요구한다. 아까 이야기한 그 찌는 듯한 더위 속에서 무단횡단 상황에 놓였다고 해보자. 기온이 40도에 육박하고 횡단보도는 한 블록 떨어져 있으므로 거기까지 가지 않고 그냥 얼른 길을 건너려고 한다. 그런데 누군가가 다가와 이렇게 말한다.

"지금 짜증 나는 것은 알지만 여기서 무단횡단하지 않고 모두 저쪽으로 내려가 횡단보도를 이용하면 차 사고로 죽는 10만 명을 구할 수 있다."

이걸 누가 안 하겠다고 하느냐는 말이다! 그래, 오늘 날씨가 좀 덥고 횡단보도까지 걸어가는 것이 조금 불편하긴 하다…. 한데 10만 명이라고? 세상에 태어나서 한 계산 중에 이보다 더 쉬운 건 없었을 거다. 하지만 지금 내가 앉아서 이 책을 쓰고 있는 동안에도 이 나라의 확진자 수는 하늘 높은 줄 모르고 치솟고 있다. 너무 많은 사람이 각자 아인 랜드 학파가 되어 그야말로 다른 모든 사람의 행복과 안전보다 자신의 완전한 이기적 권리를 더 중요하게 내세우고 있다.

내가 스캔론의 《우리가 서로에게 지는 의무》에 그토록 크게 공감한 이유 중 하나가 여기에 있다. 제목 자체가 어떤 방향을 제시하고 안내한다. '우리는 서로에게 의무를 질까?'가 아니고 '우리가 서로에게 지는 의무'이다. 이 책은 우리가 분명 서로에게 의무를 진다는 관점에서 출발하며 그 의무가 무엇인지 찾아내는 것을 목표로 한다.

스트레스와 고통, 불평등과 부당함, 윤리적 긴장과 피로감으로 분열된 나라 상황에서 설령 더 나은 사람이 되려는 원정에 실패하더라도 자신을 좀 너그럽게 대할 필요가 있다. 그래도 한 가지 단순한 사실을 잊어서는 안 된다. 우리는 서로에게 의무를 진다. 사소하거나 간단한 것일 수도 있지만 그 의무는 분명 존재한다. 이는 중요한 것으로 무시할 수 없다.

마지막으로 한마디 덧붙이겠다. 이 책 초안을 완성해 편집자에게 보낸 뒤 내 안의 무언가가 잔소리하기 시작했다. 내 돈을 맡기면서 찝찝하지 않은 은행을 찾는 것이 정말로 그렇게 어려운 일일까? 앞에서 모든 은행 CEO를 전부 괴물이라 말했지만 사실 내가 주의 깊게 본 것은 제일 큰 다섯 개 은행 정도였고 실제로 조사할 때도 설렁설렁 알아보았다는 생각이 들었다. 다시 들쑤시고 다닌 끝에 (내 생각에) 원래 거래하던 은행보다 나은 곳 몇 군데를 찾아냈다. 화석 연료 산업에 투자하지 않고 자선단체를 적극 지지하며 직원을 위한 윤리 행동 강령이 있는 은행들이다.

"아, 망했다. 이제 은행 바꿔야겠네."

그래서 바꿨다. 거래 은행을 바꾸는 게 얼마나 어렵고 성가신 일인지 불평불만을 쏟아낸 뒤 안 사실은 내가 생각한 대로 정말 짜증나는 일이었다는 거다. 어쩌면 생각보다 더. 여러 서류 작업과 뭐가 뭔지 알 수 없는 전화 통화를 하고, 수신 은행 코드를 틀리고, ATM 카드를 새로 받고, 모든 일이 혼란이었다. 일이 다시 순조롭게 돌아가는 데는 몇 달이 걸렸다. 거래 은행을 바꿔서 확실히 좋긴 하지만 그 과정의 여러 지점에서 속이 탔었다는 점을 숨기고 사탕발림하지 않는 것도 중요하다. 이 일로 두 가지 사실을 다시 깨달았다. 하나는 더 나은 선택을 하는 것은 상당히 성가신 일이라는 점이다. 이건 그냥 받아들여야 한다. 다른 하나는 하고자 하는 의지가 있고 시간과 에너지를 들이면 가능한 일이라는 점이다.

앞에서 실패와 함께 윤리적 삶에서 실패를 받아들이는 법을 다뤘다. 이제 좀 더 정확히 좋은 실패와 나쁜 실패를 정의할 때가 되었다. 좋은 실패는 좋은 일을 하려는 시도에서 나온다. 계산 착오가 있을 수도 있고 아니면 그냥 잘못된 선택을 할 수도 있다. 그런 실패는 윤리 여정에서 100퍼센트 일어나며 또한 100퍼센트 용서받는다. 더욱이 우리를 실패로 이끈 윤리적 시도에서 배우는 점이 있기 때문에 미래에 성공할 가능성이 커진다. 내가 거래 은행을 바꾸기 싫어서 취한 것은 무관심과 '윤리적 게으름'에서 나온 행동이었다. 원래 하던 것보다 조금이라도 더 낫다는 것을 알면서도 어렵고 귀찮아서 실행하지 않았다. 완벽함이란 불가능하며 가끔 무단횡단할 때(실제로도 비유적으로도) 어느 정도는 너그럽게 용인해 자신에게 숨 쉴 공간을 내줘야 한다는 내용에 전체 장을 할애했다. 고단한 나날을 보내며 자신에게 너그러운 것은 분명 필요한 일이다. 그러나 나 자신에게 솔직히 털어놓자면 거래 은행을 바꾸는 문제에서 조금 일찍 포기한 것도 사실이다(은행 계좌가 있다는 것은 그 자체로 행운이라 할 수 있다. 거래하는 은행의 장단점을 생각할 수 있는 시간과 에너지 그리고 변화를 실행할 자원이 있는 것도 마찬가지다. 앞으로 곧 다룰 부분인데, 나와 같은 입장에 있는 사람에게는 더 나은 상황을 만들기 위해 다른 사람보다 더 노력해야 할 의무가 있다). 거래 은행을 바꾸지 않았다고 내가 '나쁜' 사람이 되는 것은 아니다. 그렇지만 바꾸고 나니 기분이 더 나아졌다. 이 일을 못하게 할 뻔한 주범은 다른 무엇도 아닌 나 자신의 게으름이다.

여러분, 이제 우리 여정의 3분의 2를 마쳤다! 좋은 소식이다. 안 좋은 소식은 이제부터 정말 어려워질 거라는 점이다. 일상생활에서 우리를 괴롭히는 어려운 질문에 윤리 철학을 적용하고 다른 일로 연장, 변형하며 곱씹어볼 예정이다. 이 과정은 매우 혼란스럽고 고통스러울 수 있다. 불안과 고뇌를 초래할 테고 종종 가장 가까운 친구나 가족과 크게 논쟁할지도 모른다.

하지만 재밌기도 할 것이다!

3부

슈퍼 인간 되기

이제 본격적으로 어려운 내용이 나

올 예정이지만 다 같이 힘을 내 여정

을 완수하자. 그러면 모두 도덕적으

로 완벽하고 번영을 이루며 의무론

에도 부끄럽지 않은 행복을 만들어

내는 슈퍼 인간이 되리라. 욕이 나오

는 부분도 있긴 하지만 여기엔 그럴

만한 이유가 있다.

9장

더 급한 문제?

아이폰 새로 샀구나? 멋있네.
그런데 인도에서 수백만 명이 굶어 죽고 있다는 걸 알고 있니?

2018년 10월 내 사랑 보스턴 레드삭스가 월드 시리즈에서 LA 다저스를 다섯 게임 만에 우승했다.

나는 가까운 친구 네이트와 데이브 그리고 내 아들 윌리엄과 함께 로스앤젤레스에서 레드삭스의 우승을 결정지은 경기를 관람했다. 그때까지 스포츠가 그 정도로 거대한 감정적 만족감을 줄 수 있는지 몰랐다. 그런데 삭스의 우승이 확실해진 순간은 그야말로 순수하고 아름답고 마법 같아서 마치 몸이 공중에 떠오르는 듯한 느낌이 들었다. 데이브는 윌리엄을 높이 들어 올렸다. 우리는 다 같이 끌어안고 울다 웃으며 자축했다. 사진은 1층으로 뛰어 내려간 직후의 윌리엄이다.

12월, 윌리엄에게 이날을 기념하는 크리스마스 선물을 하고 싶었는데 마침 레드삭스 베스트 플레이어 네 명이 사인한 야구 방망이를 찾아냈다. 가격은 800달러(약 98만 원-옮긴이)로 열 살짜리 아이의 크리스마스 선물로는 꽤 비쌌다. 으윽, 거의 2005년형 사브의 범퍼 교체 가격이다.[1] 그러나 사진첩을 보다가 기쁨으로 가득한 저 얼굴

기쁨으로 가득한 아이의 커다란 얼굴을 보라. ⓒMichael Schur

을 보고는 결정했다. 에라 모르겠다, 이건 우리가 영원히 기억할 순간에 치르는 가격이다. 야구 방망이를 샀다. 그러고 나서 한동안 기분이 좋지 않았다. 다 철학 탓이다.

사실 철학자 한 명 탓이다.

우리는 매일 수천 가지 결정을 내려야 하며 그럴 때 윤리적 피로감(요즘 엄청 핫한 철학 용어다!)만 느끼는 게 아니다. 윤리의 기회비용

---

1 미안하지만 이 생각을 하지 않으려 해도 그럴 수가 없다.

도 계산해야 한다. '기회비용'이란 어떤 자원을 소비할 때 그 대신 포기한 것을 의미하는 경제학 용어다. 기업이 연구 개발 투자를 늘리느라 고용을 줄이면 그렇게 고용하지 않은 노동자가 연구 개발의 기회비용이다. 광고 예산을 늘리고 자재 구매를 덜 하면 줄어든 재고가 기회비용이다. 같은 맥락에서 윤리적 기회비용은 어떤 일을 하기로 결정하면서 포기한 선행을 의미한다. 여기서 호주의 인습 타파주의 공리주의자 피터 싱어Peter Singer를 소개한다.

2006년 12월 싱어는(1946년생) 〈뉴욕타임스 매거진〉에 '억만장자가 내놓아야 할 것-그렇다면 당신은 무엇을 해야 하는가?'라는 글을 기고했다. 당시 빌 게이츠가 거의 300억 달러(약 37조 원-옮긴이)를 자신이 설립한 자선 재단에 기부하겠다고 발표해 역사상 가장 훌륭한(숫자상으로) 자선가 중 하나로 떠오르고 있었다. 싱어는 사하라 이남 아프리카의 빈곤 지역을 파괴하는 말라리아 같은 질병을 근절하도록 지원한 게이츠의 행동에 박수를 보냈다. 그러면서 말했다.

빌 게이츠는 300억 달러를 기부했지만 여전히 재산이 530억 달러(약 65조 원-옮긴이)이며 〈포브스Forbes〉가 선정한 가장 부유한 미국인 리스트의 맨 위에 자리한다. 게이츠가 시애틀 근처 호숫가에 소유한 첨단 저택 부지는 넓이가 6,000제곱미터(약 1,850평-옮긴이)이고 시가 1억 달러(약 1,235억 원-옮긴이)에 달한다. (…) 그는 〈코덱스 레스터Leicester Codex〉도 소유하고 있는데 빌 게이츠가 1994년 3,080만 달러(약 380억 원-옮긴이)에 구매한 레오나르도 다빈치의 유일한 이 자필 연구 노트는 여전히 그의 사유재산이다. 그런 데도 빌 게이츠의 기부가 충분하다고 할 수 있는가? 좀 더 신랄하게 말하자면 이런 질문을 해야 한다. 빌 게이츠가 모든 생명의 가치는 평등하다고 생각하는 사람이라면 그처럼 비싼 저택에 살며 레오나르도의 〈코덱스 레스터〉를 소유하고 있겠는가? 더 소박하게 살면서 그 돈도 기부하면 더 많은 생명을 살릴 수 있지 않은가?

싱어는 빌 게이츠를 다른 관점으로 생각하도록 요구한다. 자선단체에 300억 달러를 기부한 사람이 아니라 여전히 530억 달러를 갖고 있으면서 그중 아무것도 내놓지 않는 사람으로 보라고 말이다. 530억 달러를 갖고 있으면서[2] 한 푼도 기부하지 않는 사람을 사람들은 어떻게 생각할까? "나쁜 놈이네"라고 한마디 하겠지만 사실 그보다 더 나아가지는 않을 것이다. 그럼 이것이 빌 게이츠에게 공정한 상황일까? 모두 알다시피 심지어 이미 300억 달러를 기부했는데?[3]

---

2 이것은 싱어가 기고문을 발표할 당시의 숫자다. 지금 이 책을 쓰는 순간 게이츠의 재산은 몇 년 전 그가 은퇴했고 그동안 기부도 훨씬 더 많이 했다는 사실을 생각하면 좀 황당하지만 1,279억 달러(약 159조 원—옮긴이)로 불어났다(이혼에 따른 경제적 타격이 얼마일지는 아직 발표되지 않았다).

3 4년 후인 2010년 빌 게이츠와 워런 버핏은 '더기빙플레지the Giving Pledge(전 세계 부호들의 기부 클럽으로 자산이 1조 원 이상이고 재산의 절반 이상, 즉 최소 5,000억 원 이상을 기부하기로 서약해야 회원이 될 수 있다—옮긴이)' 창설을 발표했다. 둘은 재산의 최소한 50퍼센트를 자선 재단에 기부하겠다고 약속했고 전 세계 다른 부호들의 가입을 독려하는 활동을 했다. 사실 버핏은 전 재산의 99퍼센트 기부를 약속했다.

5장에서 덕의 상한선을 논의하며 도덕 사상을 적용할 때 무한대가 아닌 어떤 천장이 필요하다는 결론을 내렸다. 싱어는 '행복 펌프'가 되지 않으려는 (합리적인) 노력조차 허용하지 않는다. 인간이라면 다른 사람을 돕기 위해 (현재 무엇을 하고 있든) 언제나 그보다 더 할 일이 있는지 생각해야 한다. 이쯤에서 새로운 질문이 생긴다. 평범하고 일상적인 결정에 따르는 윤리적 기회비용은 언제 무시해도 되는 걸까?

로퍼는 모두 인간의 목숨이다: 피터 싱어 이야기

인간의 먹이사슬에서 가장 위에 있는 사람들은 기본적으로 외계인이나 마찬가지다. 그들은 보통사람이 상상할 수 없는 삶을 산다 (엄청나게 많은 돈을 받는 TV 코미디 프로그램 작가에게조차 그렇다). 미디어 억만장자인 리버티미디어 회장 존 멀론은 미국 내에 220만 에이커(약 8,900제곱킬로미터-옮긴이) 이상의 토지를 소유하고 있다. 델라웨어주 전체에 뉴욕 시티와 휴스턴을 합친 것보다 더 큰 부동산을 소유하고 있다는 뜻이다. 오라클사 창업주 래리 엘리슨은 몇 년 전 심심해서 하와이섬 전체를 구매했다. '미친 부자' 그래프 곡선의 제일 꼭대기에 있는 사람들은 나나 여러분이 사는 행성에 살지 않으며, 어쩌다 그들이 제임스 본드 영화 속 악당이 살 것 같은 그곳에서 잠시 나와 진짜 세상에 모습을 드러내면 일거수일투족을 감시당한다. 2019년 호주 전역에 대형 산불이 발생했을 때 아마존 CEO이자 세상에서 가장 부자인 제프 베조스는 아마존이 100만 호주달러

(69만 달러, 약 8억 5,000만 원-옮긴이)를 구호기금으로 내겠다고 발표
했다. 그 발표로 베조스는 가차 없이 그리고 적절하게 몰매를 맞았다.
사람들은 그 액수가 베조스가 1년 내내 5분마다 버는 금액이라는 점
을 예리하게 지적했다. 예상했던 대로 베조스의 최근 소비 내역이 공
개되기 시작했다. 예를 들면 텍사스의 움푹 파인 산에 만 년이 가도
록 설계한 시계를 만드는 데 4,200만 달러(약 520억 원-옮긴이)를 쏟
아부었다. 이상한 미래형 외계 시계에는 4,200만 달러를 쓰고 대륙
하나를 구하는 데는 69만 달러라고? 한 달이 채 지나기 전에 베조스
는 기후 변화에 맞서 싸우는 데 향후 10년간 100억 달러(약 12조 원-
옮긴이)를 기부하겠다고 발표했다. 공개적으로 조롱당한 것과 이 갑
작스러운 통 큰 이타주의 사이의 연결 고리를 찾는 것은 어려운 일이
아니다(역시 망신 주기는 효과가 있다!).

최대한으로 세상을 도울 수 있는 사람들이 실제로 최대한 돕기를
바라는 것은 자연스러운 일이며 옳은 일이기도 하다. 그럼 그 '최대'
라는 것은 과연 무엇일까? 그들은 대체 얼마나 더 해야 하는 것이고
그런들 그들이 의무를 다했다고 인정받을 수 있을까? 빌 게이츠의
기부 활동을 비판한 싱어의 말은 나를 온통 뒤흔들었고 이후 그의
다른 저술을 찾아보았다. 세상에나, 윤리적으로 열등하다는 느낌을
받고 싶으면 피터 싱어의 책을 읽어보라. 싱어는 100퍼센트 완전무
결한 공리주의자로, 그대로라면 매우 이상한 지점까지 도달할 수도
있을 듯하다. 그런데 빌 게이츠의 300억 달러 기부를 무시한 것처럼

그가 쓴 모든 것을 관통하는 한 가지 단순한 개념은 이것이다. 이곳에 존재하는 모든 생명은(각자에게 '이곳'이 의미하는 바가 무엇이든) 저쪽의 삶과 동일하게 고유한 가치를 지닌다. 좀 더 알기 쉽게 설명하기 위해 싱어가 제안한 강력한 사고 실험 하나를 간단히 재구성해 소개하겠다.

나지막한 연못 옆을 걷다가 물에 빠져 허우적대는 아이를 보았다고 해보자. 그 상황이라면 누구에게나 아이를 구할(무릎 높이밖에 안 되는 물속에 뛰어들어 그 아이가 으음, 익사하지 않게 낚아채 데리고 나오는 행동) 도덕적 책임이 있다는 점에 동의할 것이다. 만일 누군가가 물에 빠져 허우적대는 아이를 보고도 '물론 저 애를 구해야 하지만 방금 새로 산 이탈리아제 로퍼를 망가뜨리고 싶지 않아. 자, 행운을 빈다!'라고 생각한다면 어떨까? 그는 새 로퍼가 얼마나 부드럽고 가죽의 느낌이 훌륭한지 노래를 흥얼거리며 휘파람과 함께 그 아이를 지나친다. 누구나 이 사람을 악독하고 지독하다고 욕할 것이다. 530억 달러를 갖고도 한 푼도 기부하지 않는 사람보다 더 나쁘다. 이것은 너무 기본적인 일이고 도움을 거부하는 이유 또한 너무 냉정하기 때문이다. 사람 목숨보다 로퍼를 소중하게 여기는 사람은 사디스트거나, 소시오패스거나, 아인 랜드 신봉자거나, 아니면 그 셋을 합친 사람임이 분명하다. 그 사람의 신상은 트위터에 공개되고 그 악독함 때문에 온라인상에서 악플 폭탄을 받을 텐데 이는 충분히 그럴만한 일이다.

그렇지만 사람들은 대부분 괴물이 아니다. 거의 모든 사람이 본능적으로 사람 목숨이 이탈리아제 로퍼보다 중요하다고 계산해 연못으로 들어가 아이를 구할 것이다. 싱어의 요점은 이것이다. 지금 이 순간 전 세계에 비유적으로나 실제로나 연못에 빠져 죽는 아이가 많다. 하루 30센트면 예멘에서 굶어 죽는 아이를 구한다는 광고를 보고, 자선단체로부터 일주일에 1달러만 있으면 시리아에서 한 사람의 목숨을 살릴 수 있다는 메일을 받지만 대부분 무시한다. 솔직히 성가시다. 그러나 일주일에 1달러는 이탈리아제 로퍼 가격에 비하면 아무것도 아니다. 저쪽의 목숨 가치를 이쪽의 목숨 가치보다 낮게 여기는 이유는 무엇일까? 왜 실제로 연못이 눈앞에 있어야만 행동하는 것일까?

싱어가 강의실에서 이 사고 실험을 진행하자 학생들이 합리적인 문제제기를 했다. 목숨을 구하는 데 쓰라고 자선단체에 돈을 기부하면 그중 일부는 관료적 절차에 쓰이고 그 돈이 실제로 미치는 영향 또한 모호하다. 싱어는 그렇다고 해도 너무 적은 돈이 아니냐고 지적한다. 겨우 몇 센트에 불과한데? 기부한 돈의 25퍼센트만 실제로 약속한 용도로 쓰인다 해도 사실 할만하지 않은가? 맞다. 어물쩍 빠져나가기는 불가능해 보인다. 마침내 싱어는 당연하게도 우리를 다음 단계로 안내한다. 이탈리아제 로퍼든 새 청바지든, 아니면 사실 그다지 필요하지도 않은 새 아이폰에 쓸 돈을 모아 세계 어딘가에 있는 다른 누군가에게 보내 그 사람이 더 나은 삶을 살도록(더 나은 삶이 아니라 생존 자체의 문제일 수도 있다) 도우라고 한다. 싱어는 모두에게 완전한 공리주의적 희생을 요구한다. 새로 산 전등이든 무엇이든 거기서 얻는 작은 쾌락을 포기하면 우리가 상상할 수도 없는 어려움을 겪는 사람들의 고통이 엄청나게 줄어든다.

싱어는 알고 있다. 많은 사람이 필요하지도 않은 물건을 잔뜩 산다. 그 돈으로 얼마나 많은 사람을 도울 수 있는지 지적하는 것만으로도 지나친 소비지상주의가 세상에 드러난다. 실제로 집에 쌓아놓고 사는 별 필요도 없는 쓰레기(불필요한 쿠션, 입지 않는 스웨터, 800달러짜리 야구 방망이)를 생각하면 싱어의 제안은 인생에 한 번 올까 말까 한 절호의 거래다. 그런 것들 덕분에 영웅이 될 수 있다니! 우리는 모두 오스카 쉰들러가 될 수 있다. 더구나 쉰들러는 파시스트 정권이 눈을 시퍼렇게 뜨고 있는 상황에서 자기 목숨을 걸고 다른 사람들을 살렸지만 우리는 소파에 앉아 구운 꿀땅콩을 먹으며 케이블 채널에서 〈쥬라기 공원〉을 보면서도 오스카 쉰들러처럼 사람들의 목숨을 구할 수 있다. 할 일이라고는 램프 하나를 사지 않고 대신 그 30달러를 아프리카에 모기장을 지원하는 자선단체에 보내는 것 말고는 없다. 그리고 〈쥬라기 공원〉 감독 스티븐 스필버그가 우리의 희생과 용기를 소재로 영화를 제작해 오스카상을 타기만 하면 된다.

어쩌면 행복 펌프에 관한 경계 메시지를 기억할지도 모른다. 그렇다면 이것을 끝내야 하는 지점은 어디일까? 아무것도 없이 텅 빈 집 안에서 마지막 꿀땅콩 캔을 비우는 순간일까? 갑자기 다시 모호한 영역으로 떨어져 도대체 어느 정도까지 원하는 물건을 살 수 있고,

돈을 더 중요한 곳에 쓰지 못했다는 공리주의 죄책감에서 벗어날 수 있는지 고민이 찾아든다. 결코 알 수 없는 문제가 아닌가!

여기서 싱어가 자기 안의 제러미 벤담을 송환해서 말한다. 계산이 가능합니다.

싱어는 기본적인 삶에 필요한 금액이 정해져 있다고 믿는다. 음식과 집, 적당한 즐거움과 레저를 위한 비용 등. 그 금액은 각자가 처한 상황, 즉 아이는 몇인지, 어디에 사는지 등에 따라 다양하지만 계산이 가능하다. 사는 데 실제로 필요한 액수를 파악하고 저축과 응급 상황을 위한 돈을 어느 정도 남겨 놓은 뒤 그 이상으로 버는 돈은 모두 도움이 필요한 누군가에게 보내야 한다. 싱어는 1999년 〈뉴욕타임스 매거진〉에 기고한 또 다른 글에서 "공식은 간단하다. 생필품이 아닌 사치품에 쓰는 돈은 모두 기부하면 된다"라고 말했다. 싱어는 이마누엘 칸트의 결과주의자 버전이라 할 수 있다. 그야말로 하드코어 철학자다. 필수 도덕 관점이 굉장히 확고해 나는 싱어가 〈매드맥스: 분노의 도로Mad Max: Fury Road〉에 나오는 톰 하디처럼 생겼을 거라고 상상했다. 1970년대 후반에 발전한 포스트펑크postpunk를 듣고 반백의 머리에 결코 타협할 수 없는 정의감으로 도덕적 응보 세계를 휘젓는 외로운 늑대 같은 공리주의 전사. 실제 모습은 뒤쪽에 있다.

이제 빌 게이츠를 향한 싱어의 불만을 잘 이해할 수 있다. 300억 달러를 기부한 것은 훌륭하지만 아직도 530억 달러가 있으면 그중 거의 전부를 기부해야 한다. 사는 데 필요한 것 중에 빌 게이츠에게

그렇게 무섭지는 않다. ⓒKeith Morris / Hay Ffotos / Alamy Stock Photo

없는 것이 있을까? 없다. 아프리카에서 기근에 허덕이는 어린이들에게 없는 필수품은? 침대, 집, 음식, 깨끗한 물, 말라리아약, 비타민, 교육, 비누, 백신. 그럼 빌 게이츠가 필요하지도 않은데 갖고 있는 것은? 530억 달러. 싱어에게 이 문제는 식은 죽 먹기다. '필수' 금액의 총액은 계산이 가능하며 그것을 제외한 돈이 1달러든 530억 달러든 취해야 하는 행동은 한 가지다. 필요 없는 돈은 필요한 사람에게 보내야 한다.

싱어의 요구에 합리적으로 반대하는 의견도 짚어봐야 한다. 첫 번째, 사람들은 대부분 살아가는 데 꼭 필요한 돈에 조금의 즐거움과 만일에 대비한 약간의 저축을 더한 정도로는 안심하지 못한다. 우리는 모두 언젠가 자동차 사고나 질병을 겪을지 모르고 일이 잘못되거나 친구 혹은 가족에게 지원이 필요해지는 등 예상치 못한 비극과 마주할 수도 있다. 여기에다 (가능하면) 은퇴 후의 삶을 준비하고 자식과 어쩌면 손주들의 삶에도 도움을 주고 싶다. 소유한 돈을 모두 누군가에게 주고 나서 갑자기 긴박하게 돈이 필요해졌을 때, 우리 돈이 말라위에 있는 강의 기생충을 없애 어린이 수천 명의 건강을 개선했다는 생각을 하며 안심할 수는 없다.

물론 그런 사람도 있다고 한다. 싱어의 책《물에 빠진 아이 구하기》와《효율적 이타주의자》에는 효율적 이타주의 운동의 일환으로 특정인이 아닌 '필요로 하는 누군가에게' 자신의 신장을 기부한 사람들의 일화가 나온다(싱어의 추종자들 역시 싱어만큼 하드코어다). 자기 신장을 기부하는 사람들의 계산법은 이러하다. 신장이 하나밖에 없어서 죽을 확률은 4,000분의 1이다. 자전거를 타고 가다 자동차에 치여 죽을 확률과 비슷하다. 이들에게 불필요한 신장을 기부하지 않는 것은 누군지 모르는 낯선 이의 목숨보다 자기 목숨을 4,000배 더 가치 있다고 여기는 행동이다. 수학 관점에서는 논리적이라 할 수 있을지 모르겠지만 대개는 자기 신장을 떼어준다는 생각 자체에 망설일 수밖에 없다. 언젠가 가족과 가까운 친구가 내 신장을 필요로 할 수도 있다. 한 번도 만나본 적 없는 호주 출신 윤리학자의 요구를 들어주려고 신장 하나를 떼어줬다가 몇 년 후 내 아이에게 신장이 필요해지면 어쩔 텐가? 만약 하나 남은 신장이 기능을 상실해 가족 중 한 명에게 신장을 달라고 부탁해야 하는 상황이 생긴다면? 전혀 유쾌하지 않은 일이다. 여기서 그럴 확률이 낮다는 사실은 중요하지 않다. 그 생각 자체가 두려운 것이다.[4]

싱어의 세계관을 향한 두 번째 반론은 싱어가 '문화 기부' 활동에 돈을 쓰는 것을 극도로 반대한다는 점에 있다. 그는 실제로 아이들이 죽어가고 있는데 그 고통을 무시하고 1년 치 기부금을 미술관이나 심포니 오케스트라에 들이붓는 것을 정당화하기는 어렵지 않느냐고 묻는다. 논리적으로만 생각하면 맞는 말이지만 오케스트라가 좋은 것 역시 사실이다! 누군가에게는 오케스트라가 어마어마하게 큰 의미가 있으며 그것이 인간의 삶에서 중요한 역할을 할 수도 있다. 이들이 오케스트라에 돈을 냈다고 사전에 막을 수도 있던 어린이들의 죽음을 무기로 비난하는 것은 잔인하게 느껴진다. 싱어가 말하려 하는 바는 중요한 것이니 이해는 간다. 객관적으로 다른 곳보다 더 나은 자선단체가 있고, 효과적 이타주의 운동은 우리가 기부한 돈을 가치 있게 쓴 자선단체를 찾아내 빛나게 한 공로를 크게 인정받아 마땅하다.[5] 그러나 이런 식의 공격은 마치 내가 사브 범퍼 사

---

4 솔직히 말해 싱어도 이런 종류의 반론을 인정했다. "사람들은 대부분 그 무엇보다 가족, 특히 자식에게 의무감이 있다. 가족을 가장 우선시하는 것은 자연스러운 일이며 많은 경우 옳은 일이기도 하다"라고 했으니까.

5 givewell.org에서는 매년 가장 효율적으로 운영하는 자선단체 리스트를 업데이트한다.

건을 다룬 방식의 사촌쯤 되는 느낌이다. '이 문제는 중요한 게 아니야. 저 문제가 훨씬 급해'라는 태도 말이다.

"미술관에 100달러를 기부하겠다고? 멋지네. 그 돈이면 실제로 스무 명의 목숨을 살릴 수 있는데, 그래 가서 기부해. 브랑쿠시 조각전Brancusi sculpture을 멍하니 보고 있는 것도 중요한 일이겠지. 알겠어."

싱어의 주장은 유연성이 없다는 점에서 반감을 산다. 물론 기본 논리 자체는 반박의 여지가 없어서 이렇게 하는 것이 맞나 싶지만 그래도 계속 맞서게 된다. 레드삭스가 월드 시리즈에서 우승한 뒤 내가 비싸고도 필수품과 거리가 먼 사인 방망이를 샀을 때 짜증이 난 이유가 여기에 있다. 피터 싱어의 유령이 나를 쳐다보고 있는 느낌이었다. "야구 방망이 하나에 800달러? 그 돈으로 더 나은 걸 할 수는 없었던 거겠지?" "나 좀 내버려둬, 피터 싱어!" 내가 혹시 큰 소리로 대답했는지 모르겠지만 그러지 않았기를 바란다. "나한테는 중요한 일이라고! 그냥 좀 합시다!" 피터 싱어의 유령은 미동도 없었다. "뭐, 그래. 네 돈이니까. 그렇지만 한마디만 하지. 옥스팜 홈페이지에 가서 극한 빈곤 속에 살고 있는 사람들 이야기를 한번 읽어보면 어때?"

버나드 윌리엄스가 공리주의를 비판한 것을 기억할지 모르겠다. 윌리엄스에 따르면 공리주의는 인간의 완결성(전체적이고 분열되지 않은 존재로서의 감각)을 부정하고 불특정 집단인 인간의 '행복'이라는 이름 아래 개별적으로 중요한 사항을 희생시킨다. 공리주의는 인간을 '사람'으로 만들어주는 것들을 부정할 때가 있다. 내가 아들과 소중하게 나눈 순간을 기억하기 위해 아이에게 선물을 사준 것이, 그렇게 해서 우리가 하나가 되는 그 경험이, 도덕적으로 잘못된 행동이라는 생각은 윌리엄스에게 터무니없는 일이다. 결국 내가 도달한 결론도 그것이다. 성인군자 경지에 오르려고 하는 것에 주의하라고 경고한 윌리엄스나 수전 울프와 입장을 함께하기로 했다. 내 인생은 내 것이며 삶을 다양한 형태와 차원으로 만들어주는 경험, 심지어 물건으로 인생을 채워가는 것에서도 죄책감을 느껴서는 안 된다. 싱어의 논리에 따르면 야구 방망이는커녕 그 경기 자체를 보러 가면 안 된다. 월드 시리즈 티켓 가격은 꽤 비싸다. 아들에게 나초나 핫도그도 사주면 안 되고 주차비를 내도 안 되는 것이었다…. 사실 메이저리그 야구가 나오는 케이블 방송을 신청해서 레드삭스 게임을 보는 것 자체도 해서는 안 될 일이다. 이렇게 생각하다 보면 곧 모든 것이 바보 같이 느껴진다.

하지만 빌어먹을, 싱어가 아주 틀린 것은 아니다.

우리가 필요 없는 멍청한 짓을 많이 하기는 한다. 그 멍청한 짓을 하면서 윤리적 기회비용을 생각하는 사람은 거의 없을 것이다. 그 대신 할 수 있었던 더 나은 일들, 즉 윤리적 기회비용에 확고부동하게 집중한다는 점이 내가 싱어를 좋아하는 이유다. 신나서 벌이는 멍청한 짓들에 초를 치는 그 지점 말이다. 그래서 타협의 여지 없는 싱어의 완고한 공리주의는 중요한 역할을 한다. 재밌게도 2019년 출간한 싱어의 책《물에 빠진 아이 구하기》의 소개 글을 써달라는 부탁을 받았다.[6] 그 책을 읽으면서 독자들이 짜증 낼 대목을 논의한 후 나는[7] 이렇게 썼다.

이 책을 읽고 나서 느낄 점보다는 느끼지 않게 될 점이 더 중요하다. 자기만족에 빠져 안주하지 않게 될 것이다. 타인은 중요치 않다고 느끼지 않게 될 것이다. 국내외에서 일어난 재앙 관련 기사를 보며 피해자의 삶을 잠깐이라도 생각지 않고 아무렇지 않게 스크롤을 내리지 않게 될 것이다. 대신 무언가 간단하게 도울 수 있는 일이 있지 않을까, 내 삶과 가족의 안녕을 위험에 빠트리지 않고 할 수 있는 일은 무얼까 하는 생각이 머릿속을 돌아다닐 것이다.

싱어가 제안하는 것이 내게는 선물이다. 삶이 조금이라도 편안하면 타인에게 무관심한 채 안주하기 십상이다. 세상 사람 대다수가 어느 정도 빈곤과 고난을 겪고 있고 자신이 겪는 일보다 심각한 일상 문제와 위험을 겪는다는 사실을 잊곤 한다. 많은 사람이 에어컨, 난방, 음식, 깨끗한 물, 세탁기, 냉장고, 충분한 전기, 약, 전쟁이나 범

---

6 〈굿 플레이스〉 중 한 편에서 이 책을 다뤘다. 지금 내가 별 이유도 없이 철학자 이름을 대면서 친한척하는 것이 아니다. 그랬다면 내 절친인 팀 스캔론이 기분 나빠할 것이다.

7 세상에, 유명인 이름을 대며 친한척하기에 새로운 장르가 탄생했다. 바로 자기 이름 대기다! 이 분야의 돌파구를 개척했다.

죄가 없는 안전한 삶을 당연하게 여긴다. 대다수는 이런 것을 생각하지도 않는다. 싱어는 그렇게 안주하는 삶에 경보를 울린다.[8] 그는 언제나 우리 어깨를 툭툭! 치며 얼마나 운 좋게 살고 있는지 일깨워주고 조금이라도 더 많은 사람을 도울 생각이 있는지 묻는다.

싱어는 학계에 적이 많다. 그렇게 어깨를 치고 다니는데 좋아할 사람이 있겠는가. 솔직히 기분 좋은 일은 아니다. 끊임없이 뭔가 망치고 있는 느낌을 좋아할 사람은 없다. 범죄자용 총을 차고 다니는 무서운 호주 전사(내 머릿속에서는 계속 이런 이미지다!)가 다른 선택을 했다면 더 나은 일을 할 수 있었다며 계속 지적질하는 것은 전혀 유쾌한 일이 아니다. 사실 영화를 보러 가고 청바지를 사는 모든 순간순간의 결정을 일일이 캐묻는 사람이 있을까. 그 청바지가 열 사람 목숨값이라는 잔소리를 듣는 것은 생각만으로도 고통스럽고 짜증 난다. 어쨌든 좋은 사람이 되고 싶고 또 그렇게 노력하고 싶으므로 싱어가 어깨를 두드리는 것은 도움을 준다. 여기서 중요한 점은, 다시 말하지만 그냥 넘어가지 않고 생각하는 것이다. 자신에게 질문하는 간단한 행동만으로도 괜찮다. 나는 지금 무엇을 하고 있는 것인가? 더 잘할 수는 없을까? 자신의 행동을 돌아보고 의문을 던지는

---

8 한 가지 언급해야 할 점이 있다. 장애와 심각한 건강 문제를 겪는 사람들에게 자본을 분배하는 것에 관한 싱어의 일부 관점이 비판 대상이 된 적 있다(이 역시 싱어의 엄격한 공리주의적 관점에 뿌리를 둔다. 이 점은 독자 스스로 찾아보길 바란다). 이미 이야기했듯 공리주의 관점을 끝까지 따라가는 게 언제나 옳은 것은 아니다. 자선 논쟁이든, 자원의 개인적 사용이든 또는 그 무엇이든 마찬가지다.

것은 아프고 성가신 일이지만 그것이야말로 더 나은 사람이 되는 것을 가로막는 무감각하고 냉담해진 마음을 고칠 치료제다. 기대만큼 잘하지 못했을 때 그 결과로 일어날 일을 생각하지 않으면 아리스토텔레스가 말하는 시민 참여의 중용에도 다가가지 못한다.

코로나19 사태 상황에서 미담도 많이 쏟아졌다. 월세를 미뤄주거나 깎아준 집주인도 있었고 시민들이 힘을 합해 노약자에게 음식을 배달하기도 했다. 동시에 끔찍한 일도 많았다. 사람들을 무자비하게 쫓아낸 집주인도 있었고 직원들이 제대로 된 보호 장비 없이 일하게 한 회사도 있었다.[9] 전선에서 일하는 의료진을 위한 기금 모금 활동이 있었고 또 이것이 가난하고 소외된 이들에게 어떤 영향을 미칠지 전망한 절망적인 예측도 나왔다. 이 모든 것을 겪으며 많은 사람이 같은 의문을 떠올렸을 것이다. 내가 해야 할 일은 무엇일까? 내가 얼마나 도와야 하는 것일까? 내 의견으로는 우선 스캔론의 이야기를 듣고 그다음에 싱어로 가는 게 질문의 답변이 될 것 같다. 전 세계 모든 사람이 동시에 공중보건 위기를 마주한 상황에서 모두에게 최소한으로 부과하는 의무, 즉 합리적인 사람이면 누구도 거부하지 않을 서로에게 지는 기본적인 의무는 결정하기 어렵지 않은 문제이고 또 협상의 여지도 없다. 가능한 한 여행을 자제하고 사회적 거리

---

9 이것 말고도 내 기준으로 코로나19 사태 관련 최악의 기업 이야기는 아이오와주의 타이슨 푸드 공장Tyson Foods factory 관리자들이 직원 몇 명이 코로나 바이러스에 감염될지를 놓고 내기한 사건이다.

두기에 적극 동참하며 마스크를 쓰는 일 등이다. 이 단계를 지나면 이제 싱어가 등장할 차례다. 각자 사회경제적 상황에 따라 책임의 종류와 양은 달라진다. 한 가지 예를 들면 셧다운shutdown 기간 동안 개 산책이나 아이 돌보기 같은 집안일을 도와주는 사람이 실제로 일하지 못해도 여력이 있으면 계속 월급(전체 혹은 일부라도)을 주어야 한다. 위기 상황에서는 경제적 여유가 있는 쪽에서 먼저 나서서 여유가 없고 돈이 필요한 사람에게 돈을 주어야 한다.

인간 먹이사슬의 최고점에 있는 제프 베조스나 억만장자 영화 제작자 데이비드 게펜 같이 부를 소유한 사람은 다른 사람을 도울 책임이 가장 크다. 그런데 코로나19 사태가 발생하고 보니 현실은 그렇지 않았다. 위기 사태 초반 아마존에서는 당사 직원들을 위한 기금 마련을 위해 고펀드미 GoFundME(개인의 사정을 올리고 후원을 받는 온라인 기부 플랫폼 - 옮긴이) 캠페인을 시작했고,[10] 베조스가 호주 산불 사태에 내놓은 69만 달러만큼 돈이 모였다. 우선 계산해보면 베조스는 개인 재산으로 최저 임금을 받는 직원 25만 명의 월급을 충당하고도 1,750억 달러(약 217조 원 - 옮긴이) 정도가 남는다. 전 세계에서 가장 부자인 사람에게는 자신이 고용한 직원 수십만 명이 피해를 볼

---

10 아마존이 진정 대중에게 기부를 호소할 의도가 있었던 것인지 조금 혼란스럽다. 아마존은 이 캠페인에 2,500만 달러(약 300억 원 - 옮긴이)를 지원했고 나중에 대변인은 대중의 기부를 바란 게 아니었다고 부인했다. 여기서 한 가지 궁금한 점, 그럼 애초에 고펀드미 캠페인을 왜 시작한 것일까?

위기에 처한 상황에서 '개를 산책시키는 사람에게 계속 월급을 주는' 정도보다 훨씬 막대한 책임이 부과된다. 게펜 역시 뒤지지 않고 인스타그램에 5억 9,000만 달러(약 7,300억 원 - 옮긴이)짜리 요트로 그레나딘제도Grenadines를 평화롭게 항해하는 사진과 함께 전혀 역설적이지 않게도 사회적 거리두기의 중요성을 두고 코멘트를 달았다. 여기에 부정적 의견이 불거지자 게펜은 재빨리 계정을 비공개로 바꾸었고 그 이후 이 글을 쓰는 시점까지 아무런 소식도 듣지 못했다.

사실 나는 게펜에 관해 피터 싱어만큼 강경한 입장은 아니다. 그가 도덕적으로 요트를 팔아 그 돈을 기부해야 한다고 주장할 생각도 없다. 그러나 수십, 수백억 달러를 소유한 사람이라면 전 세계 모든 사람의 목숨을 위협하는 전염병이 세상을 휩쓰는 동안 보통사람보다는 훨씬 많은 책임을 통감해야 한다고 본다. 또 그럴 돈이 있으면 SNS 관리자를 고용하길 추천한다. 미국인의 실업률이 최고치를 기록한 그 주에 그가 굳이 5억 9,000만 달러짜리 요트 사진을 올리려는 순간 전화기를 빼앗아 대양으로 던져줄 누군가라도 있었으면 좋았을 텐데.

현대 사회에서 가장 울화통 터지는 실수: 선의로 망치기

싱어가 어깨를 툭툭 쳐주면 어딘가에 시간과 돈을 쓸 때 그 자원을 더 의미 있는 일에 쓸 수 있지 않을까. 그렇지만 생각지 못한 돌

부리를 또 만날 때가 있다. 더 좋은 세상을 만드는 데 돈을 써야겠다는 생각 없이 소비하는 것만 문제가 아니다. 실제로 선행을 하려 해도(결국 싱어의 말을 듣고 말았다!), 책 초반부에서 말한 것처럼 선의로 선행을 하려고 찾아다녀도 세상이 뜻대로 안 될 때가 있다.

나는 2004년 로스앤젤레스로 이사와 내 생애 첫 자동차를 구매했다. 중간 크기 세단을 골랐고 꽤 비쌌지만 멋지고 안전 등급도 높았다. 한데 석 달 정도 지나자 그 차가 싫어졌다. 차가 별로였던 것은 아니다. 차는 좋았지만 로스앤젤레스에서 운전하는 것 자체가 끔찍한 일이라 어떤 차를 운전하든 마찬가지고 지금도 그렇다. 기름을 너무 많이 먹는다는 점이 싫었다. 자동차 내연 기관이 환경에 얼마나 부정적 영향을 미치는지 떠들고 다닌 사람으로서 7km/L 연비의 차를 운전하는 것이 위선적으로 느껴졌다.

그래서 할부 기간이 끝나자마자 당시 가장 연비가 좋던 도요타 프리우스로 바꿨는데 평균 연비가 16~21km/L였다. 이 정도면 훨씬 낫다! 좀 덜 위선자가 된 기분이었다. 한 친구가 프리우스의 하이브리드 배터리 제조 방식이 지금은 기억나지 않는 이유로 인해 전체적으로 보면 일반 휘발유 자동차보다 환경에 더 해롭다고 말해주기 전까지는 그랬다(배터리에 들어가는 화학 물질이 어쩌고저쩌고 해서 지하수로 어찌저찌 흘러 들어가 어쩌고저쩌고). 그게 사실인지 조사해보던 중 당시 시장에 선보인 전기자동차 기사를 읽었고 다음에는 전기자동차를 사야겠다고 결심했다…. 전기자동차가 왜 환경에 더 안 좋은지 매우 거슬리는 기사를 발견하기 전까지는 그랬다. 캘리포니아주에서 사용하는 전기는 대부분 여전히 석탄 연소 발전소에서 만든다는 내용이었다.[11] 자동차에 태양광판을 달고 다니지 않는 한 전기자동차를 타면 환경에 더 해를 끼친다는 것을 알고는 깜짝 놀란 나머지 거의 공황발작이 와 바닥에 드러누워 이마에 냉찜질을 해야 했다.

다시 윤리적 피로감 이야기로 돌아온다.[12] 이것은 새로운 종류로 기존의 윤리적 피로감[13]보다 더 악성이다. 그전보다 더 잘했는데도 벌을 받는 상황이라니. 나 때문에 다 망쳤다고 뭐라 하는 사람들까지 있으니 최악이다. 어떻게 그런 사람을 국회의원으로 뽑지? 그 사람이 이라크 전쟁 찬성한 것 모르니?! 이 키친타월을 샀어? 이 회사 강물 오염 주범이잖아! 이렇게 시작해 어떻게 그런 영화를 볼 수 있어? 어떻게 이걸 먹을 수 있지? 그 나라로 여행을 갔다고? 이 브랜드 백파이프를 연주한다고?[14] 하면서 세상을 위한 좋은 결정을 내렸다고 생각할 때마다, 철저히 조사했고 정말 최선을 선택했다고 느낄 때마다, 누군가는 그 결정을 내린 나도 문제의 일부라는 내용

---

11 이때는 아직 2000년대 중반이었다. 현재 캘리포니아에서 사용하는 에너지의 3분의 1은 신재생 에너지원에서 나오며 2045년까지 100퍼센트 청정에너지로 대체할 예정이다.

12 이거 분명히 유행한다. 느낌이 온다.

13 내가 맞았다! 계속 나올 말이다!

14 백파이프 제조사 한 군데가 다른 곳보다 사회적으로 덜 바람직해야 가능한 상황이다.

의 기사를 쓴다. 그뿐 아니라 짜증 나게도 친구와 가족, 친절한 온라인 지인까지도 신나서 내 잘못을 들춰내 지적한다. 피넛버터에 잼 바른 샌드위치 좋아하는구나? 맛있겠네. 그 이기적인 네 점심 메뉴 때문에 땅콩 알레르기로 고통받고 실제로 죽을 수도 있는 어린이 1,000만 명은 상관없나 보네. #어떻게이럴수가 #모두를위한땅콩정의 #현명한엄마는삶을선택한다.

이러한 윤리 딜레마는 우리 세대에게 특히 두드러진다. 마음만 먹으면 손쉽게 어떤 정보든 구할 수 있는 시대라서 의도치 않게 나쁜 결정을 내리면 죄책감을(아니면 망신을) 피할 길이 없다. 기원전 340년에는 개인의 선택이 야생생물 생태계에 미치는 해로운 영향을 아무도 몰랐다. 지금은 모든 것을 알고 있다. 설사 모르는 게 있어도 어딘가에서 잘 아는(최소한 아는척하는) 수많은 사람이 나타나 아주 친절하고도 철저하게 우리의 죄를 일깨워준다. 윤리 딜레마의 2단계 공격이라 할 수 있겠다. 윤리 딜레마를 해결하고자 시도한 행동이 의도치 않게 또 다른 윤리 딜레마를 불러오는 상황에 어떻게 대처해야 할까? 이거야말로 엄청나게 배배 꼬인 프레첼 같은 상황이다. 거의 아리스토텔레스가 '어떤 사람이 되어야 하는가' 접근법을 들고 와야 해결할 수 있지 않을까 싶다. 아리스토텔레스, 할 수 있는 모든 덕을 끌어모아 행동했어요. 그러고도 여전히 배를 걷어차일 가능성에 대체 얼마나 신경 써야 하나요?

음, 덕 윤리자라면 이렇게 말할 것 같다. 어떤 행동을 하면서 그 뒤에 따라올 예측할 수 없는 불운한 상황까지 걱정하다 보면 일종의 마비 상태에 빠지고 만다. 이는 행위의 잠재적 효과만 고려하고 또 고려하는 상태를 의미한다. 어떤 브랜드의 복숭아 캔을 살지 같은 간단한 결정을 내리는 일에서조차 이론상 가능한 나쁜 결과를 생각하게 될 것이다. 그렇다고 따라올 결과를 아예 걱정하지 않으면 무관심하고 냉담한 사람이 되는 쪽으로 기운다. 어떤 행동을 하면서 그 결과로 예상치 못한 잘못이 생길 수 있음을 전혀 고려하지 않으면 무엇을 하든 아예 상관하지 않을지도 모른다. 여기에도 중용이 존재한다. 그것을 찾아 가능한 한 철저하게 생각하되 좋은 의도에서 나온 행동이 예상치 않은 나쁜 결과를 냈을 때는 자신을 용서할 수 있어야 한다.

다른 사람에게는 화석 연료 사용을 줄이라고 하면서 정작 나는 휘발유 연비가 낮은 자동차를 모는 건 위선이라고 생각해 피하고자 했다. 내 말과 행동의 불일치가 불쾌하고 당황스러웠다. 위선은 역겨운 일이며 인간의 특징 중 가장 사람을 화나게 하는 것이기 때문이다(우리의 오랜 친구 주디스 슈클라는《일상의 악덕》에서 한 장章 전체를 할애해 위선을 이야기했다. 예상할 수 있듯 슈클라는 위선에 크게 개의치 않는다). 그러나 내 원래 위선(환경에 나쁘다는 것을 알면서도 차를 운전한 것)과 우발적 위선(연료를 많이 먹는 차보다 환경에 나은 차로 바꿨으나 다른 방식으로 해를 끼친 것) 사이에는 차이가 있다. 아리스토텔레스가 초창기 혼란과 죄책감의 물결을 헤쳐가도록 손을 내밀었다면 그다음은 내 선의를 감안하는 칸트식 접근 방법이 나머지 길을 인도한다.

이전 장에서 무임승차 닌자 뎁이 자신의 문제 행동을 인지해 오버톤 윈도를 더 나쁜 방향으로 넓히지 않기를 바란 것처럼 여기서도 자기 행동을 스스로 판단해야 한다. 펠리컨 서식지인 습지대를 보호하는 '미국 펠리컨 기금'에 50달러를 기부했다고 해보자. 이 사실을 안 친구 낸시가 소리를 지른다.

"이런 바보 같으니라고! '미국 펠리컨 기금'은 나쁜 곳이야! '펠리컨 구하기 미국 기금'에 기부했어야지. 거기가 유일하게 괜찮은 펠리컨 단체라는 걸 모르는 사람이 없는데!"

낸시, 일단 진정해. 침 튀잖아. 이건 진짜 실수라고. 나는 펠리컨을 구하려 했을 뿐이고 선의로 기부한 것이다. 실수했음을 안 순간 본능적으로 짜증 나서 두 손 두 발 다 들 수도 있다. 하지만 이게 엄청난 실수라는 걸 미리 알 길은 없다. 비슷비슷한 펠리컨 자선단체가 백만 군데 있고 일일이 다 조사해볼 만큼 시간이 남아돌지는 않는다![15] 이런 실수 좀 했다고(또는 망신을 당했다고) 자신에게 너무 짜증 내면 다시는 누구도 돕지 않을 수 있다. 좋은 일을 하고도 골치가 쑤시고 싶은 사람은 아무도 없다. 그보다는 설령 결과가 이상적이지 않더라도 자선단체에 기부하려 한 처음의 의도가 좋았다는 점에 집중하는 편이 낫다. 이제 칸트주의 세계관이 훨씬 매력적으로 보인

---

15 낸시가 좋은 의도로 그랬다는 것은 알지만 솔직히 낸시는 최악이다. 정말 끝이다.

다. 프리우스를 사고, 자선단체에 기부해 칸트의 준칙에 적극 따르려 했을 뿐이다. 가능할 때마다 다른 사람을 돕고 세상을 더 나은 곳으로 만들며, 사회 문제를 해결하기 위해 할 수 있는 것을 하라는 보편 준칙을 따르고자 하는 의무감에서 나온 선한 행동이었다. 설사 나중에 엉망진창인 결과에 휘청이더라도 여기서는 심지어 뭐 틀린 것 없나 코를 킁킁대고 다니는 불쾌한 잘난척쟁이가 칸트조차 잘못한 게 없다고 해주리라. 더 잘하려 했지만 실패했다. 다음번에는 더 나아지려 할 것이다. 낸시와 보내는 시간도 좀 줄이는 게 좋겠다. 낸시는 좀 심하다.

다시 시도하라. 그리고 다시 실패하라. 더 잘 실패하라.[16] 이것이 우리가 할 수 있는 최선이다. 물론 이것을 받아들여도 이렇게 사는 것은 썩 유쾌한 일이 아닐 수 있다. 자신의 결정을 주의 깊게 검토해볼수록 필연적으로 발견할 수밖에 없는 윤리적 딜레마를 무시하고 싶은 유혹은 더 커진다. 이 딜레마가 너무 복잡하고 성가신 나머지 원래 하던 대로 계속하는 편이 더 쉽겠다고(윤리적 용어로 '더 나쁘지 않겠다고') 결론지을 수도 있다.

… 하지만 그런 선택지가 있을까? 아마도?

---

16 책 첫 부분에서도 쓴 사뮈엘 베케트의 이 말은 아마 이처럼 고무적으로 쓰일 의도는 아니었을 거다. 이 말을 따온 산문시 〈워스트워드 호 Worstward Ho〉는 암담하고 음울하고 절망적인 작품이다. 사뮈엘 베케트의 작품이니 당연하다. 그래도 나는 언제나 그의 유쾌하리만큼 암울한 산문에서 이상한 낙관주의를 느낀다. 이 순서로 배치한 세 문장에서 어떤 종류의 희망을 찾기 바란다.

10장

좋은 이름, 나쁜 이름

윤리적으로 문제 있는 샌드위치.
하지만 맛있다. 계속 먹어도 될까

2012년 여름 패스트푸드 체인 칙필레Chick-fil-A의 CEO 댄 케이시가 라디오 프로그램 〈켄 콜먼 쇼The Ken Coleman Show〉에 나와 동성결혼에 반대한다고 말했다. 이 논쟁에서는 '치킨샌드위치 프랜차이즈 사장'의 관점이 필요했다고 한다. 그 프로그램에서 케이시는 이렇게 말했다.

우리가 신을 향해 주먹을 휘두르며 "결혼이 무엇인지는 신보다 내가 더 잘 안다"라고 말할 때, 이 나라 국민은 신의 심판을 받을 것이라고 생각한다. 참으로 거만하고 오만한 태도로 결혼을 정의할 수 있다고 믿는 뻔뻔한 우리 세대에게 신의 자비가 있기를 기도한다.

이후 어떤 일이 일어났는지는 자세히 기억나지 않아도 쉽게 추측할 수 있으리라. LGBTQ+ 그룹에서 불매운동을 시작했다. 반면 동성결혼에 반대하는 정치인과 그 지지자들은 자랑스럽게 칙필레 샌드위치를 먹는 사진을 포스팅했다. 모두가 아우성치기 시작했다.

당시 나는 TV 시리즈 〈팍스 앤 레크리에이션〉 작업 중이었고 작가실은 분기탱천해 반기를 들었다.[1] 사실 나는 그때까지 칙필레 샌드위치를 먹어본 적이 없었다. 그래도 누구나 원하는 사람과 결혼할 수 있다는 인간의 기본적인 자유(헌법도 보장하는)에 반대하는 소식을 지지할 마음이 없었기에 앞으로도 먹지 않으리라고 쉽게 단정했다. 그때 몇몇 작가가 망설임 없이 칙필레에 계속 갈 거라고 말했을 때 내가 얼마나 충격을 받았을지 상상할 수 있을 것이다. 왜 그런지 묻자 몇 가지 이유가 나왔다.

- 칙필레에 가지 않아도 실제로 달라지는 것은 없다. 치킨 주문 하나로 기업 수익이 달라지는 것은 아니다.
- 칙필레 치킨샌드위치는 정말 맛있다.
- 거기에 가지 않으면 칙필레에서 일하는 직원들만 피해를 본다. 영업이 막혀 직장을 잃을 수도 있다. 그러면 실제로는 그 직원들을 상대로 불매운동을 하는 셈이다.
- 칙필레 치킨샌드위치는 놀랍도록 맛있다.
- 다른 패스트푸드 기업 CEO도 모두 정치·사회적 문제에 비슷할 텐데 선을 어디에 그어야 하는가?
- 칙필레 샌드위치에 들어 있는 피클은 정말 장난이 아니다.

---

1 작가실은 대부분(전부는 아니다) 정치적으로 진보주의 성향을 보인다.

놀라웠다. 그중에는 LGBTQ+ 권리를 핵심 가치로 삼는 가까운 친구들도 있었다. 그런데 고작 치킨샌드위치 때문에…, 그 간단한 저항 행위를 포기하겠다고? 우리는 몇 시간 동안 논쟁했으나 결론을 내지 못했다. 논쟁 반대자들이 내 말의 요점을 인정하면서도 계속 어깨를 으쓱하며 그래도 패스트푸드 습관은 바꾸지 않겠다고 하는데 그야말로 끝없는 황당함을 느꼈다. 나도 그렇지 않느냐며 미친 듯이 몰아세우기도 했다. 나 역시 완벽하지 않다는 점을 꼬집기 위해 내가 애용하는 가게와 좋아하는 예술가 이름을 대기도 했다. 당연히 인정할 부분이 있었고 '흐음, 그 말도 맞지. 칙필레에서 샌드위치를 사는 것이 그렇게까지 큰일은 아닐지도 모르겠군. 내가 좀 예민한 것일까?' 하는 생각을 하기에 이르렀다.

이 논쟁은 우리 시대의 윤리 쟁점에서 가장 골칫거리 사안 중 하나를 보여준다. 우리가 좋아하는 것과 그것을 만든 사람을 분리할 수 있을까? 그리고 꼭 분리해야 할까?

짧고 재미있는 도덕적 서프라이즈 하나: 우리가 사랑하는 것은 모두 나쁘다!

우리 모두에게는 문제가 있는 개인적인 기호가 꽤 있다. 나는 프로미식축구팀 캔자스시티 치프스Kansas City Chiefs, 프로야구팀 애틀랜타 브레이브스Atlanta Braves, 대학미식축구팀 플로리다 스테이트 세미놀스Florida State Seminoles와 그 밖에 아메리카 원주민에게 모욕적인 복장의 마스코트로 알려진 여러 스포츠팀의 광팬이다. 가정 폭력을 저질렀거나 정치적 관점이 역겨우며, 경기력 향상을 위해 금지된 약물을 복용하거나 다른 방법으로 사람들을 속이는 선수를 응원한다. 우디 앨런·로만 폴란스키·브렛 래트너가 만들고, 레슬리 문베스·스콧 루딘·하비 와인스타인이 제작하고, 숀 펜·제임스 우즈·멜 깁슨·찰리 쉰이 출연한 영화를 보고 좋아한다. 마이클 잭슨과 에릭 클랩튼, R. 켈리, 플라시도 도밍고의 음악을 듣는다. 적극적인 팬이 되기에 문제가 될만한 사람이나 그들의 행동을 최소한 한 가지라도 들어본 적 없다면 지난 20년간 인터넷을 보지 않은 운둔자일 것이다.[2] 자, 우리 친구 '윤리적 피로감'[3]이 또 다른 재미있는 형태로 새롭게 등장할 때다. 어떻게 행동할지 늘 생각해야 하는 것만으로도 충분히 힘든데 이제 좋아하는 것까지 책임져야 하는 것인가?

사실 이 문제는 오랫동안 있어 온 것이지만 최근에야 관심을 끌

---

2 역사상 얼마나 많은 유명인과 성공한 사람에게 심각한 문제가 있었는지 알게 되면서 끝없이 충격받고 있다. 이 책을 편집하는 동안 기록적인 자선사업가 빌 게이츠는 직장 내 괴롭힘으로 기소되었고 제프리 엡스타인과도 이전에 알려진 것보다 훨씬 많은 시간을 함께 보냈다고 한다. 그리고 바로 오늘 아내와 함께 거트루드 스타인에 관한 팟캐스트를 듣다가 피카소와 헤밍웨이의 초기 후원자이자 20세기 초 파리 예술계의 대모였고 소설가이자 시인이고 페미니스트이자 동성애의 아이콘인 그녀가 나치가 프랑스를 점령한 동안 비시Vichy 정권(나치 독일과 정전협정을 맺은 도시 비시에 주재한 프랑스의 친독일 정부-옮긴이)에 협조해 나치 부역자 페탱Pétain 원수의 반유대주의 연설문을 영어로 번역하기까지 했다는 사실을 알게 되었다. 맙소사, 말도 안 된다. 거트루드 스타인이?

3 이 용어가 또 나왔다. 아주 많은 사람이 쓰는 것 같다. 이제 이 용어가 문화 전반에 얼마나 깊숙이 파고들었는지 누군가가 기사를 쓸 때다.

기 시작했다. 사회 정의 담론 증가와 SNS상의 폭로가 늘어나고 여성을 공격하거나 다른 문화를 핼러윈 의상으로 이용하면 안 된다는 의식이 불거지면서 사람들의 나쁜 행동은 더 많이 노출되었다. 동시에 우리가 보고 듣고 응원하는 것에 책임감을 느끼도록 요구받고 있다. 그러나 여기에는 문제가 있다. 위대한 예술을 만들고 좋은 노래를 부르고 월드시리즈에서 멋진 홈런을 친, 우리가 사랑하는 그들에게 도덕적 문제가 있다는 점만 문제가 되는 게 아니다. 진짜 문제는 그들이 우리가 사랑하는 사람들이라는 점이다. 우리는 그들의 예술과 성취를 보며 자기 정체성을 형성했고 부모나 친구와의 유대를 다졌으며 어린 시절을 함께 보냈다. 우리는 그들을 사랑한다. 지방에서 온 웬 멍청이가 라디오 쇼에서 동성애 혐오를 트림하듯 뱉어내도 치킨샌드위치를 끊을 수 없기도 하다. 그럼 우리가 가장 좋아하는 가수나 배우, 스포츠 영웅이 지독한 짓을 저질렀다는 뉴스를 들으면 어떨까? 자기 정체성을 형성한 문화의 일부인 그들과 정서적으로 얽혀 있어 그들과 분리되는 것은 고통스러운 일이다. 몸에 박힌 파편을 제거하는 것이 아닌 아예 팔다리를 절단하는 것과 같다. 혹은 전에 사용한 비유를 확장하자면 끊어야 할 것은 맛있는 치킨샌드위치가 아니라 그것을 만든 내 가장 친한 친구 요리사다.

이 딜레마는 두 가지 범주로 나눌 수 있다. 하나는 '우리가 사랑하는 나쁜 것, 그렇지만 나아질 가능성이 있는 것'이다. 한때 워싱턴 레X스킨스라는 이름으로 불린 미식축구팀의 비열하고 끔찍한 이야기를 예로 들어보겠다(참고: 실제 욕을 사용한 기사를 인용할 예정인데 의미를 명확히 하기 위해 원문 그대로 쓸 테니 그 점에 유의할 것).

시나리오 1: 표범은 자신의 얼룩을 바꿀 수 있지만 바꾸지 않는다

미식축구팀 워싱턴 커맨더스 구단주 다니엘 스나이더는 1999년 구단을 매입했고 이 글을 쓰는 현재까지 149-202-1의 기록을 보유하고 있다. 스나이더가 바보 천치(가볍게 이 표현을 쓰는 게 아니다)라서 참 문제가 많은 팀이다. 당시 이름이 레드스킨스였던 팀을 사들인 스나이더가 이후 멍청한 짓을 많이 해서 2010년 데이브 맥케나 기자가 〈워싱턴 시티 페이퍼〉에 '성질 더러운 레드스킨스 팬을 위한 스나이더 가이드'라는 글을 기고해 그동안 스나이더가 한 어리석고 불쾌하고 생각 없는 짓을 한 자 한 자 나열했을 정도다. 리스트는 처참했고 자세했다. 그걸 본 스나이더는 자기 행동을 돌아보고 더 나아지기 위해 반성하기는커녕 〈워싱턴 시티 페이퍼〉를 명예훼손으로 고소했고 200만 달러(약 25억 원-옮긴이)의 손해배상을 청구했다. 전형적으로 멍청한 짓이다.[4]

대놓고 인종차별 의미를 드러내는 팀 이름[5] 논쟁은 스나이더가

---

4 이후로도 스나이더는 어리석고/거나 불쾌하고/거나 생각 없는 짓을 계속했나. 맥케나가 지금 그 기사를 썼다면 한 글자 한 글자가 모두 5대 영화상을 휩쓸었을 것이다.

구단을 매입하기 전부터 있었던 오래 묵은 것이지만, 20년이 넘게 그 바보 천치가 관리했으니 어떻게 되었을지는 안 봐도 상상할 수 있으리라. 2013년 아메리카 원주민 그룹은 팀 이름이 모욕적이라는 지극히 합당한 요구를 했으나 스나이더는 이렇게 대꾸했다.

팀 이름은 절대 바꾸지 않을 것이다. 평생 레드스킨스의 팬으로서, (원문) 레드스킨스 팬들은 위대한 전통을 이해할 테고 이 이름이 무엇인지 무슨 뜻인지 알 것이므로 우리는 다음 시즌을 위한 준비에나 박차를 가할 것이다. 이름은 절대 바꾸지 않는다. 간단하다. 결단코! 대문자로 써도 된다.[6]

이 말에서 몇 가지 지점이 무척 거슬린다. 문법과 문장 구조도 엉망이지만 더 중요한 부분은 변명 내용에 있다. 전통이다! 언제나 이

---

5 스나이더는 여러 번 그 이름이 인종차별과 상관없고 오히려 원주민 문화를 찬양하는 것이라고 주장한 바 있다. 제러미 벤담의 말마따나 귀신 씻나락 까먹는 소리다. 〈워싱턴 포스트〉가 이 단어의 역사를 인용한 내용이다. "1863: 〈위노나 데일리 리퍼블리칸(미네소타주 판)〉에서 단어 '레드스킨'에 경멸적 의미를 담아 사용한 발표를 다뤘다. '주 당국은 사망한 원주민 보상금을 연옥(천당과 지옥의 중간 장소. 세상에서 용서받지 못한 죄를 씻는 곳—옮긴이)으로 간 레드스킨 하나당 200달러로 인상했다. 이 금액은 레드강 동쪽에서 죽은 모든 원주민의 목숨값보다 높은 금액이다.'

6 스나이더는 2013년 자신의 팬에게 편지를 써서 이 이름이 괜찮다는 것을 증명하고자 여러 조사 결과와 개인 경험을 나열했다. 그 편지에 스나이더는 이렇게 썼다. "81년이 지난 '레드스킨스'라는 팀명은 모든 추억과 더불어 우리가 어디서 왔는지, 지금 우리가 누구인지, 앞으로 무엇이 되고 싶은지 담고 있다." 다른 말로 하면 그냥 '언제나 이래왔다'는 것이다. 이 부분은 곧 더 이야기한다.

래왔고 바꿀 수 없다. '언제나 이래왔다'는 더 이상 할 말이 없을 때 마지막에 나오는, 그러니까 진정 무식에서 나오는 방패다. 무언가를 해온 시간 자체가 그것을 계속할 좋은 이유는 아니다. 이전의 관례와 선례에만 매달려 그것이 빚어낸 결과를 두고 비판적 사고를 하지 않는 것은 앞으로 나아가려는 생각과 더 나은 사람이 되는 길에 엿을 먹이는 행위다.[7] 더 나은 사람이 되고자 적극 시도하지 않는 것보다 더 최악은 시도하지 않고 정체된 것을 미덕으로 본다는 점이다. 누구에게도 이롭지 않은 선택이다.

스나이더는 관점을 바꿀 수도 있었지만 그렇게 하길 원하지 않았다. 그가 힘과 영향력이 있는 사람이 아니면 사실 별 문제는 아니다. 그랬다면 그냥 거실에서 TV나 들여다보는 별난 얼간이 정도로 끝났을 것이다. 그에게 힘과 영향력이 있다 보니 그는 팀 이름에 문제가 있다고 생각하는 사람들의 길을 막는 존재가 되고 말았다. 스나이더의 입장은 팀 이름을 바꾸길 바라는 워싱턴 팬에게 큰 고뇌를 안겨주었다. 그들은 팬덤과 신념 사이에서 어떻게 해야 할지 결정해야 했다. 좋아하는 치킨샌드위치와 세상의 정의 · 미덕이 충돌하는데 그 문제를 해결해줄 수 있는 유일한 사람이 스나이더다. 그런데 그가 언제나 이래왔다는 이유로 팀 이름을 절대 바꾸지 않겠다고 반항

---

7 윌리엄 제임스가 실용주의를 주장한 이유 중 큰 부분이다. 그는 이전부터의 믿음에 안주하지 않고 더 새롭고 전보다 나은 사실에 기반한 믿음으로 옮겨갈 다리를 만들려고 했다. 그것이 사람들에게 이로울 거라고 했다.

적으로 선언한 순간 스나이더의 문제는 그들의 문제가 되었다.

조던 K. 응구바네Jordan K. Ngubane는《인종차별 정책에 관한 아프리카 사람의 설명An African Explains Apartheid》(1963)에서 사람들이 그런 입장을 취하는 이유를 잘 설명하고 있다. 그는 남아프리카공화국에서 인종차별 정책 아파르트헤이트를 향한 비판이 받아들여지지 않던 시기에 이 책을 썼다. 머리말에는 책을 출판하도록 도와준 친구와 동료에게 전하는 감사 인사가 있지만 혹시 처벌받을까 두려워 이름을 언급하지는 않는다(이것을 쓴 날짜는 1961년 8월 18일이라 기록하고 있는데 이는 투옥되어 거의 30년을 갇혀 지낸 넬슨 만델라가 갇힌 지 1년도 안 되었을 때였다). 이 책에서 응구바네는 아프리카에 사는 한 백인 민족주의자가 이전부터 이어져 온 도덕적 부패를 구실로 아파르트헤이트를 지지하는 이유를 아래와 같이 이야기한다.

그에게는 이것이 삶의 방식이자 자신을 위해 스스로 만들어낸 사회 질서이고 세계관이다. (…) 그에게 역사란 계속해서 펼쳐지는 경험으로, 그 역사의 타당성은 미래를 향한 안내자 역할에 있지 않고 정당화에 있다. (…) 그것을 수정하도록 요구받을 때 매우 당황한다. 그의 관점에서는 평등을 원하는 모든 외침이 그가 직접 자신을 위해 창조한 세계를 버려야 한다고 말하는 것과 같다.

'세상에 문제가 있다'라고 말하는 것은 '세상을 만드는 데 일조한 내게 문제가 있다'라고 말하는 것과 같다. 현재 세상을 만드는 데 깊이 관여한 사람들에게 변화란 지금 문제가 있는 이 현실을 만들거나 유지하고자 자신들이 내린 결정에 정면으로 맞서는 일이다. 이것이 꼭 아파르트헤이트처럼 거대한 사회 문제일 필요는 없다. 최근 LGBTQ+ 사회는 자신들을 지칭할 때 사용할 대명사를 요구했다. 누군가에게는 태어날 때 주어진 생리적 성별과 스스로 자각하는 성별이 같지 않기 때문이다. 또는 성별에 따라 대명사가 갈리는 사실 자체에 보이는 반감일 수도 있다. 예상하던 결과가 일어났다. 어떤 사람들은 여기에 신속히 적응해 기존 구조를 미세할 정도로만 흔드는 이 요구를 받아들였다. 그리고…, 그렇지 않은 사람들도 있었다. 고집을 꺾지 않았고 자그마한 변화도 거부했다. 오랫동안 한 가지 방식을 이어온 그들은 세상의 여러 형태 중 그 모습만 '이해'하며 그 세계를 조금이라도 바꾸려 하면 완고한 아집과 명백한 공포에 사로잡힌다.

그런 입장은 나머지 사람들에게 어떤 의미일까? 어떤 일을 두고 윤리적 쟁점이 불거졌을 때 힘 있는 사람이 당당하게 자신이 확실히 맞는다며 전부 대문자로 여지가 없음을 선언하는 상황에서 고민에 빠진 나머지 사람들이 할 수 있는 선택은 거의 없다. 이 문제를 이해하기 위해 워싱턴 미식축구팀의 팬일 필요는 없다. 우리에게는 모두 사랑하는 무엇…, 그리고 아주 조금만 변화하면 사랑하기가 더 수월할 무언가가 있기 때문이다. 세상 돌아가는 것을 좀 보고 받아들여

라. 힘 있는 쪽이 상대 여배우를 향해 시대를 역행하는 민망한 태도로 인터뷰에 임하는 나이 든 배우일 수도 있고, 노예를 소유했던 남부동맹 장군의 동상을 여전히 정원에 세워두는 대학일 수도 있으며, 매년 생일카드를 보낼 만큼 친절하지만 추수감사절에 멕시코인을 향한 문제투성이 사상을 아무렇지 않게 큰 소리로 말하는 당신의 이모 코니일 수도 있다. 우리에게 도덕적 번뇌를 안기는 표범들이 그무늬를 바꿀 수 없다면 우리도 우리만의 결정을 내려야 한다. 그들을 계속 응원할 것인가, 아니면 그들과의 감정적·재정적 고리를 끊을 것인가? 이 질문에 답하기 위해 지금까지 이야기한 윤리학 사상들을 스나이더의 행동에 적용해보자(혹시 스나이더의 행동에 말이 되는 부분이 있나 보자). 워싱턴팀을 응원하는 사람들의 행동이 도덕적으로 용인할 만한지도 살펴보자(문제를 간략화하고자 '우리가 사랑하는 나쁜 것, 그렇지만 나아질 가능성이 있는 것'에 해당하는 예를 워싱턴 미식축구팀에 한정하겠다).

우선 요약본으로 시작하자. 먼저 계약주의 논쟁부터 살펴보겠다. 박해받는 사람들을 대상으로 한 인종차별적 캐릭터를 팀의 마스코트로 삼는 것을 합리적으로 거부할 수 있는가? 물론이다. 쉬운 일이다. 스나이더가 계약주의 규칙 제정 모임에서 그런 제안을 했다가는 모두에게 웃음거리가 되었을 것이다. 특히나 방어한답시고 한다는 말이 "나는 어릴 때부터 이 팀의 팬이었고 지금은 구단주니 원하는 대로 할 수 있다"라면 더더욱. '우리가 서로에게 지는 의무는 무엇인가'라는 질문에는 무언가를 좋아한 시간의 양이나 부자와 권력자 같은 것을 위한 예외 조항이 없다. 스나이더는 4장에 나온 우리 친구 람보르기니 운전자 웨인이 했던 것과 비슷한 행동을 하고 있다. 자신의 부와 지위를 기반으로 오직 자기 자신(그와 비슷한 사람들도)에게만 해당하는 규칙을 제안한다. 더구나 더 부유하고 힘 있는 사람일수록 다른 사람에게 지는 의무가 더 많다는 점은 이미 논쟁을 마쳤다. 우리가 서로에게 지는 의무 규칙을 정할 때 더 큰 힘이 있는 사람은 희생의 무게 역시 남들보다 더 쉽게 감당할 수 있기 때문이다. 계약주의자라면 스나이더의 규칙을 거부할 테고 그 팀을 지지하는 일 역시 멈추라고 할 것이다.

의무론 역시 뭐, 더 관대하지는 않을 거다. 스나이더는 누구든 충분한 돈과 영향력이 있으면 그렇지 않은 사람들의 감정이나 필요 따위는 고려하지 않아도 되는 세상에 살 수 있다고 주장한다. 그것은 《동물농장》에서 돼지들이 만든 세상이며 조지 오웰이 사회를 운영하는 '안내서'로 《동물농장》을 쓴 것은 아닐 터다. 더욱이 아메리카 원주민의 이미지를 마음대로 가져다 마스코트로 삼는 것은 명백히 '목적을 위해 다른 사람을 수단으로 삼는' 행동이다. 칸트 역시 스나이더의 행동을 거부할 텐데 이 팀을 응원하는 것은 정언명령의 좌우 공식 둘 다[8]를 위배하는 일이다. 칸트는 일요일을 보낼 다른 방법을

---

8 (지친 한숨을 쉬며) 책 시작 부분의 질문지에 등장한 그 심술궂은 학자 타입 교수들과 충돌하

찾으라고 할 것이다.

이번에는 덕 윤리를 얘기해보자. 본질적으로 사람들을 분노케 하고 고통을 초래하는 사안에 얼마나 인정을 베풀어야 하는지 질문을 제기할 수 있다. 인정이 지나치면 도덕적 완결성이나 기본 근간, 뭐 그런 걸 잃고 만다. 그러면 안 그래도 확실한 것이 거의 없는 문화 속에 살면서 도덕적으로 계속 덜 복잡한 문제에만 매달리게 될 것이다(2023년에는 불가능한 꿈이긴 하겠지만). 반대로 인정이 부족하면…, 다니엘 스나이더가 된다. 다시 말해 마음의 문을 닫고, 반항적이고, 완고하고, 새로운 생각을 거부하고, 경직되고, 다른 사람의 정서 건강에 아무 관심이 없는 사람이 된다. 이 두 가지 극단 사이 어느 한 곳에 인정의 중용이 있다. 미식축구팀 이름 하나가 그토록 심각하고 불필요한 문제를 초래한다는 점과 그 이름을 바꾸는 것이 어렵지 않은 문제라는 점을 생각하면 스나이더는 타인 배려심이 부족해 보인다. 시소가 고장 난 것이다. 그리고 그가 혼자서도 팀 이름을 쉽게 바꿀 수 있다는 점을 고려하면 그 팀을 응원하는 것도 잘못된 일이다.

공리주의는 조금 모호하다. 스나이더가 팀 이름 바꾸기를 거절하는 것은 결과주의에 근간을 둘 수 있다. 팀 이름을 바꿀 때 이를 원

지 않으려면 정언명령에 세 가지 공식이 있다는 점을 짚고 넘어가야 한다. 앞서 칸트 이야기를 할 때 세 번째 공식은 말하지 않았다. 더 지친 한숨과 함께 덧붙이자면 칸트는 이상적 도덕 사회에 관한 《목적의 왕국 Kingdom of Ends》도 썼는데 일부 학자는 이것을 네 번째 공식으로 보기도 한다. 물론 개별 개념으로 보지 않는 학자도 많다. 칸트의 글이 얼마나 어려운지 잘 보여주는 대목이다. 전문가 역시 이놈의 정언명령에 대체 공식이 몇 개나 있는지 확실히 결정하지 못했다.

치 않는 워싱턴 팬들이 느낄 전체 고통이 팀 이름을 그대로 둘 때 원주민들이 느낄 고통보다 더 클 수 있다고 판단하는 것이다. 그럼 이 두 가지 고통은 비교가 가능한 것일까? 기억하겠지만 고통의 양은 두 가지 서로 다른 결과를 두고 고통을 느끼는 사람의 수를 말하는 게 아니다. 고통의 전체 양과 강도, 지속 정도 그리고 벤담의 귀여운 시에 나온 다른 네 가지 같은 것이 중요하다. 공리주의자에게는 백 명이 종이에 손을 베는 편이 한 사람이 야구 방망이에 무릎을 맞는 것보다 낫다. 결국 고통을 느끼는 사람의 수(이 경우 아메리카 원주민과 그 지지자들)가 쾌락을 느낄 사람의 수보다 적더라도 스나이더가 그 이름을 그대로 두면 전체 고통의 양은 훨씬 더 크다.

벤담이 제안한 추억의 혜돈·도울러 계산기를 이용해 스나이더가 팀명을 바꿨을 때 레X스킨스의 기존 팬들이 느낄 고통이 얼마나 깊고 지속적이며 강렬한지 알아내도 그들이 겪어야 할 일은 별것 아니고 진부한 것임을 기억해야 한다. 스포츠팀의 별명이나 유니폼, 로고는 항상 바뀌고 팬들은 금방 적응한다. 레X스킨스 역시 예전에는 보스턴 브레이브스(여전히 문제가 있는 이름이지만 레X스킨스보다는 낫다)였다. 세인트존스대학교 레X맨(꽤 직접적인 버전이다)은 1994년 레드 스톰Red Storm으로 이름을 바꿨다. 이걸 불평하는 말을 마지막으로 들은 게 언제인가? 다른 팀들이 이름과 로고를 바꾸지 않을 때나 가끔 입에 오를 뿐이다. '늘 이렇게 불러왔으니 바꿀 수 없다'가 이유인 경우 더욱더 그 결과가 터무니없는 예도 있다. 미니애폴리스 레이커스(미국 프로농구단 LA 레이커스의 전신으로 '미니애폴리스의 호수들'이라는 뜻이다 - 옮긴이)가 호수가 많은 미니애폴리스 지역에서 호수가 하나도 없는 곳으로 근거지를 옮기고도 이름이 'LA 레이커스'인 것은 말이 되지 않는다. '뉴올리언스 재즈'는 적절하지만 '유타 재즈'는 아닌 것처럼 말이다(유타는 볼 것 많은 아름다운 주이지만 재즈는 아니다[9]). 이름을 바꾸는 게 얼마나 흔한 일인지 생각하면 심지어 결과주의자도 스나이더의 결정이 틀렸다고 주장할 것이 뻔하다.

그러면 공리주의에서는 레X스킨스의 팬과 팬덤을 두고 뭐라고 할까? 이 팀을 계속 응원하면 얼마나 많은 '악'을 생성할까? '팀 응원'이 구체적으로 무엇을 의미하는지에 따라 다를 수 있다. 티켓이나 굿즈를 사는 데 돈을 쓰는가? 트위터에 올리거나 동영상을 포스팅해 인종차별적 로고를 온라인 세상에 퍼뜨리는가? 다른 사람이 볼 수 있는 공공장소에서 모자나 운동 경기용 셔츠를 착용하는가? 우리의 팬덤이 상대적으로 공개된 것이 아니면 그렇게 엄청난 결과주의적 '해악'을 끼치지는 않는다.[10] 그러나 이 역시 공리주의 행동

---

9 사실 덜 적절한 이름을 찾기가 더 힘들다. 애리조나 북극곰? 캔자스 산악인? 라스베이거스의 품격?

10 사실 공리주의자는 강자가 약자를 억압하는 것을 두고 또 다른 주장을 펼쳤다. 밀은 《공리주의》 원본에서 이렇게 썼다. "안전은 모든 사람에게 가장 중요한 관심사다. 그 외의 모든 세속적 혜택은 필요하면 기쁘게 잊을 수 있고 다른 것으로 대체 가능하다. 그러나 안전 없이 존재할 수 있는 인간은 없다. 안전은 악에서 도망칠 수 있게 해준다. (…) 다음 순간 곧 우리보다 강한 누군가에게 무엇이든 빼앗길 수 있다면 순간의 만족을 제외한 어떤 것도 가치 있게 느껴지지 않을 것이다." 공리주의의 기본 교리가 다수결주의의 횡포(51퍼센트가 나머지 49퍼센트를 억압할지라도

의 '도덕적 완결성' 문제로 다시 돌아간다. 집에 앉아 좋아하는 팀의 경기를 시청하는 것으로 작은 '악'을 생성한 것뿐인지도 모른다. 그 선택과 함께 살아가야 하는 존재는 결국 자기 자신이다. 버나드 윌리엄스의 말처럼 "우리는 타인의 행동보다 특히 자신의 행동에 책임을 져야 한다." 공리주의 계산법이 혼자 조용히 응원하는 것을 정당화해도 그것으로 선택 자체를 정당화할 수 있을지 의문이다. 여기서 자기 내면을 들여다볼 줄 알아야 하며 그 행동을 해도 정말 괜찮은지 자신에게 물어야 한다.

어쩌면 괜찮을지도 모른다.

지금까지 모든 선택지를 골고루 살펴보았다. 실천적 명령과 중용 원칙, 공리주의 계산법에다 자기 자신을 돌아보기까지 했다. 결국 중요한 것이 무엇인지 생각하면 워싱턴 미식축구팀이 없는 삶은 도저히 상상할 수 없다는 결론에 도달할지도 모른다. 워싱턴팀은 어린 시절 맛있게 먹던 나만의 수프에 이미 섞여 들어간 재료로 식탁에서 그 맛을 빼는 것은 불가능하다. 도덕적 '완결성'은 완전한 인간으로

[이론상] 51퍼센트의 행복과 49퍼센트의 고통이니 공리주의에 들어맞는다)를 옹호하는 수단으로 보일 수 있어서 무언가를 제시해야 했을법하다. 밀은 억압으로부터의 기본적인 안전이 다른 모든 것에 우선한다는 결론을 내렸다. 누구에게나 언제든 억압받는 상황에 놓일 수 있다는 두려움이 있으며 기본 자유가 없으면 다른 모든 것은 무의미하기 때문이다. 밀의 주장이 가치 없다는 것은 아니지만 (1) 많은 압제자에게는 해당하지 않으며(언젠가 억압받을지 모른다는 두려움이 전혀 없어 보인다) (2) 어떤 윤리 이론이 보기와 달리 실은 억압의 명분이 되지 않는다는 점을 굳이 설명해야 한다면, 그 윤리 이론에 무언가 잘못된 게 있다는 말일 수 있음을 지적해야겠다.

서 나는 어떤 사람인지, 내게 중요한 것이 무엇이고 지금의 나를 이루는 기본 바탕은 어떤 것인지라는 두 가지 면 모두를 해결한다. 이점을 스스로 잘 인식하고 있다면 그중 어느 것 하나의 완결성이 위협받아도 세상의 모든 윤리적 추론으로 무차별 공격을 받을 일은 없을 것이다. 그렇다면 어떻게 해야 하는 것일까?

잠시 정지 버튼을 누르고 딜레마의 두 번째 카테고리, 즉 '우리가 응원하지만 바뀔 수 없는 것'을 살펴볼 때까지 기다리길 바란다.

시나리오 2: 표범은 스스로 얼룩을 바꿀 수 없다. 그동안은 얼룩을 바꿀 일이 없었고 지금은 죽어버렸다

우리가 사랑하고 응원하는 것이 언제든 덜 인종차별적인 마스코트로 바뀔 수 있는 워싱턴 미식축구팀이 아니라면? 도덕적으로 고통스러운 것이 마이클 잭슨의 음악이나 로만 폴란스키의 영화, 토머스 제퍼슨의 글처럼 더 이상 바꿀 수 없는 역사 속 사실이라면 어떨까? 진정한 천재였지만 한편 '자유로운 남자'만 덕을 실현할 수 있다고 믿었으며 노예제 옹호에 많은 시간과 노력을 들인 아리스토텔레스의 지혜를 기반으로 책을 쓰고자 한다면?

열 살 때였나, 아파서 학교에 가지 않고 집에서 쉰 적이 있다. 그때 엄마는 우디 앨런의 영화 〈슬리퍼Sleeper〉를 틀어주었다. 계속 웃다 기침하기를 반복한 기억밖에 없다. 연달아 두 번을 보았다. 아빠는 앨런이 세 권의 코미디집과 창작집을 냈다고 알려주었고 나는

4일 만에 《우리가 살고 있는 이 쓰레기 같은 세상Side Effect》《되갚아 주기Getting Even》《깃털없이Without Feathers》 세 권을 전부 읽었다. 내 코미디 작가 커리어는 그 책들로부터 시작됐다고 확실히 말할 수 있다. 나는 우디 앨런의 유머 감각을 그냥 좋아한 정도가 아니었다. 그 것은 내 정체성의 중심이었다. 그러니 앨런이 (1) 무지막지하게 어린 의붓딸이나 다름없는 아이와 결혼하고 (2) 아동을 성적으로 학대 했다는 믿을만한 비난이 일어났을 때 내 머릿속이 어땠을지 상상할 수 있을 것이다.

솔직히 (1)번 같은 일이 일어나리라는 예상은 해야 했다. 앨런의 여러 영화와 글에 문제가 될법한 주제가 있었으니 말이다. 어린 여자에게 끌리는 나이 든 남자 이야기, 더 정확히는 토드가 '덜 믿을만 하게' 지적한 대로 훨씬 늙은 남자에게 불가사의하게 끌리는 어린 여자 이야기. 앨런은 영화 〈맨해튼Manhattan〉(1979)에서 마흔두 살 남 자 아이삭 역할을 맡아 마리엘 헤밍웨이Mariel Hemingway가 분한 트레 이시라는 열일곱 살 소녀와 연애한다. 현실에서 앨런은 마흔네 살이 었고 헤밍웨이는 열여섯 살이었다. 영화 속 트레이시는 고등학생이 었는데…, 현실에서도 그랬다. 인간의 나이로 열여섯 살이었으니 당 연하다. 트레이시와 아이삭이 센트럴 파크에서 키스하는 장면이 있 다. 헤밍웨이는 이때 난생처음 다른 사람과 키스했다고 한다. 헤밍 웨이의 회고록에 따르면 영화 촬영이 끝나고 2년 뒤 앨런이 아이다 호로 날아와 자신과 함께 파리로 도망치자고 설득했다고 한다. 헤밍

웨이가 앨런에게 끌리지 않고 방을 같이 쓰지 않겠다고 하자 앨런이 떠났다고 한다.

이런 행동을 두고 표현하는 말이 있다.

"역겹다."

'어린 여자에게 역겹게 구는 남자'라는 걸 앨런이 처음 만든 것은 아니다. 하지만 완성하기는 했다. 영화 속에서도 현실에서도. 영화 〈애니 홀Annie Hall〉에서 토니 로버츠Tony Roberts가 분한 롭은 앨런 자신이 연기한 알비 싱어(롭은 '맥스'라고 부른다)를 보석으로 교도소에서 빼낸다. 둘은 이런 대화를 나눈다.

> 롭: 전화 받고 정말 놀랐어, 맥스.
> 알비: 어, 타이밍이 별로였구나 싶더라고. 고함 소리 엄청나던데.
> 롭: 쌍둥이였어. 열여섯 살. 수학적 확률로 치면 어마어마하지.

보자…. 미성년자 의제강간(폭행, 협박이 없어도 미성년자와의 성관계를 법률에서 강간으로 처리하는 것-옮긴이)이고 두 명의 열여섯 살 자매는 근친상간도 저지른 것으로 보인다. 말도 안 되게 어이없는 일이다. 이런 말을 하는 것은 앨런의 역겨움을 드러내기 위해서라기보다 자신의 의심스러운 행동을 강조하기 위해서다. 나는 앨런이 이렇다는 것을 오래전부터 알고 있었다. 그것도 몇십 년간. 앨런의 영화 몇 편은 외울 정도다. 위에 나온 〈애니 홀〉 부분은 내 기억만으로 썼다. 백 번쯤 보고 또 봤다. 영화를 그렇게 보면서도 앨런이 남자와 여자를 그런 식으로 그린 것이… 괜찮은 일인지 나 자신에게 묻지 않았다. 1997년 예순두 살의 앨런은 자신의 전 파트너 미아 패로Mia Farrow가 입양해 기른 아이인 스물일곱 살의 순이 프레빈Soon-Yi Previn과 결혼했다. 앨런이 쉰여섯 살이고 프레빈은 스무 살이던 때부터 만나기 시작했다. 앨런과 프레빈이 사귀기 전까지는 둘이 특별히 가까운 사이가 아니었다고 한다(순이의 어린 시절 대부분의 시간 동안 패로와 앨런은 일반적인 연인 사이가 아니긴 했다). 두 사람 관계에서 중요한 시점은 순이가 11학년일 때 축구 연습을 하다 다친 것을 앨런이 도와주며 시작되었다.

이런 행동을 표현하는 말이 있다(배를 움켜쥔 채 고통으로 터져 나오는 신음을 할 것).

그러나 이들의 관계를 뉴스로 접했을 때 나는 고통으로 터져 나오는 신음을 하지 않았다. 대신 자신의 핵심 정체성에 도전하는 정보와 마주했을 때 많은 사람이 하는 행동을 했다.[11] 나는 쓸데없는 말로 포장하기 시작했다. 순이는 사실 앨런의 수양딸이 아니고 미아 패로가 입양한 딸이다. 그리고 영화는 픽션일 뿐이다. 더구나 어린

---

11 7장 주석에서 설명한 '역화 효과'를 다시 살펴봐야겠다. 자신의 핵심 정체성에 반하는 정보와 마주하면 더욱 고집을 부리게 되고 기존 편견을 더 강화한다. 팟캐스트 방송 〈You Are Not So Smart〉에서 소개한 브렌던 나이한Brendan Nyhan과 제이슨 레이플러Jason Reifler의 연구를 찾아보면 좋다. 그러나 까다롭고 복잡한 문제가 대부분 그렇듯 여기서도 역화 효과가 이들의 연구에서만큼 그리 강력한 건 아니라는 증거도 있다.

여자와 나이 든 남자라는 설정을 앨런이 처음 만든 것도 아니다! 등.
앨런의 글은 나만의 정체성 피자 위에 올라간 부드러운 치즈였다.
그것을 긁어내면 내가 코미디를 이해하는 바가 전과 같지 않을 터
였고 나 역시 전과 같을 수는 없을 것이었다. 몇 년이 지나도 상황
은 더 나빠질 뿐이었다. 딸 딜런Dylan이 앨런에게 성적 학대를 당했
다고 폭로한 것이다. 자세한 내용은 지저분하고 논란의 여지가 있
는데 어쨌든 이 문제를 담당한 판사는 앨런의 행동이 "역겹도록 부
적절하며 딜런을 보호하기 위한 조치를 취해야 한다"라고 판결했
다. 워싱턴 레X스킨스나 칙필레 사건과 달리 여기서는 고칠 수 있
는 게 없다. 스나이더는 그냥 팀 이름을 바꾸면 그만이다. 칙필레도
반LGBTQ+ 입장을 바꾸면 게임 끝이다. 각 도시가 인종차별주의자
경찰서장이나 동맹군 장성의 동상을 끌어내리면 문제는 해결된다.
하지만 나는 (1) 잘해야 위험하고 최악의 경우 혐오스러우며 (2) 이
미 되돌릴 수 없는 문제 행동을 한 이 사람을 창작자로서 숭배한다.
사랑하고 존경하는 사람 혹은 다른 어떤 것에 결코 바뀔 수 없는 흠
집이 있는데 인정하지 않거나 아니면 죽어서 인정할 수 없을 때(토
머스 제퍼슨의 노예제 옹호, JFK의 여성 편력과 성폭력 문제 같은) 바꿀 수
있는 것은 나 자신뿐이다. 그것은 고통이 따르는 일이다.

우리의 사상학파는 이것을 단호히 끊어내라고 할 것이다. 계약주
의는 '바꿀 수 있는 것' 버전과 완전히 같은 방식으로 무너진다. 처
음에는 우리에게 이미 있는 DVD를 튼다고 그 행동 때문에 엄청나

게 '상처'받을 사람이 없다면 우디 앨런 영화를 봐도 괜찮지 않을까 할 가능성이 있다. 앨런의 영화를 본 사실은 아무도 모를 테고 우리는 영화를 봐서 행복하다. 바로 이 점 때문에 때로 계약주의 주장이 틀린 것처럼 느껴진다. 인간 각자의 도덕적 완결성을 부정하니 말이다. 우리를 인간답게 만들어주는 그것은 동시에 인간성을 위험에 처하게 한다. 공리주의는 무언가를 사랑하는 것과 그 사랑에 따른 고통 같은 내적 갈등의 질문은 계산하지 않는다. 또한 다른 사람에게 '선하거나 악한' 어떤 영향을 미쳤는지와 전혀 상관없이 앨런의 영화를 보며 불쾌한 느낌이 들 수 있다(이 계산은 상황에 따라 달라지기도 한다. 가령 앨런의 영화에 돈을 대는 입장이면 이야기가 완전히 달라진다).

칸트의 순수이성은 우리를 설득한다. '독이 든 나무에서 나온 과일'(용서받을 수 없는 죄를 지은 예술가에게서 나온 예술)은 어떤 것도 취하지 않는다는 정언명령으로 이 상황을 정리할 수도 있다. 그렇지만 칸트주의의 순수이성으로도 모호한 점이 있다. '용서받을 수 없다'는 것은 무엇인가? 직접 범죄를 저지르지 않았고 단지 우리가 혐오하는 대통령 후보를 지지할 뿐인 배우는? 정언명령을 실행할 수 있는 상황일까? 혼란스러운 사례도 있다. 2006년 배우 멜 깁슨이 말리부 경찰에게 한 반유대주의에다 여성혐오적인 발언은 성폭력만큼 나쁜 것은 아니지만 당연히 잘한 일도 아니다. 멜 깁슨은 나중에 술을 끊고 잘못을 사과하긴 했다. 그렇긴 해도 2010년 여배우 위노나 라이더Winona Ryder가 밝힌 따끈따끈한 일화에 따르면 멜 깁슨이 라이더의 친구가 동성애자라는 것을 알고 같이 대화했으니 "나도 에이즈에 걸리려나?" 하고 물었다고 한다. 또 라이더가 유대인임을 알고 그는 라이더를 '오븐 다저oven dodger(나치 수용소의 화장터를 피해 살아남은 유대인을 비하하는 말-옮긴이)'라고 불렀다. 이럴 때는 어떻게 해야 하는 것일까? 하드코어 칸트주의자라면 앨런에게 한 것과 똑같이 깁슨도 냉대해야 하는 것일까?

이들 질문은 '무엇을 해야 하는 것인가'에 해당한다기보다 '어떤 사람이 되어야 하는가'를 묻는 것 같다. 이 모든 시나리오를 함께 묶어서 다룰 우산 같은 규칙을 찾기에는 '나쁜 행동' 버전이 너무 다양하다. 그럼 덕 윤리를 가져오자. 우리가 즐기는 영화와 TV 프로그램, 음악을 만드는 사람들의 도덕적 결함을 상관하지 않는 건 냉담하고 무감각한 일이다. 무엇보다 그들에게 잘못된 교훈을 준다. 하고 싶은 대로 아무 말이나 하고 원하는 대로 아무렇게나 행동해도 계속 돈과 인기를 얻으리라는 교훈이다. 반면 그 부분에 지나치게 매달린 나머지 과거를 감추는 누군가가 만든 것에는 한 푼도 쓰지 않겠다고 하는 것 역시… 음, 인간이 얼마나 많은 것을 감추고 있는지 생각하면 어떤 스포츠도 좋아할 수 없다. 어떤 음악도 들어서는 안 되며 스크린에 담긴 그 무엇도 영원히 볼 수 없다. 사려 깊고 배려심 많은 시민이자 소비자로서 엔터테인먼트를 소비할 때 도덕 요인을 고려하는 동시에 여유롭게 좋아하는 것을 즐기는 적당한 관심이라는 게 있을까? 있었으면 좋겠다.

'남은 치킨 너겟' 변명

　해답을 찾는 데 도움을 줄만한 유추법이 하나 있긴 하다. 10년 전 나는 채식주의자가 되었다.[12] 내게 채식을 하는 것은 매우 어려운 일이며 자주 위기에 봉착한다. 고기가 너무 맛있기 때문이다! 메뉴에서 '버터밀크 치킨'이나 '돼지갈비' 같은 단어를 읽다가 결국 고트치즈 샐러드를 시킬 때는 정말이지 실망스럽기 그지없다. 두 가지 이유로 채식주의자가 되기로 했다. 건강(콜레스테롤 수치가 항상 좋지 않았는데 채식은 콜레스테롤 수치를 낮춰준다)과 윤리(전반적으로 동물 처우가 좋지 않은 데다 착하고 귀여운 동물을 먹는 건 잘못된 일로 보인다. 고기 산업이 환경에 용서받지 못할 해악을 자행한다는 점도 알게 되었다). 이 논쟁의 절반인 '윤리'를 이야기하자면 내가 채식주의자가 된 큰 이유 중 하나는 상점이나 식당의 고기 구매량이 줄어들면 수요가 줄어 고기 생산이 감소할 것이기 때문이다. 그런데 만약 열 살짜리 딸 아이 비가 치킨 너겟을 좋아한다고 해보자. 치킨 너겟을 시켜놓고 다 먹지 않았다면 어떨까? 내가 남은 치킨을 먹어버리면 그 식당에 긍정적 의견을 전달할 수 없다. 물론 추가 치킨을 주문하지 않음으로써 꼭 필요한 치킨 양에 합산하는 수는 줄어든다. 그나저나 예를 든 상황이긴 하지만 지금 너겟이 엄청 맛있어 보인다. 맛있게 생긴 치킨

12　내가 고기를 먹은 역사를 시간순으로 분류하면 채식주의자가 된 것은 칙필레 사건 이후 얼마 지나지 않아서였다. 이 논쟁을 하고 있을 당시에는 칙필레 샌드위치가 여전히 선택지 중 하나였다.

너겟이 딸의 접시에 그냥 놓여 있다. 으으으…, 더구나 렌치드레싱까지 있는데 이걸 다 그냥 버린다고?! 미친 짓이다. 누군가는 먹어주어야 한다. 그런다고 해가 되는 것도 아니지 않은가?[13]

사실 아이비가 먹다 남은 치킨 너겟을 먹는 것은 확실히 내가 따로 주문하는 것만큼 나쁘지는 않다. 뭐, 여전히 고기를 먹는 것이므로 훌륭한 일은 아니지만 새로운 고기를 시키는 것보다는 낫다. 내가 말하고자 하는 건 정도에 차이가 있다는 거다. 그렇다면 오락과 여흥을 즐기는 데도 정도의 차이가 있지 않을까? 아까 말한 '옛날 영화를 DVD로 보는 것'처럼 말이다. 지난 20년간 소장해온 DVD로 〈애니 홀〉을 본다고 해서 우디 앨런에게 새로 돈이 들어가는 것은 아니다. 최신 영화 티켓을 사서 앨런의 주머니에 새로 돈을 넣는 것도 아니다. 물론 비난받아 마땅한 행동을 한 사람이 만든 작품을 보기로 한 결정을 자각하고 계속 생각해야 한다. 그러나 어린 시절에 큰 의미였고 내 삶과 작가로서의 경력에 직접 공헌한 영화라면 그 정도는 괜찮지 않을까?

더 나은 사람이 되려는 일에서 가장 중요한 부분은, 다시 말하지만 자기 행동이 선한지 악한지에 주의를 기울여 옳은 일을 하려고

---

13 역시 채식주의자인 토드의 충격적인 메시지: "나도 그랬다. 역도 선수인 큰아들이 햄버거를 먹기 때문이다. 아들이 다 먹지 않고 남긴 햄버거의 마지막 한두 입을 끝낸 정도가 아니고, 버리려고 싸서 쓰레기 위에 올려놓은 것을 까서 먹은 적도 있다. 자랑은 아니고, 그냥 그렇다고." 철학자들이라니…, 그냥 나랑 똑같잖아!

노력하는 것이다. 문제가 있는 사람 혹은 어떤 것을 지나치게 사랑한 나머지 거기에서 떨어질 수 없다면 동시에 아래 두 가지를 생각해야만 한다.

1. 나는 이것이 좋다.
2. 이것을 만든 사람은 문제가 많다.

1번을 잊으면 자기 자신의 한 조각을 잃고 만다. 2번을 생각하지 않으면 그것이 초래한 분노를 부정하는 셈이며 끔찍한 행동의 피해자에게 공감하지 못한다. 이 두 가지를 동시에 생각해야 한다. 그렇게 하면, 즉 문제가 있는 예술가의 작품을 소비할 때 변명하거나 못 본 체하지 말고 그들의 잘못된 행동과 정면으로 마주하면 어느 정도는 그것을 삶에 그냥 두어도 자신을 용서할 수 있다. 아무리 좋아해도 더는 소비할 수 없을 때가 오게 마련이다. 그 예술가의 행동이 참을 수 있는 정도를 넘어서서 너무 추하고 고약해 몰래라도 더 이상은 그를 지지하는 데 시간과 돈을 쓸 수 없을 때다. 그렇지만 무언가가 어쩔 도리 없을 만큼 내 정체성을 이루는 중요한 요소로 자리를 잡았고 그것이 없는 삶을 생각할 수 없다면, 위의 두 가지 개념을 동시에 잘 간직함으로써 그것과 내가 연결된 모든 끈을 잘라내는 고통 없이 여전히 자기 수양에 정진할 수 있을 것이다.

실질적으로 이것은 우리에게 어떤 의미일까? 이 문제를 어떻게 한 사람 한 사람이 매일 정면으로 마주하라는 것일까? 두 가지 상반된 생각을 동시에 갖고 있기만 하면 언제나 충분한 것일까? '문제가 되는' 정도에서 '반박 불가능한' 상태로 넘어가는 것을 어떻게 알 수 있을까?

이 문제에 해답은 없다. 철학을 논할 때 '휴리스틱heuristic'이라는 단어를 쓸 때가 있다. 휴리스틱은 문제를 제공해 해결책을 찾게 하는 일종의 도구로 행동 지침이 되는 경험적 지식을 의미한다(스캔론의 '합리적인 인간이면 거부할 수 없는 규칙' 역시 휴리스틱인데, 살짝 추상적이긴 해도 이론상 어떤 상황이든 받아들여 이 도구에 넣고 살펴본 후 어떻게 할지 결정하는 방식이다). '예술을 예술가에게서 분리할 수 있는가'라거나 '아기 기린 목을 조르면서 성적 쾌감을 느끼는 사람이 소유한 스포츠팀을 응원해도 될까'[14] 같은 질문에는 휴리스틱을 활용한 대답이 불가능하다. 이 모든 상황에 윤리 이론을 적용할 수 있고 또 그렇게 해야 하지만 어떤 때는 그저 행동해야 한다. 선택해야 한다. 삶에서 '이것'과 '이 사람'은 떨쳐내야 하지만 '저것'은 그냥 둬도 괜찮다고 하는 결정은 단지 우리 자신의 추론과 본능적 판단을 바탕으로 할 수밖에 없다. 이런 복잡한 문제를 피하고 싶어 하는 사람은 흔히 "어디다 선을 그어야 하지?" 하고 물으며 마치 사안의 모호함을 지

---

14 내가 아는 한 다니엘 스나이더는 성적 흥분을 위해 아기 기린의 목을 조르지는 않는다. 설사 다니엘 스나이더가 성적 흥분을 위해 아기 기린의 목을 조른다는 걸 알게 되어도 나는 고개를 끄덕이며 "그럴 줄 알았어"라고 할 것이다.

적하기만 하면 자세히 들여다보지 않아도 괜찮다는 듯 말한다. 코미디언 존 올리버John Oliver가 자주 하는 말마따나 "어딘가에" 그으면 된다. 어딘가에 선을 긋자. 사람마다 다른 위치에 선을 그을 수 있지만 각자 서로를 위해 선을 그어야 한다.

그 선을 긋는 순간 모순에 빠진 자신을 발견할 것이 분명하다. 두 예술가의 행동이 얼추 비슷한데도 이 사람은 계속 사랑하고 다른 사람은 떨쳐내는 탓이다. 당신 친구들은 방방 뛰고 웃으면서 왜 이 영화는 보면서 저 영화는 안 되는지, 왜 이 야구 선수는 응원하면서 저 선수는 비난하는지 지적해댈 것이다. 이러한 모순이 있을지라도 포기하거나 '전체적이고 분열되지 않은 존재로서의 감각'인 도덕적 완결성을 이뤄가는 작업을 그만두면 안 된다. 모순을 발견하면 되돌아가 더욱 파헤치고 다시 생각해볼 수 있다. 필요하면 처음 그은 선을 지우고 다른 곳에 선을 다시 그려야 한다. 우리 자신의 완결성 체계 안에서 일어나는 모순 덕분에 우리는 자기 신념과 윤리를 이해하고, 나 자신이 누구인지 진정한 결정을 내리도록 다시 한번 시도할 기회를 얻는다. 명확한 해답도 없고 경험으로도 알 수 없으며 실질적으로는 불가능한 이론상의 '올바른' 결정을 내려야 하는 그 순간이 바로 실패의 진정한 가치를 볼 수 있는 때다. 언젠가 스스로 맞불을 놓을 수밖에 없는 그런 결정을 내릴 것이다. 문제를 더 많이 곱씹고 더 많이 생각할수록 그로부터 더 많은 의미를 끌어낼 수 있다.

그리고 당연히 더 까다로운 질문이 기다리고 있다. 자기 행동을 제한하는 것 외에 내 도덕적 완결성에 맞지 않는 사람과 행동에 실제로 목소리를 내야 하는 때는 언제일까? 이 문제는 내가 전에 무턱대고 불공평하게 공개 망신을 준 사브 펜더 문제와는 다르다. 아리스토텔레스가 맞는다면 그러니까 화를 낼만한 대상에게 정당한 이유로 분출할 알맞은 양의 분노라는 게 존재한다면, 자신의 악행을 느낄 만큼 알맞은 양의 수치심이라는 게 있다면, 바로 지금이 아리스토텔레스가 말한 그 상황일 것이다. 늘 당신의 생일을 기억하는 유쾌한 코니 이모를 기억하는가? 보통은 참 좋은 사람이지만 멕시코인을 향해 문제점 많은 사상을 드러내는 그 이모 말이다. 코니 이모에게 맞서는 것은 어려운 일로 느껴진다. 가족과 대치하는 것은 생각만으로도 배가 아파오고 목소리가 떨린다. 그래서 보통은 쉬운 길을 택하고…, 결국 아무것도 하지 않는다.

나 역시 이런 잘못을 100만 번 정도 한 적 있다. 지금까지 살면서 수많은 사람이 내가 보기에 불쾌한 말과 행동을 했다. 그때마다 일을 크게 만들고 싶지 않아서, 어려운 대화를 시작하고 싶지 않아서, 논쟁을 피하고 싶어서 조용히 있었다(나는 갈등을 싫어하는 편이며 가끔은 이것이 부끄럽다).

오버톤 윈도는 전통 쪽에서 혁신으로 이어지는 연속선을 따라 이동하기 때문에 오래전에 모욕적이고 시대착오적인 것으로 밝혀진 생각에 계속 매달리는 나이 든 사람들과 끊임없이 갈등상태에 놓이고 만다. 때로는 과하게 거슬리는 현 상태를 비판하는 나이 어린 사람들과도 계속 부딪힌다. 어느 쪽이든 갈등과 직면하는 것은 어려운 일이다. 더구나 사람들이 무언가 일단 마음을 정하면 거의 바꾸지 않는다는 점을 고려하면 쓸데없는 일처럼 보이기도 한다. 내가 이러한 문제의 '해답'을 줄 수는 없어도 최소한 답이 아닌 것이 무엇인지는 확실히 말할 수 있다. 바로 아무것도 하지 않는 것이다.

주변을 충분히 돌보지 않고 감수성 결여를 지적하는 이들의 호소를 무시한 채 고집을 부리는 것은 누구에게도 이롭지 않다. 가까운 친구나 사랑하는 사람 혹은 그냥 아는 지인이 인종차별, 성차별, 모욕을 담은 발언을 하는 것에 침묵을 지키는 것도 마찬가지다. 개방과 개선에는 우리 자신과 다른 사람들을 위한 행동이 필요하다. 그러나 추수감사절 저녁을 먹는 중에 코니 이모가 멕시코인을 향해 인종차별 발언을 내뱉을 때 "참지 말고 말해!"라고 하는 것은 좀 심하게 폴리애나적Pollyannaish(엘리너 포터의 아동 문학《폴리애나》에서 유래한 용어로 지나치게 낙천적인 사람을 의미할 때 사용한다-옮긴이) 생각처럼 들릴 것이다. 그럼 그 대화가 어디로 흘러가겠는가? 그렇게 해서 좋을 건 뭐지? 이모는 어떻게 반응할 것인가? 그것 때문에 추수감사절을 망치지는 않을까? 코니 이모가 나랑 다시는 말도 안 하면 어떻게 하지? 누군가에게 망신을 주면 역화 효과가 일어나 더 고집을 부리며 원래 신념을 강화하는 것을 이미 보지 않았는가. 지금이라고 뭐가 다를까?

그렇지만 아리스토텔레스가 "수치심이 부족하거나 수치심을 전혀 느끼지 않는 사람은 명예를 모르는 사람이다"라고 하지 않았나. 코니 이모를 사랑하고 신경 쓴다면 이모가 무언가 부끄러운 말을 했을 때 조금이라도 수치심을 느끼게 해야 하지 않을까? 그래서 이모가 번영하도록 도와야 하지 않을까? 우리 역시 알맞은 상황에서 알맞은 양의 화를 표출하는 온화함의 중용을 발견해야 하지 않을까? 덕 윤리학자는 중용을 찾는 것이 쉽지 않음을 알고 있으며 우리에게 요구하는 게 무엇인지도 정확히 안다. 녹초가 되도록 노력하라는 것이다. 이것이 쉬운 일이었다면 지금쯤 누구나 번영을 만끽하고 있으리라. 추수감사절 저녁 중간에 일어서서 '이모는 구제 불능 인종차별주의자'라고 선언하지는 않더라도 나중에 이모를 따로 불러 그 관점이 왜 틀렸고 왜 누군가에게 상처를 줄지도 모르는지 설명할 수 있다. 이모가 그렇게 생각하는 원인을 살펴보고 그 근원을 찾아 이모가 마음을 바꾸도록 설득할 수도 있다. 이모가 그냥 의견을 말한 것뿐이라거나 농담이었다고 생각하는 동안 그런 말이 우리의 관계를 망칠 수 있고, 이모가 그런 말을 할 때 침묵을 지키면 그것이 우리의 완결성을 위협한다고 설명할 수도 있다. 무엇을 하든 마음속에 두 가지 상반된 생각이 동시에 있어야 한다.

이 사람을 사랑한다.

이 사람은 나를 화나게 한다.

이 두 가지 다른 생각에 중요도를 똑같이 부여해야 한다. 그리고 문제의 그 사람 역시 그렇게 하길 희망한다.

놀랍지 않게도 스나이더가 또 졌다

이 논쟁에 추가할 것이 있다. 드디어 레X스킨스가 이름을 바꿨다.

2020년 여름 경찰의 무자비함에 나라 전체가 들썩이고 '흑인 생명도 소중하다Black Lives Matter' 캠페인으로 인종 불평등이 중요한 사안으로 떠올랐을 때, 스나이더는 21세기 인류의 일원이 되기로 결정하고 팀 이름이 적절치 않다는 점에 동의했다. 더 나은 사람이 되려고 노력하면서 싫다는 사람에게 억지로 강요하는 것이 이상적인 행동은 아닐 수 있지만 아무것도 하지 않는 것보다는 낫다(팀 이름을 바꾸기로 결정한 지 얼마 지나지 않아 〈워싱턴 포스트〉가 팀의 수뇌부 경영진이 자행한 지저분한 성희롱 사태를 폭로해 팀 이름 변경 홍보를 망쳐버린 사실도 언급하자. 단지 우연의 일치였을 거라고 본다). 여러 면으로 굴곡진 멍청함 탓에 여기까지 오긴 했지만 그보다는 아메리카 원주민 그리고 그 어려운 싸움에서 승리를 거머쥔 동맹군의 안심과 행복에 초점을 맞추고 싶다. 이 사건은 앞에서도 여러 번 이야기한 시도에 쐐기를 박는다. 불과 몇 년 전 스나이더는 팀 이름을 결.단.코. 바꾸지 않겠다고 소리쳤다. 그렇지만 여러 사람이 계속해서 시도했다. 계속 졸랐고, 스나이더에게 조금은 망신을 주기도 했고, 끊임없이 논쟁했다. 서서히 오버톤 윈도가 움직였다. 다른 팀들이 이름을 바꾸었다.

사회 정의가 조금씩 앞으로 나아갔다. 드디어 한때는 오버톤 윈도의 범위 안에 들어가리라고 생각지도 못하던 것이 들어갔다.

어려운 일이었고, 이런 일은 전부 어렵다. 이러한 문제를 생각하는 것 자체가 피곤한 일이다. 특히 2,400년간의 철학 이론으로 무장하고도 여전히 확실한 해답을 찾지 못할 때는 더욱 그렇다. 이 순간이 오면 유혹의 목소리가 귓가를 간지럽힌다.

"상관하지 마! 좋은 사람이 되려고 그렇게 노력하지 않으면 삶이 훨씬 쉬워져. 더구나 불가능해 보일 때도 많잖아. 우리는 우주 공간 속 작은 바위 위의 한낱 먼지 같은 존재일 뿐이야. 이런 것들이 중요하기나 할까?"

그래서…, 이런 것들은 중요한 것일까?

11장

실존주의적 답변

윤리적 결정은 어렵다.
그냥…, 안 하면 안 될까

'실존주의'를 들어본 적 있을 것이다. 아마도 실존주의를 잘못 사용한 것을 들었을 가능성이 크다. 암담하거나 죽음을 다루거나. 그리고 유럽형 문헌은 대충 아무거나 '실존주의'라고 일컬을 위험이 있는데 대부분 틀렸다. '실존적'이라는 단어는 실제보다 있어 보이려하는 사람들이 좋아하는 것으로 이 단어를 쓸 때 사람들이 실제로의미하는 바는 훨씬 단순하다.

있어 보이려 하는 사람들이 쓰는 말	실제 의미
카프카적인	섬뜩한
초현실주의자	이상하게 생긴
역설적인	짜증 나는
실존적인	어둡고 슬프고 암울하고 절망적인
프로이트적인	남성 성기와 관련된
포스트모던적인	최근의
오웰적인	인종차별로 트위터에서 차단당한

이 단어를 오용하는 사람들을 비난할 수만은 없다. 그만큼 실존주의자들이 쓴 글은(20세기 중반 프랑스에서 일어난 철학·문학 흐름과 긴밀하게 관련이 있다) 이해하기 어렵기로 유명하다. 그런데 천 겹의 골루아즈 담배 연기와 프랑스식 고뇌 아래 묻힌 내용은 우리가 지금까지 논의한 것을 대부분 옆으로 밀어놓는다. 이는 극적인 방식으로 (암담한 것 맞다) 선한 사람이 될 것을 촉구하는 윤리적 결정의 새로운 관점이다.

장 폴 사르트르, 유명한 낙관주의자

실존주의는 재미있게 축약해서 말하면 이런 것을 믿는다. 인간 존재는 부조리하다. '초월적 존재'나 신은 없으며 존재한다는 사실을 넘어선 의미도 없다. 이 때문에 인간은 공포와 불안으로 가득 찬다. 이 사조의 전반적인 목표는(세세한 내용은 작가마다 다르긴 하지만) 부조리와 공포, 불안에 직면해 할 수 있는 것을 이해하는 일이다. 실존주의는 정점에 있을 때조차 큰 오해와 비판을 받았다. 1945년 10월 29일 프랑스 실존주의자 장 폴 사르트르Jean-Paul Sartre는 사실을 바로잡고자 파리에서 '실존주의는 인본주의다'라는 제목의 연설을 했다. 이 연설은 제목만으로도 사람들을 놀라게 할만했다. 인본주의라고? 이 친구가 자기 철학을 '낙관주의'에다 친인간적이라고 주장하고 있다?! 그렇다, 역사상 가장 심각하고 우울한 사람 중 하나인 장 폴 사르트르를 이야기하고 있다. 그는 자기 고양이 이름을 '무無'라

지었고 《구토》 《존재와 무》라는 책을 썼다. 《존재와 무》를 쓰고 나서 "왜 다들 나보고 우울하다고 하지?"라고 질문하는 것을 상상해 보자.

사르트르는 실존주의를 향한 오해를 바로잡고자 했다. 본질적으로는 사람들이 용어를 잘못 쓰는 것을 막고 싶어 했다.[1] 놀랍게도 사르트르는 메모 하나 없이 이 연설을 했는데 마치 변호사가 의뢰인을 대신해 최후 변론을 하는 것 같았다고 한다. 말 그대로 변호하는 듯했으나 그럴만한 이유가 있었다. 사르트르가 쓴 실존주의 글이 모두를 화나게 했기 때문이다. 아를레트 엘카임 사르트르Arlette Elkaim-Sartre(사르트르가 입양한 딸로 번역가였다)는 1996년 프랑스어판 서문에 이렇게 썼다.

> 기독교인은 사르트르가 무신론자라서 뿐 아니라 유물론자라는 이유로도 비난했다. 공산주의자는 그가 유물론자가 아니라고 질책했다. (⋯) 많은 사람의 마음속에서 사르트르는 탁월한 반인본주의 인물이 되어가고 있었다. 그는 폐허가 된 프랑스가 가장 희망을 필요로 할 때 프랑스인의 사기를 떨어뜨린 것이다.

---

1 "실제로 이 단어를 너무 많은 것에 관해 아무렇게나 쓰다 보니 아무것도 의미하지 않게 되어 버렸다."

사르트르는 지하 공산주의 잡지에 글을 쓰는 무신론자 소설가였지만 그는 매우 짧은 시간 안에(1943년에서 1945년 사이) 공산주의자와 무신론자 그리고 예술가를 건드려 화나게 했다. 어려운 일이다. 실존주의라는 것은 참으로 강력한 물건이다.

실존주의를 향한 종교적 반발은 설명할 필요도 없다. 사르트르는 인간을 감시하고 인간 행동을 심판하는 전지전능한 신의 존재를 완전히 부정했다. 사르트르에 따르면 인간은 무에서 태어났고(품!) 존재와 행동, 죽음을 결정하는 것은 인간 자신이며(품!) 그게 다다. 무엇도 우리에게 '길을 안내하지' 않고 인간은 종교나 영성 또는 그 어떤 것의 각본에 따라서도 움직이지 않는다. 인간이 소유한 모든 것과 궁극적 존재의 전부는 우리가 살아 있는 동안 만들어가는 선택이다. 삶에 어떤 의미가 부여되기 이전에 인간이 존재한다는 믿음은 사르트르가 '주관성'이라 부르는 조건인데, 이는 "실존은 본질에 앞선다"라고 설명한다. 그의 가장 중요한 결론은 이것이다. 인간이 존재하기 전이나 후에 어떤 종류의 의미로 세상을 채우는 거대한 구조가 없다면 "인간은 자기 존재에 책임이 있다."

인간은 먼저 존재한다. 그는 세계에서 구체화하고 자기 자신과 만나며 그 후에야 자신을 정의한다. 실존주의자로서 인간이 자신을 정의할 수 없다면 처음부터 아무것도 아니기 때문이다. 그는 나중이 되어도 아무것도 아닐 것이며 자신이 만드는 대로 존재할 것이다.

아브라함의 전통, 즉 유대교, 기독교, 이슬람교 아래에서 자란 사람에게 신이 없는 삶이란 심판 없는 야구 경기 같은 것이다. 점수를 매기는 사람도 없고 규칙을 시행하는 사람도 없으므로 아무렇게나 해도 괜찮다. 도스토옙스키의 유명한 말처럼 "신이 존재하지 않는다면 모든 것이 허용된다."[2] 계산에서 신을 뺀다면(그와 비슷한 인류의 웅대한 다른 계획도 같이) 사실 인간은 지구를 떠돌아다니는 도도새 무리에 불과하며 자신을 제외한 어떤 것에도 책임이 없다. 사르트르는 그렇게 믿었다. 이 부분이 전체 사르트르 철학의 핵심이다. 쉽게 말하면 실존주의는 우리가 열다섯 살 때 멍청한 짓을 해서 부모님이 소리 지르던 것과 비슷하다.

"이제 다 컸잖아! 행동을 책임져야지!"

여기서 차이점이 있다면 부모님이 아니라 프랑스인 철학자가 소리를 지르고 그 결론은 신의 존재를 부정한다는 것 정도다.

사르트르에게 인간 세계 질서를 창조할 신이 없는 삶은 실제로 혼란스러울 수 있지만 동시에 자유롭다. 계명을 따르지 않아도 되고 종교나 국가 정체성의 '의미'를 찾지 않아도 된다. 치과의사인 부모가 너도 치과의사가 되라며 쫓아다니지 않는 세상에서 우리는 진정

---

2 사실 도스토옙스키는 이런 말을 한 적이 없다. 원래 문구는 이보다 훨씬 길고 난해하지만 이 간결한 버전을 많이 보았을 것이다. 1장에 나온 〈카사블랑카〉 속 "한 번 더 해줘, 샘Play it again, Sam" 대사와 비슷한 경우다. 나는 소설가 커트 보니것Kurt Vonnegut이 백 년도 더 지나 업데이트해서 다시 내놓은 것 같은 버전을 훨씬 좋아한다. "내 말 잘 들어. 세상에 그냥 방귀나 뀌러 온 거야. 누가 딴소리하거든 집어치우라고 해."

자유롭게 마치 새의 시선으로 담아낸 사진처럼 자기 존재를 선택할 수 있다. '징조'나 '전조' 같은 것은 우리가 보려고 하는 까닭에 존재하는 것이므로 그것에 의지해 결정을 내려서는 안 된다. 설사 그렇게 할지라도 실제로 결정을 내리는 것은 그 징조가 아니라 나 자신임을 인식해야 한다. 원하는 결정을 내릴 수 있는 방향으로 그 징조를 해석하기로 선택하는 것뿐이다. 교육, 종교적 가르침, 가족의 전통, 마법의 8번 공(당구공처럼 생긴 장난감으로 궁금한 것을 묻고 공을 흔들면 서로 다른 스무 가지 답변 중 하나가 공에 나타난다-옮긴이)은 어떤 선택을 할 때 기대면 안 되는 것들이다. 페루에서 왔든 몽골에서 왔든, 가난하든 덴마크 왕실 서열 3위이든 상관없이 모든 인간은 누구나 완벽하고 완전히 자유롭게 어떤 선택도 할 수 있다.

하지만 좀 까다로운 부분이 있다. 어떤 선택을 할 때 모든 사람을 위한 결정을 해야 한다.[3] 그래, 여기서 잠시 시간을 내 생각 좀 하자. 사르트르에 따르면 어떤 것을 하기로 결정할 때 우리는 누군가의 마땅한 형상을 만들어내며 그것은 다른 사람이 볼 수 있고 따를 수도 있다. 여기서 사르트르는 묘하게 칸트와 접점을 이룬다. 사르트르 역시 "내가 지금 하는 행동을 다른 모두가 한다면 무슨 일이 생길 것인가?"를 자신에게 묻고자 한다. 자신만의 윤리를 스스로 결정하라고 하면서도 그것이 다른 사람에게 모범이 되어야 한다고 한

---

3 사르트르는 당연히 여기서 '사람' 대신 '남자'라고 했다.

다. 모순처럼 보이는 이야기다. 신도 없고 우주의 '의미'도 없고 정해진 지침이 있는 것도 아니고 누구나 자신이 원하는 선택을 할 수 있다…. 그런데 그 선택이 모든 사람에게 모범이 되어야 한다고? 그렇다면 이런 질문이 가능하다. 자신을 타인의 모범으로 삼고자 하는 생각과 외부의 지침이나 정해진 규칙 없이 누구나 자신을 위한 선택을 할 수 있다는 생각은 서로 상충하지 않는가? 걱정하지 마시라. 이두 가지가 모순처럼 보이는 이유가 있다. 모순이기 때문이다. 솔직히 말해 사르트르가 어떻게 서로 다른 이들 개념을 동시에 고수했는지 확실하지 않다. 아니, 왜 그러려고 했는지도 모르겠다. 사르트르는 전후 유럽에서 공산주의에 찬동했는데, 사람이 서로 연결되는 방법을 찾으려고 하다 보니 그런 정치적 신념이 살짝 새어 나온 것일지도 모르겠다. 확실한 것은 많은 사람이 지난 70년간 이 모순과 관련해 글을 써왔고 내가 그 의문을 여기서 풀어낼 확률은…, 매우 낮다는 점이다.

지금 이렇게 생각하고 있지 않은가.

"방금 신도 없고 존재의 '의미'도 없다더니, 우리가 가진 것이라곤 자신의 선택뿐이라더니… 뭐, 인류 전체의 본보기가 될 행동을 하라고? 슬슬 배가 아파지려고 하네."

음, 바로 그게 핵심이다. 사르트르는 그 상태가 인간을 고뇌로 가득 차게 한다고 했다. '책임을 지는 사람이 겪는 그런 것' 말이다. 그는 자신이 그리는 세상에서 인간으로 사는 게 얼마나 어려운 일인지 알고 있었고 그렇다 해도 거기서 벗어나면 안 된다고 했다. 삶은 고뇌다. 실존주의 세계에 오신 것을 환영합니다!

실존주의에 이 모든 고뇌가 따르는데도 사르트르는 "그 어떤 사상도 이보다 낙관적일 수는 없다"라고 했다.

그가 자신의 트레이드마크인 '나는 안심시키려고 한 것인데 내 말이 무섭게 들리나 보네'식으로 말하고는 있지만 결국 하고자 하는 말은 이것이다.

"인간은 자유롭도록 저주받았다."

어떤 버팀목도 선택의 '이유'도 없으며 단지 선택했다는 사실만 남는다(이제 이런 생각이 들 것이다. 아무것도 선택하지 않으면 어떻게 되는 거지? 그건 안 된다. 사르트르는 "선택하지 않기로 결정하는 것 역시 선택이다"⁴라고 했다). 여기서 그나마 '낙관적'이라 할 수 있는 것은 "인간의 운명은 자신에게 달려 있다"는 부분이다. 자신의 선택만이 인간의 모든 것이라는 사실을 받아들이면 언제든 자유롭게 원하는 결정을 내릴 수밖에 없다. 다른 선택은 없다. 고뇌로 가득 찬 이 혼란에서 벗어날 방법은 없다. 이러니 실존주의자가 파티에서 인기가 많을 수밖에. 실제 일화를 하나 소개하자면 우리의 조언자 토드 메이는 대학 시절 실존주의에 하드코어로 깊이 빠져 누구에게 어떤 대답을 하

---

4 아니면 캐나다의 강력한 3인조 록밴드 러시Rush의 노래 〈자유 의지Freewill〉의 가사를 좀 빌려오면 "결정하지 않기로 했다면/그 역시 선택이다." 철학에 관한 이 책을 사고 실존주의 장까지 와서 러시의 가사를 보게 될 줄은 몰랐을 것이다. 어쩔 수 없다. 이미 일어난 일이다.

든 '~하기로 선택한다'로 답했다고 한다. 누군가가 "오늘 기숙사에서 파티하는데 올래?" 하고 물으면 토드는 "그 파티에 가지 않기로 선택한다"라고 대답하는 식이다. 토드는 결혼한 지 여러 해 되었고 장성한 자녀도 세 명이나 있다. 저 얘기를 듣고 이 중 어떤 것이 비대면으로 가능했을까 궁금했다.

1945년 연설에서 사르트르는 어머니와 함께 살았던 한 학생의 예를 들었다. 그 학생의 아버지는 나치 협력자였는데 그 때문에 어머니는 망신당했고 학생의 형은 전쟁에서 살해되었다. 그는 영국으로 가서 형의 죽음에 복수하고자 자유를 위해 싸울지, 아니면 남아서 이미 많은 것을 잃은 어머니를 돌봐야 할지 선택의 갈림길에 섰다. 떠난다면 영국에 도착하기도 전에 잡혀서 죽을 것이 뻔했지만 집에 남는 것은 자신의 신념을 따르지 않는 것이자 형의 죽음을 되갚을 수 없는 일이었다. 그야말로 제2차 세계대전다운 곤경이 아닐 수 없다. 사르트르가 하고자 한 말은 그 무엇도 학생의 선택을 도울 길은 없다는 것이었다. 신의 계시가 있는 것도 아니고, 칸트의 준칙이나 윤리 이론 또한 다른 어떤 것도 이 힘든 결정을 해결할 수 없다. 오직 자신의 결정이 있을 뿐이며 그의 결정이 무엇이든 그것은 오롯이 그 자신의 결정이다. 성경에 의지하거나 밀의 책을 읽거나 아니면 축제에 가서 심령술사한테 고민을 털어놓는 대신 직접 결정을 내려야 하며 그 결정을 온전히 소유해야 한다.

자, 한번 보자. 지금까지 이 책에서 300쪽 넘도록 의무론과 공리주의, 계약주의, 덕 윤리, 그 밖에 다른 것을 공부했다. 그런데 이제 무슨 시큰둥한 프랑스 남자가 와서 신도 없고 인간은 행위로만 정의할 수 있다며 '존재의 본질적 고뇌' 말고는 아무런 안내도 없이 결정을 내려야 한다고 말한다. 사르트르는 칸트나 벤담, 스캔론, 아리스토텔레스가 우리의 윤리적 삶에 동전 던지기 정도의 도움만 줄 뿐이라고 말하는 것이다. 이 말을 듣고 다른 이론들을 다 버려야 하는 것일까?

알베르 카뮈, 비실존주의적 실존주의자

이 점을 생각하기 전에 다른 위대한 프랑스 실존주의자 알베르 카뮈Albert Camus(1913~1960)를 이야기해보자. 사르트르와 카뮈는 동시대 프랑스 실존주의자로 둘 다 노벨문학상을 수상했지만 둘 사이에는 중요한 차이가 있다. 우선 카뮈는 노벨상을 수락했으나 사르트르는 거절했다. 엄청나게 '펑크록punk rock' 같고 극도로 프랑스적이다.[5] 카뮈의 실존주의 사색은 사르트르보다 훨씬 더 본질적이고 집중적이었다. 앞서 말한 대로 사르트르 철학에는 전후 프랑스에서 있었던 공산주의 움직임에 부합하는(어느 정도 모순적인) 부분이 있었다. 카뮈는 그런 것에 상관하지 않았다. 사르트르는 타인에게 본보기가 될 행동을 해야 한다고 생각한 반면, 카뮈는 그것도 상관하지 않았

---

5 사르트르가 노벨상을 거부했을 때는 카뮈가 이미 사망한 뒤였다. 만일 그때 카뮈가 살아 있었다면 그 생각을 먼저 하지 못한 자신에게 짜증이 났을 것이라고 확신한다.

다. 카뮈의 실존주의는 사르트르의 실존주의에서 발사믹 드레싱을 뺀 정도라고 할 수 있다. 그만큼 더 날카롭고 집중적이며 강력하다. 사실 카뮈는 자신이 실존주의자가 아니라고 여러 번 주장했다. 말이 된다고 생각하나, 카뮈. 실존주의자 맞다. 이 얼굴을 좀 보라고.

©Hayk Shalunts / Alamy Stock Photo

이 사람이 실존주의자가 아니라고?[6]

---

6 좀 다른 얘기이긴 한데 엄청 매력적이지 않은가? 철학자가 섹시하다니, 우습지만 박수를 보내야겠다. 카뮈는 확실히 핫하다.

카뮈는 자신의 실존주의(물론 카뮈는 실존주의가 아니라고 부정했지만)를 이렇게 정리했다. 인간은 이 세계에서 의미를 찾고자 하지만 세상은 차갑고 무관심한 곳이며 의미를 부정한다. 사실 '의미' 있는 건 아무것도 없으며 최소한 무언가보다 더 '의미 있는' 것이란 존재하지 않는다. 인간은 우주에 떠다니는 크고 멍청한 바윗덩어리에 살면서 결코 찾을 수 없는 것을 찾아 헤매는 무無의 얼룩일 뿐이다. 고로 인간의 삶은 기본적으로 부조리하다.

세상이 부조리하다고 말하긴 했지만…, 진짜 부조리한 것은 명료함을 향한 비이성적이고[7] 거친 갈망이 인간의 마음속에 울려 퍼지며 충돌하는 것이다. 부조리는 세상만큼이나 인간에게도 달려 있다. 지금은 그 부조리가 모든 것을 연결한다. 오직 증오만 두 생명체를 하나로 묶을 수 있기에 부조리가 세상과 인간을 서로에게 결속시킨다. 내가 모험 중인 이 무한의 우주에서 명확히 알 수 있는 것은 이것뿐이다.

… 좋다. 그러면 이제 어떻게 하면 될까? 이 근본 부조리를 어떻게 대해야 할까? 카뮈는 세 가지 선택지를 제시한다.

---

7 번역에서 카뮈는 '비이성적'을 명사로 썼고 세상에 존재하는 것들의 알 수 없는 의미라는 뜻으로 사용했다.

1. 자신을 죽인다

그다지 이상적인 방법은 아닌 듯하다. 정확히 말하면 카뮈가 자살하라고 하는 건 아니다. 의미 없는 세상에서 의미를 갈망하는 부조리를 벗어날 방법을 이야기한 것이다. 그래야 부조리 방정식에서 반(의미를 갈망하는 인간)을 없앨 수 있기 때문이다.

2. 어떤 구조, 즉 종교, 가족, 직장 같은 것을 받아들이고 그 안에서 의미를 찾는다

자살보다는 나은 것 같다, 그렇지 않은가? 카뮈에게는 그렇지 않다. 아니면 비슷하거나. 그는 무언가에 의미를 불어넣는 이 과정을 '철학적 자살'이라고 했다. 이것은 매달릴 만한 의미를 만들어내 부조리 방정식의 다른 반(차갑고 무관심하며 의미가 없는 세상)을 없애려는 시도다. 그러나 사회 구조에서 '의미'를 만들어내는 것은, 인간이 우주에 떠다니는 크고 멍청한 바윗덩어리에 살면서 애초에 의미가 없는 차갑고 무관심한 세상에서 의미를 찾아 헤매는 무無의 얼룩일 뿐이라는 벗어날 수 없는 진실을 부정하는 것이다. 카뮈에게 이것은 해로운 일이다.

"내게 모든 것을 설명하는 사상은(이론적으로 의미를 부여하는 구조를 말한다) 동시에 나를 쇠약하게 한다."

그래서, 세 번째 선택지는 뭐라고?

3. 인간의 내면에 있는 근본 부조리함을 인정하고 그 안에 존재한다!

문장이 너무 암울해서 그걸 감춰 보려고 느낌표를 달았다. 카뮈에게는 이것이 유일한 해답이다.

> 이 세상이 스스로를 초월하는 의미를 지녔는지는 알 수 없다. 하지만 내가 그 의미를 알 수 없다는 사실과 이를 아는 것이 불가능하다는 것은 알고 있다. (…) 그리고 내가 이 두 가지 확실한 것(절대성과 통일성을 향한 내 욕구, 이 세상을 이성적이고 합리적인 본질로 바꿀 수 없다는 사실)을 화합시킬 수 없다는 것을 알고 있다.

공허하고 의미 없는 세상에서 의미를 찾고자 하는 욕망을 극복하는 유일한 방법은 우리가 공허하고 의미 없는 세상에 존재하면서 여전히 의미를 찾고자 욕망하는 것이 얼마나 부조리한 일인지 깨닫고 인정하는 것이다. 카뮈는 우리에게 부조리의 허리케인 가운데 서서 부정하지도 말고 그렇다고 우리를 쓰러트리게 놔두지도 말라고 요구한다.

카뮈는《시시포스 신화》에서 한 유명한 신화를 논의한다. 시시포스는 무거운 바위를 언덕 위로 올려야 하는 저주를 받는다. 바위를 올리면 다시 언덕 아래로 굴러떨어지고 시시포스는 내려가서 또다시 바위를 올려야 한다. 이것은 영원한 되풀이 과정이다. 신화 속 시시포스는 여러 이유로 신들을 노하게 해 영원이라는 운명의 굴레에 빠졌다. 신들은 그에게 부조리하며 무한히 반복되는 일을 하게 했다. 그런데 카뮈는 이 문제를 다른 시각으로 보았다. 시시포스가 이 터무니없이 반복되는 똑같은 일을 영원히 해야 한다고? 그게 뭐 어떻다는 거지? 카뮈에 따르면 "오늘날의 노동자 역시 평생 같은 일을 매일 반복한다. 그리고 이 운명은 더 이상 부조리하지 않다." 시시포스에 관해서는 "자기 운명은 자신의 것이다. 그 바위도 그의 것이다"라고 했다. 시시포스라는 존재는 고의로 거침없이 부조리하도록 만들어졌고 그렇다면 시시포스가 생각할 수 있는 것은 오직 부조리뿐이다. 그는 부조리가 어떤 것인지 이해한다. 덕분에 시시포스는 의미가 있다는 착각의 굴레에서 자유롭다. 오직 한 가지 일과 한 가지 고난만 있다. 카뮈는 이후 70년간 모든 대학 초년생의 세상을 뒤흔든 이 문장으로 결론을 짓는다.

"누군가는 행복한 시시포스를 그려야 한다."

이렇게 절대적이고 근본적인 자유에 관한 윤리에 새로운 이론으로 접근하는 몇 가지를 살펴보았다. 그럼 이것은 더 나은 사람이 되고자 하는 탐구에 도움을 줄까?

선택의 여지가 없다!

사르트르 비평가들은 이 책을 시작하며 여러분도 했을법한 질문을 던진다. 도대체 당신이 뭔데 나를 평가하지? 초월적 힘이 존재하지 않는다면 타인에게 무엇을 어떻게 해야 하는지 말할 권한이 누구에게 있단 말인가? 이에 사르트르는 인간은 누구나 개인적 선택을 하되 "다른 사람 앞에서" 한다고 답변한다. 누군가가 선택의 '이유'를 종교나 다른 어떤 구조에서 찾는다면 이미 실패한 셈이다. 사르트르는 그 외부 요소나 구조에 의존하는 것을 "오류"라고 불렀으며 그 사실을 공표해야 한다고 했다. 이것을 정확히 '윤리' 사상이라 할 수는 없겠지만 사르트르는 확실히 우리의 행동과 그 행동을 하는 이유에 관심이 있다. 마찬가지로 친구가 별로인 셔츠를 가져와 어떠냐고 묻는 상황을 두고 카뮈에게 조언을 구한다면 그는 무심하게 미소를 지으며 "존재의 부조리극 안에서 그저 벌거벗은 채로 서 있어야 한다"라고 할 것이다. 엄청 큰 도움으로 보이지는 않는다. 그렇다고 선하고자 하는 노력에 아무런 도움도 주지 않는 것은 아니다.

실존주의자가 우리에게 억지로 밀어 넣으려 하는 완전한 자유, 즉 자기 선택을 외부 구조(요인)로 방어할 수 없다는 주장 안에서는 이러한 구조를 버팀목으로 사용할 수 없다. 해결책을 쉽게 구할 수 없는 몹시 이상한 윤리적 분쟁을 한다고 생각해보자. 우리 친구 수가 또 다른 친구 지나한테 무척 화가 나 있다. 수가 남자친구 몰래 바람을 피웠다는 루머를 지나가 퍼뜨렸기 때문이다. 수가 와서 분노를 터트리기에 원래 지나가 좀 그렇다며 나는 수의 편이라고 말한다(지나가 어떤지 알잖아. 엉망이야). 조금 지나서 우연히 지나가 전화를 하더니 자기는 엄마 병문안을 가야 하니 이번 주말에 자기네 호숫가 집을 써도 된다고 한다. 이 제안을 받아들이면 수가 화낼 것을 알고 있다. 아마 "걔가 나한테 못되게 군 걸 알면서도 그걸 수락했어?!"라고 말할 것이다(수에게는 순교자 콤플렉스가 좀 있다). 그렇지만 한편으로는…, 솔직히 말해 나는 이 사건과 아무 관계가 없다. 종일 호숫가에 평화롭게 앉아 있을 생각을 하니 기분이 좋다. 더구나 지나는 내가 작년에 공항에서 픽업해준 것을 갚는 것이고 여기서 싫다고 하려면 (1) 지나와 수의 갈등 때문에 못 간다고 말하거나 (2) 거짓말을 해야 하는데, 책에서 칸트는 절대 거짓말하면 안 된다고 했다. 여기에다 (3) 지나는 자기가 없을 때 집을 봐주어 고맙다고 하고, 아픈 엄마를 돌보느라 이미 스트레스를 받은 상태다. 이런 복잡한 결정은 언제나 사방에 있다. 50가지 다른 경우의 수와 윤리 궤도, 의리 테스트가 걸려 있어서 아무리 좋은 공리주의자가 되고 덕을 찾고 의무론 준칙에 복종하고자 해도 모든 걸 이해하는 것은 불가능할 수 있다.

이럴 경우 누구나 분명히 의지할 수 있는 어떤 것, 즉 다른 선택이 없음에도 자기 행동을 정당화할 이유를 찾는다. 그 이유는 선택을 어쩔 수 없는 것으로 정당화하며 책임도 면제해준다. 가령 "지나의 제안을 받아들일 수밖에 없었어. 안 그러면 너무 무례하잖아" 또는 "수와의 우정 때문에 거절할 수밖에 없었어"라고 할 수 있다. 실존주의자는 다시 이야기한다. 그건 언제나 자신의 선택이다. 이 복잡한 프랑스[8] 언어 체조대회에서 사르트르의 실존주의에는 단순함이 있다. 일단 어떤 행동을 하기로 결정한다. 그 선택권은 나 자신에게 있으며 오로지 나에게만 달려 있다. 그리고 카뮈의 실존주의에는 위안도 있다. 인간으로 존재하는 것 자체가 어리석은 일처럼 느껴지기도 한다. 그 어리석음을 피하지 않고 있는 그대로 받아들이면 진정한 행복이 찾아온다. 더구나 사르트르와 카뮈 둘 다 이미 저지른 실수에 머물지 말라고 격려한다. 그래, 이미 망쳤다. 다음번에 안 하면 된다. 아리스토텔레스가 덕의 핵심을 찾고자 여러 다른 것을 계속 시도해보길 요구했다면 실존주의자는 이렇게 말한다. 계속해서 선택하라. 이 부조리하고 의미 없는 세상에서 우리가 할 수 있는 것은 선택뿐이다.

그런데 사르트르가 자신의 철학을 '인본주의적'이라 생각하고 카뮈의 실존주의가 신화 속 시시포스를 자유롭게 했음에도 두 사상은 현실에서 꽤나 엄격하다. 어느 날 알래스카 시골에 사는 한 저소득층 여자가 무릎을 다쳤다고 해보자. 병원에 가자 의사는 말도 안 되게 강력한 마약성 진통제 오피오이드를 처방한다. 이 부조리한 의사가 옥시콘틴(오피오이드 상표 중 하나-옮긴이)을 최대한 많이 팔도록

---

8 모든 실존주의자가 프랑스인인 것은 아니다. 쇠렌 키르케고르는 덴마크 사람이고 19세기 러시아의 위대한 소설가(도스토옙스키 같은) 중 실존주의자로 불리는 사람도 있다. 그렇긴 해도 솔직히, 너무 프랑스적이다.

제약회사와 따로 뒷거래하고 있었기 때문이다. 결국 오피오이드에 중독된 이 가난한 여자는 약을 계속 살 수 없어서 부조리한 의사에게 돈을 내기 위해 주유소에서 돈을 훔친다. 이 여자는 도둑일까? 사르트르는 그렇다고 할 것이다. 여자는 선택했다. 그것은 여자의 선택이고 오로지 스스로 한 선택이다 등. 하지만 악마 같은 제약회사가 강력한 마약성 진통제를 개발해 중독성을 속이고 부조리한 의사와 합심해 환자가 약에 중독되게[9] 만드는 상황에서 '자신의 결정을 책임져야 한다' 같은 충고는 도움이 되지 않는다. 인간을 만드는 것은 선택이라고 말하는 건 그 선택이 때로 만들어지기도 한다는 사실을 간과한다. 현재 처한 상황에 있기를 스스로 선택하지 않은 경우도 많다. 어쩌다 보니 그 상황에 놓였고 그런 탓에 더 관대한(혹은 최소한 중립적이기라도 한) 세상에 있었다면 하지 않았을 또 다른 선택을 하도록 강요당하기도 한다. 이는 다음 장에서 더 깊이 다루지만 여기서도 관련이 있다. 스스로 한 선택은 자신의 것일 수 있다. 그러나 태어나보니 주어진 삶과 그 이후의 많은 일은 이미 내 손을 떠난 일일 때가 많다.[10]

---

9 토드는 사르트르가 여전히 중독도 선택이라 할 것이라고 했고 나는 사르트르가 좀 진정할 필요가 있다고 했다.

10 사르트르 지지자들의 항의를 차단하기 위한 토드의 메모: 사르트르는 절망에 관한 개념을 설명하며 어느 정도 이 부분을 인식하고 있었다. "인간의 의지에 달려 있거나 어떤 행동을 할 가능성이 있는 일에 한해 이 방식을 적용해야 한다. 무언가를 욕망할 때마다 거기에는 언제나 가능성의 요소가 있다." 저기요, 사르트르. 지금 빈곤을 이야기하고 있는 거라고요, 블랙잭이 아니고.

지금까지 여러 세기에 걸친 다양한 이론을 살펴보았고 각각의 이론은 우리가 선하게 행동해야 하는 이유와 어떻게 하면 더 나아질 수 있는지 그 전략을 제공했다. 그러나 이 중 어떤 이론에서도 다루지 않은 인간 상태의 본질적 측면 한 가지가 있다. 바로 상황과 맥락이다. 각자의 상황에 따라 누군가에게는 윤리적 결정을 내리는 것이 다른 사람보다 어려운 일이라는 사실을 전제하는 철학 사상은 거의 없다. 나와 영국 윌리엄 왕세자, 아니면 부조리한 의사 때문에 옥시콘틴에 중독된 가난한 여자, 한국의 치위생사, 힙합 가수 카디 비Cardi B, 기아나의 사탕수수 농부에게 정확히 같은 규칙을 적용하는 것이 가능할까? 지금까지 주어진 상황에서 '우리'가 어떻게 해야 하는지 이야기하며 그 '우리' 안에 수많은 다른 '내'가 있다는 점을 간과했다. 또 각각의 '나'에게는 삶에서 남과 다른 개별 문제 혹은 특권이 있다. 이 때문에 좋은 사람이 되기 위해 해야 하는 행동이 어떤 '나'에게는 바로 옆집에 사는 또 다른 '나'보다 더 어려운 문제일 수 있고 아니면 더 쉬운 것일 수도 있다.

모두 뭉뚱그리는 '우리' 이야기는 충분히 했으니 이제 개별 상황으로 들어가자.

12장

행운의 신

카페에서 팁을 27센트 줬다가 트위터에서 욕을 먹고 있다.
내가 억만장자라서 그렇다!
네덜란드령 앤틸리스로 여행 가는데 내 비행기에서 내 전담 셰프가 만든
소프트셀 크랩 롤도 내 마음대로 못 먹는다! 이게 공평하다고?

도덕적인 사람이 되고자 노력하는 것도 중요하지만 얼마만큼 노력해야 하는지 역시 중요하다. 소크라테스 이전 그리스의 위대한 철학자 크세노파네스Xenophanes는 일상의 존재를 두고 이렇게 언급했다.

"망할 놈의 것…, 쉽지 않아."[1]

더구나 시합이 있는 경기장도 수평이 아니다. 모든 사람이 똑같이 선한 결정을 내릴 시간이나 에너지, 돈을 갖고 있지 않다. 줄리아 애나스는 다음과 같이 말했다.

> 오늘날 세상의 많은 사람이 빈곤과 폭력이라는 처참한 상황에서(이를테면 대도시 슬럼가) 살고 있다. 그런 환경에 놓인 사람들에게 자신의 롤모델이 가르친 교훈을 심사숙고해 비판적 시각을 가지라고 요구하는 것은 불합리해 보인다. 그들은 미덕이 아니라 자신을 돌보는 것, 타인을 생각하느라 자

---

1 크세노파네스가 실제로 이렇게 말했다는 증거는 없다. 소크라테스 이선 철학 문헌이 많이 분실 혹은 훼손되었으니, 뭐 그렇게 말했을 수도 있다.

기 일에 주저하지 않는 것, 폭력과 잔인함 또는 그보다 더 나쁜 상황에 익숙해지는 것 등의 중요성을 강조하는데 이해가 가는 일이기도 하다. (…) 이들은 대부분 덕을 갖출 능력이 없어서가 아니라 자신이 처한 상황의 어려움 때문에 덕을 갖추지 못한다.

사람은 누구나 1장에서 말한 '덕의 스타터 키트'를 갖고 태어난다. 즉, 모든 사람에게는 덕을 갖출 잠재력이 있다. 애나스는 그 사실을 환경 때문에 타고난 잠재력을 실제 덕으로 계발할 기회가 없었던 사람들을 향한 무기로 사용해서는 안 된다고 지적한다. 고대 그리스인이 스승에게 얼마나 집착했는지 기억하는가? 엘리트들만 가는 학원에 등록할 돈이 없어서 아리스토텔레스의 가르침을 받을 수 없다면, 또 주위에서 제일 '현명한' 사람이라고는 트럭 뒤에서 짝퉁 어플릭션 티셔츠(미국 의류 브랜드로 바이크 티셔츠 혹은 록밴드 티셔츠로 불린다-옮긴이)나 파는 누추한 남자뿐이라면 어떻게 하겠는가? 윤리나 덕을 탐구하는 데 시간을 쏟고 싶어도 눈앞에 닥친 더 시급한 문제, 즉 굶주림이나 병사病死, 돌아다니며 사람을 죽이는 불법 무장단체 패거리를 피하는 데 더욱 집중해야 하는 사람도 많다. 이것이 그들의 잘못일까?

칸트의 엄격한 무관용 정책도 이 상황에서는 마찬가지다. 삶이 생각했던 것과 다른 방향으로 흘러가거나 생존 외에 다른 것은 아무것도 생각할 수 없을 만큼 일상 스트레스가 큰 삶에서 보편 준칙을 만들고 따르는 일은 불가능한 사치일 수 있다. 공리주의도 마찬가지다. 당신이 전차 운전자가 아니라 더운 여름날 최저 임금을 받고 선로에서 일하며 고장 난 브레이크 때문에 언제든 죽을 수도 있다는 사실을 인지하지 못하는 노동자라면? 죽음의 위협 없이 이 상황에 알맞은 윤리적 답변을 생각할 수 있는 전차 승객에게 하듯 이들에게도 같은 윤리 기준을 요구할 수 있을까? 당신이 마을 사람 열 명에게 총을 겨누는 피트와 우연히 마주친 관광객 짐이 아니라 그 마을 사람 중 하나라면, 그리고 그 재미있어 죽을 지경인 사고 실험 변형 덕에 아무 때나 잡혀가 피트의 정신 나간 법과 질서 체계 유지를 위해 총에 맞아 죽을 수도 있는 운명이라면? 그런 상황에서 짐만큼 윤리나 도덕을 생각할 시간과 기운을 낼 수 있을까? 우연히 그 상황을 목격했을 뿐이고 그것이 끝나면 다시 리조트로 돌아가 수영장 옆에 앉아 칵테일이나 마실 짐처럼?

삶은 고난이고 어떤 사람에게는 더 심한 고난이다

알지도 못한 채 오피오이드에 중독된 여자에게 제프 베조스, 나, 일반 시민과 같은 도덕적 잣대를 들이대는 것은 공평하지 않아 보인다. 그렇지만 상황을 삶의 무수한 함정을 헤쳐가는 능력의 한 요인으로 본다면 압박이 너무 없거나 너무 적은 양극단은 제외하고 생각해봐야 한다. 존재의 가장 기본 요인 때문에 그게 아니었으면 거의 비슷했을 두 사람의 인생이 크게 달라질 수도 있다. 작가 존 스칼지John Scalzi는 2012년 블로그에 포스팅한 '이성애자 백인 남성: 난이도 최하'라는 제목의 글에서 상황과 주어진 특권을 고려하지 않는 것의 문제점을 구체적으로 지적했다.

미국에서의 삶을 온라인 게임 월드 오브 워크래프트 같은 거대한 역할극이라고 해보자. 서구 사회 어디라도 비슷하다. 임무가 대부분 돈 버는 일과 스마트폰, 도넛 정도밖에 없는 지독히 지루한 게임이라는 점만 빼면 말이다. 참고로 이 세 가지를 언제나 동시에 하지 않아도 된다. '리얼 월드'라고 이름을 붙여보자. 컴퓨터에 리얼 월드를 설치하고 게임을 시작하려 한다. 우선 설정 탭으로 가서 키보드 바인딩을 하고 기본 설정을 살펴본 뒤 게임 난이도를 선택한다. 맞지?

자, 리얼 월드라는 역할극 게임에서 난이도 최하는 '이성애자 백인 남성'이다.

이는 '이성애자 백인 남성'을 선택하면 기본 동작이 게임 속 거의 모든 캐릭터보다 쉬울 거라는 의미다. 임무 완수를 위한 기본 장벽도 더 낮다. 레벨업 기준점도 빨리 온다. 다른 캐릭터들이 힘들여 따내야 하는 지도에도 자동으로 들어갈 수 있다. 게임 자체가 자동으로 더 쉬우며 도움이 필요하면 그 역시 기본적으로 더 쉽다.[2]

---

2 스칼지는 인종과 성별에 집중하고 사회계층은 자세히 이야기하지 않았지만 이 비유를 사회계층에도 적용해볼 수 있다. 즉, 노동자 계층의 이성애자 백인 남성은 같은 노동자 계층의 동성애자 아시아 여성에 비해 더 쉬운 버전의 '게임'을 할 것이다.

모든 사람에게 같은 윤리 이론을 적용할 때의 기본 문제는 모든 사람의 삶이 같지 않다는 데 있다. 여러 세기에 걸친 역사와 사회경제적 발전 정도, 인종주의와 성별주의, 권력과 자본 응집 등의 요소로 인해 거의 같은 장소에서 같은 시간에 태어난 두 사람도 인생에서 다른 장애물에 직면할 수 있다. 다시 말해 누구나 덕을 갖출 잠재력은 있겠지만 모든 사람이 덕 계발에 같은 양의 귀중한 자원을 적용할 수는 없다. 더구나 윤리 행동에서 가장 중요한 요소라고 하는 배려와 노력을 모든 사람에게 똑같이 바라는 것은 어리석은 일이다.

'능력주의'를 적극 찬양하는 현대 서구의 사회정치 사상에는 계통이 있다. 이들은 모든 사회는 능력주의 사회여야 하며 어떤 이유로든 한쪽 집단의 이익에 치우친 법을 통과시키면 안 된다고 주장한다. 대학 입학에서 소수집단을 우대하는 법은 사라져야 하고 성평등 인력 특별법도 발의해서는 안 된다. 뛰어난 사람은 알아서 눈에 띄게 마련이다!

이들(보통 이성애자이고 부자에다 백인 남성이며 책장은 아인 랜드 소설로 가득하다)은 능력주의가 제대로 작동하려면 사회가 노동과 개인의 성공을 제대로 평가하고 축하할 수 있어야 하고, 그 사회 속 사람들이 모두 같은 출발선에서 시작해야 한다는 점을 쉽게 잊는다. 그렇지 않으면 뛰어나다고 그냥 눈에 띄지는 않는다. 원래부터 정상에 가까웠던 사람들이 먼저 정상에 오르는 상황에서는 능력주의 개

넘은 산산조각 날 수밖에 없다. 이들이 진짜로 원하는 것은 가짜 능력주의다. 가짜 능력주의 사회는 아버지에게 10억 달러를 물려받은 메이플라워 가家 남성이 이뤄낸 업적과 가혹한 인종차별법을 시행하는 주에서 레드라인 지역(미국에서 인종에 따라 주거지를 나누고 표시해 그 지역 주민에게는 대출이나 모기지 서비스를 제공하지 않는 차별 관행-옮긴이)의 가난한 집에 태어난 흑인 여성이 이룬 업적 사이의 차이점을 인정하지 않는다(오래된 속담처럼 3루에서 태어났으면서 자기가 3루타를 친 줄 아는 사람들이 있다). 어떤 선수는 결승선 10미터 앞에서 출발하고 또 다른 선수는 위원회의 구조적 편견 탓에 경주에 참여하지도 못하는 상황을 능력주의라고 부를 수는 없다.

누구나 어떤 여건으로 태어날지 스스로 선택할 수 없지만 바로 그것 때문에 인생이 유리하거나 불리해진다. 나는 1975년에 미국에서 대학 교육을 받고 결혼한 두 부모 사이에서 건강한 백인 아이로 태어났다. 내 부모님은 엄청난 부자였던 적은 없지만 중부 코네티컷주에서 남부럽지 않은 중산층으로 살았다. 이 점에는 할 말이 없다. 단지 내 운명이 그랬을 뿐이다. 그 행운이 내게 어떤 의미일까? 내가 다음의 사회적 병폐로부터 자동 제외되었다는 뜻이다.

인종차별
성차별
장애인차별

여성혐오

기근

빈곤

자금 부족에 허덕이는 질 낮은 학교

전쟁(국내에서 일어나는)

깨끗한 물 부족

의료 서비스 부족[3]

    태어나는 순간부터 터졌다면 죽었을 수도 있을 이 부비트랩을 나는 전부 피했다. 내가 노력한 일이 아니다. 그냥 무작위로 특정 배아에서 내가 태어난 것뿐이다. 나는 사회적으로 엄청나게 유리한 출발을 했으므로 내 윤리 보고서를 검사할 때는 그 부분을 감안해야 한다. 대체로 윤리적으로 살아왔다는 사실에 칭찬을 바라는 것은 마라톤에서 40킬로미터 앞서서 뛰기 시작하고도 실제 출발점에서부터 뛰기 시작한 사람을 이겼다고[4] 승리를 떠벌리고 다니는 꼴이다. 나는 삶이라는 비디오 게임을 난이도 최하로 놓고 했다. 그 상황에서도 내가 잘못된 선택을 한다면 그건 정말 나쁜 선택을 한 것이다.

---

3 미국 의료 시스템에는 아직 많은 것이 필요하지만 그래도 1년에 두 번 치과에 가고 백신을 맞는 게 가능하다.

4 그래도 이기지는 못할 것 같다. 나는 달리기를 증오하고 1킬로미터나 갈 수 있을지 잘 모르겠다.

〈레 미제라블〉의 장 발장을 떠올려보자. 장 발장은 여동생의 가족을 먹이기 위해 빵 한 덩이를 훔치고 교도소에서 19년을 보냈다. 그는 가난했고 가족은 굶고 있었으며 다른 선택이 없다고 여겼다. 자, 그렇다면 만일 내가(성인이고, 돈이 많고, 좋은 집도 있고, 먹여 살려야 할 작고 귀엽고 배고픈 프랑스 꼬맹이들이 없는 TV 프로그램 작가) 그냥 빵 한 덩이를 훔친다면? 칸트는 장 발장이 훔쳤든 내가 훔쳤든 상관없이 두 행동 모두 같은 보편 준칙을 위배했으니 똑같은 일이라고 할 것이다. 사르트르는 괜찮다고 할 테고. 우리 둘 다 그저 선택했을 뿐이니 말이다. 반면 나는 배고픈 가족을 먹이려고 빵을 훔친 장 발장은 용감하고 씩씩하며 헌신적이고 관대한 사람이지만, 내가 같은 일을 하면 이유도 없이 빵이나 훔치는 돈 많은 개자식이라고 생각한다. 내 죄가 더 크다.

뽑기 운

태어날 때 상황은 선택권 없이 그냥 던져지지만 그 이후 삶에는 몇십억 가지 가능성이 펼쳐진다. 미국에서 돈 많은 백인 남자로 태어난 사람은 날이 갈수록 몸이 쇠약해지는 병에 걸린다. 인도 대륙에서 양성애자로 태어난 여자는 부유한 팝스타가 된다. 인생에는 밀물과 썰물이 있다. 행운은 찾아왔다가 사라지기도 하고 갈가리 찢기기도 한다. 우리는 좋거나 나쁜 타이밍에 좋거나 나쁜 장소에서 잘 살거나[5] 고통받는다. 친구와 가족의 요구가 많을 수도 있고 적을 수도 있다. 간단히 말하면 비록 우리 여정의 출발점이 어느 정도 더 쉽거나 어렵기는 해도 여전히 기회가 있긴 하다. 삶은 태어나기 전부터 그리고 그 이후에도 많은 부분이 운에 달려 있다. 좋을 수도 있고 나쁠 수도 있으므로 그 운이 선한 사람이 되고자 하는 길에 정확히 어떤 영향을 미치는지 이해하고 있어야 한다.

몇 년 전 사회학자 로버트 프랭크Robert Frank가 친구와 테니스를 치다 심각한 심장마비를 겪었다. 친구는 119에 전화해 구조와 구급차를 요청했다. 그 지역 구급차는 테니스 코트에서 한참 떨어져 있어 원래 30분 정도가 걸리지만, 그 일이 발생했을 때 프랭크가 꼼짝없이 누워 있던 장소로부터 1분 거리에서 두 건의 교통사고가 발생해 구급차 두 대가 따로 와 있던 참이었다. 그중 한 대가 그곳을 빠져나와 즉시 프랭크에게 왔고 프랭크는 목숨을 건졌다. 나중에 알고 보니 '돌연 심장사'가 일어난 것이었다. 이는 엄청나게 심각한 의학적 상태로 치사율이 98퍼센트에 이른다. 살아남은 몇몇 사람마저 매우 심각하고 지속적인 부작용을 겪지만 프랭크에게는 그것도 없었다.

정신 차리고 무슨 일이 일어났는지 알게 된 프랭크의 반응이 멋있다. 그때부터 그는 자기 인생에서 일어나는 모든 일을 온전히 행운 덕분이라고 생각했다. 근처에 구급차가 없었다면 지금 누리는 어

---

5 하지만 이 점을 다시 생각해야 한다. 어떤 사람은 '좋은 타이밍에 좋은 장소에' 있어서 잘 살기만 한다. 예를 들면 '티탄 업계에서 국제개발 부사장을 찾고 있던 바로 그 순간에' '호화로운 레스토랑에' 있는 것처럼 말이다. 대다수 사람이 활용할 수 있는 '시간과 장소'는 아니다.

떤 순간도 있을 수 없기에 그날 이후 겪는 모든 것을 그 행운의 나무에서 나온 과실로 본 것이다(그 일이 상황을 지적으로 검토하고 의미를 찾을 수 있는 사회학자에게 일어나다니, 행운 그 이상이다). 이 깨달음으로 프랭크는 사람의 인생에서 운이 차지하는 역할을 과소평가하고 있다는 가설을 세웠다. 그는 "운이 얼마나 중요한지 그 강력한 증거가 있는데도 왜 사람들은 운을 경시하는 것일까?"라고 물으며 "이러한 경향은 성공한 사람들이 성공에 영향을 미치는 다른 요소를 제외하고 재능과 노동을 강조함으로써 자신이 번 돈을 정당화하는 것에 일부 원인이 있을 수 있다"라고 했다. 다시 말해 부와 성공을 크게 이룬(또는 물려받은) 사람은 그것을 스스로 획득한 것으로 본다는 얘기다.[6] 이러한 믿음은 이 크고 어처구니없고 무서운 세상을 우리가 통제할 수 있는 것처럼 느끼게 만든다. 똑똑하고 열심히 일하면 적절히 보상받을 것이며 모든 것이 잘될 거라는 느낌이다. 사실 이 중 많은 부분이 그냥 운일 뿐이라는 점을 인정하는 건(그것도 제일 중요한 부분이 의식을 갖기도 전에 배아에서 일어나는 일과 관련이 있다니) 이 게임에 자신의 훌륭함을 넘어서는 다른 요인이 있음을 인정하는 것이자 자신이 인생의 제비뽑기만큼도 대단치 않은 존재라는 걸 인정하는 것이기도 하다.

---

6   영화 〈타이타닉〉에서 빌리 제인Billy Zane이 분한 칼 헉클리의 말을 빌리자면 "진짜 남자는 운을 스스로 만든다." 이런 말은 부자이고 운이 좋고 자신이 부자인 것이 얼마나 행운인지 전혀 모르는 사람만 좋아할 수 있다.

프랭크는 한 사람의 성공은 그것이 눈에 띄기 훨씬 전부터 시작된다고 한다. 역사상 가장 훌륭한 농구 선수로 꼽히는 마이클 조던을 들여다보자.[7] 조던이 농구에 바친 노력보다 더 크게 노력한 사람은 없다. 그의 결단력은 어디에도 비할 데가 없고 기술에 헌신한 것 역시 점수로 매길 수 없으며 집중과 경쟁력, 추진력은 전설적이다. 조던이 해낸 모든 것, 즉 모든 챔피언십 우승과 MVP와 찬사가 그가 이룬 게 아니라는 생각은 터무니없다. 하지만, 그는 키가 200센티미터다. 큰 키는 노력해서 이뤄낸 게 아니다. 더구나 미국에서 아이의 열정을 지지하고 독려한 부모님 밑에서 태어났다. 이 두 가지 사실은 조던에게 행운이다. 방글라데시에서 태어난 키 160센티미터의 염소치기는 조던과 똑같은 성격과 재능, 근면함을 지녔어도 에어 조던이 될 수 없고 여섯 번의 NBA 챔피언도 달성할 수 없다. 그저 다른 염소치기에게 왜 그렇게 염소를 못 모느냐고 계속 소리나 지르는 역사상 가장 집중력 높고 짜증 나는 염소치기가 될 뿐이다. 아니, 굳이 키와 국적을 바꾸지 않아도 똑같은 조던이 75년 전에 태어났다면 지금쯤 그런 사람 이름은 들어본 적도 없을 것이다. 오스카 찰스턴, 쿨 파파 벨, 사첼 페이지, 조시 깁슨, 벅 오닐 같은 야구 선수는 시대를 초월한 위대한 인물로 일컬어지지 않는다. 이들은 인종차별 시대에 태어나 조 디마지오나 테드 윌리엄스와 함께 경기할 기회가 없었기

---

7 르브론이 더 낫다.

때문이다. 이들의 재능이 부족했거나 이들이 덜 부지런했을까? 당연히 아니다. 그들은 불운의 피해자이고 인종차별 세상에 태어나 메이저리그에 설 기회를 박탈당한 것뿐이다.

같은 맥락에서 무언가를 이루는 사람은 재능과 의욕에 더해 어떤 식으로든 우연으로부터 이득을 얻는다. 이것을 이해하는 사람도 있다. 매우 적긴 하지만 있기는 있다. 자산의 99퍼센트를 자선단체에 기부하겠다고 약속한 워런 버핏은 더기빙플레지 홈페이지에 다음과 같은 글을 썼다.

내 부는 미국에서 산다는 점과 운 좋은 유전자 그리고 복리 이자의 조합으로 탄생했다. 나와 내 아이들은 한마디로 난소 복권에 당첨된 것이라고 할 수 있다(1930년에 미국에서 태어날 확률은 최소 30 대 1이었다. 내가 백인 남성이라는 사실은 당시 대다수 미국인이 직면한 거대한 장애물을 제거해주었다).

이번에도 워런 버핏이 천재라는 사실에 반기를 들 사람은 아무도 없을 것이다. 버핏은 자신을 성공으로 이끈 여러 행운을 기꺼이 인정한다는 점에서 매우 보기 드문 천재이기도 하다. 프랭크는 마이크로소프트의 역사를 소개하며 이렇게 말한다.

일련의 믿어지지 않는 사건 중 하나라도 일어나지 않았다면 마이크로소프트라는 이름을 들어보지 못했을 수도 있다. 빌 게이츠가 1955년이 아니라 1945년에 태어났다면, 빌 게이츠가 다닌 고등학교에 즉각 반응하는 최초의 단말기를 보유한 컴퓨터 클럽이 없었다면, IBM이 게리 킬달의 디지털 리서치와 계약했다면, 팀 패터슨이 좀 더 협상에 능했다면 게이츠는 이 정도 규모의 성공을 이룰 수 없었을 것이다.

여기서 언급한 사람과 사건은 빌 게이츠 인생에서 각주 같은 것으로 당시에는 별로 중요치 않은 것처럼 보였지만 게이츠의 삶을 이전과 약간 다른 길로 옮겨놓았다. 이는 그에게 재능이나 노력과 전혀 상관없는 행운이었다. 우주의 탁구공이 여기저기 통통 튀어 다니다 게이츠가 화려한 경력을 시작한 그때 그에게 유리한 지점에 멈춰 선 것이다. 빌 게이츠와 마이클 조던에게 지금 보유한 것을 가질 자격이 없다고 말할 사람은 세상에 아무도 없다. 그들은 분명 천재다! 그렇지만 프랭크가 말하고자 하는 바는 이것이다. 그들이 이룬 것 중 일부는 운에 따른 것임을 인정해도 괜찮다. 그런다고 그들의 성취가 줄어들지는 않는다. 우리 모두의 성공은 어느 정도 우연에서 기인했음을 인정하는 동시에 현재의 길을 가게 한 기회를 잡아챈 똑똑함과 능력, 재능에 찬사를 보내면 된다. 그리고 우리는 세상을 돌아다니며 크든 작든 백만 가지 방식으로 상호작용하는 전 세계 사람들로부터 중요한 삶의 관점을 얻을 수 있다.

행운의 신은 제물을 원한다!

나는 1년에 한 번 정도 라스베이거스에 가는 것을 좋아한다. 보통 10달러나 15달러짜리 판이 작은 블랙잭을 하며 총 100~200달러를 잃는다. 더러는 100달러 정도를 벌기도 하는데 그럴 때면 무척 떨리고 기분이 안 좋다. 왜일까? 그 순간 내가 세상에서 가장 운이 좋은 사람인 것 같아서다. 진짜 운에 달린 게임을 하면서 150달러를 잃는 것은 그럴 수 있는 일이다. 이것은 마치 내가 행운의 신에게 바치는 제물처럼 현재의 내가 있도록 100만분의 1 확률의 잭팟을 터트려준 것에 감사하는 표시다(카지노에서 100~200달러를 잃어도 삶에 아무 영향이 없다는 간단한 사실 자체가 내가 지구상에 있는 모든 사람 중 행운아 상위 0.1퍼센트에 해당한다는 의미다). 나는 열심히 일하고 있고 그 일을 잘하기도 한다. 그래도 다음 사실을 고려해야 한다.

1. 어느 날 아파서 학교에 가지 않았는데 엄마가 영화 〈슬리퍼〉를 틀어주었고 그 덕에 코미디에 빠져들었다.
2. 당연히 열심히 공부해서 하버드에 입학했는데 하버드에는 유머 잡지 〈램푼Lampoon〉이 있었고, 〈램푼〉은 내가 들어가기 전부터 이미 수십 년간 코미디 작가들을 배출해왔다.
3. 정치풍자 프로그램 〈새터데이 나이트 라이브SNL〉에서 일하던 친구의 도움으로 이력서와 다른 서류를 제출할 수 있었고, 합격했다.

4. 처음 1년간은 스토리 구성 단계에서부터 막혔다. 괜히 겸손한 척하는 게 아니라 진짜 못했다. 다 같이 회의할 때마다 엄청 깨졌다. 아무리 생각해도 그때 해고당했어야 마땅한 상황인데,

5. 내가 팀에 합류하기 직전에 방송사 NBC 경영진이 시나리오 작가 놈 맥도널드를 해고하는 거대한 인사 개편이 있었다. 미식축구 선수 O.J. 심슨을 향한 농담이 너무 지나치다는 이유였다 (문제의 그 경영진이 심슨의 친구라고 한다). SNL 역사상 NBC 경영진이 직원 문제에 이렇게 관여하는 것은 굉장히 드문 일이었다. 또 내가 고용되기 3주 전에 영화배우 크리스 팔리Chris Farley가 약물 중독으로 비극적인 죽음을 맞았는데 SNL팀이(그리고 온 나라가) 그 죽음을 크게 애도했다. 이 두 가지 일로 SNL팀 전체 생태계가 혼란스러운 상태였기에,

6. 내가 거기 있다는 사실 자체를 아무도 신경 쓰지 않았다. 일을 못하는 신입 직원의 존재에 아무도 관심이 없는 사이 나는 열심히 일을 배웠고 결국 괜찮아졌다. 그러다 1~2년 후 내 친구이자 SNL에서 〈위켄드 업데이트Weekend Update〉 코너의 프로듀싱을 맡았던 로버트가 로스앤젤레스로 이직하면서 그 자리를 원하는 사람도 많지 않은 데다 나만큼 적임자도 딱히 없어서 내가 그 자리를 맡게 되었다.

7. 그렇게 〈위켄드 업데이트〉 코너 프로듀싱을 시작했다. 당시 이 코너 호스트는 티나 페이Tina Fey와 지미 팰런Jimmy Fallon이었는

데 아주 잘하는 데다 둘 사이 유머 코드도 잘 맞아서 〈위켄드 업데이트〉의 인기가 높아졌다. 이 코너가 생긴 이래 가장 인기가 있던 때였다. 3년 후 여자친구와 함께 살기로 했는데 LA에 살던 여자친구가 내가 있는 뉴욕으로 오는 것보다 내가 그쪽으로 이사 가는 것이 더 나아 보였다(그쪽에 일자리가 더 많았다). 내가 LA에 도착한 그때 마침,

8. PD이자 작가인 그렉 다니엘스가 영국 시트콤 〈더 오피스〉의 미국 버전을 제작하기로 하면서 작가를 찾고 있었다. 그렉은 상당히 철저한 스타일인 데다 일도 열심히 하는 사람이라 크지도 않은 이 자리를 위해 500개 샘플 원고를 검토했는데 그중 내 원고를 선택했다. 당시 〈더 오피스〉는 꽤 위험한 시도라 NBC는 우선 여섯 편만 방송하기로 했고(이 프로그램의 장수 여부에 얼마나 믿음이 없었는지 보여준다), 나는 그때 열세 편짜리 다른 프로그램을 제안받은 상태였다. 당연히 이쪽이 더 안전한 선택지였으며 월급도 두 배 넘게 차이가 났다. 그런데 미팅이 있기 전날 밤 불면증에 시달린(내게는 매우 드문 일이다) 나는 프로그램 제작자들과 만났을 때 엉망으로 피곤하고 지루하고 기운 없는 상태였고 결국 고용되지 않았다. 그래서 그렉과 같이 일하기로 했다.

9. 그렉은 그 분야에서 훌륭한 멘토이자 스승이었다. 그는 나를 비롯해 직원 중 환경과 사회 정의에 관한 글을 쓰는 작가들을 데리고 이야기를 만들어내는 과정을 하나하나 가르쳐주었다(이건

엄청나게 수고로운 일이라 보통 그렉 정도의 자리에 있는 사람은 그렇게 하지 않는다). 덕분에 나는 진정한 스승에게(누구에게나 스승이 필요하다!) 30분짜리 코미디 프로그램 쓰는 법을 배웠다. 그렇게 우리는 〈더 오피스〉 여섯 편을 만들었고 2005년 NBC에서 방송을 내보냈다.

10. 평은 좋지 않았고 프로그램 리뷰도 엉망이었다. 두 번째 시즌을 제작할 가능성은 없었다…. 하지만 당시 NBC 책임 경영자인 케빈 라일리Kevin Reilly가 이 프로그램이 잘될 거라고 굳게 믿었고 여기에 자신의 커리어를 걸어보기로 했다(이것 역시…, 경영진은 보통 이렇게 하지 않는다). 그러던 중 스티브 카렐의 영화 〈40살까지 못 해본 남자The 40-Year-Old Virgin〉가 생각지도 않게 대성공을 거두었다. 이에 NBC는 '좋아, 일단 이 배우와 계약했으니 〈더 오피스〉도 한 번 더 해보지 뭐'라고 생각했다. 그리고 시즌2로 다시 돌아왔을 때,

11. 리뷰가 엄청나게 좋아졌는데 그 이유 중 일부는 이러하다.

12. 우리 프로그램은 그때 새로 시작해 처음부터 대박을 터트린 프로그램 〈마이 네임 이즈 얼My Name Is Earl〉 바로 뒤에 편성됐다. 당시 사람들은 좋아하는 프로그램이 끝나도 TV를 계속 켜둔 채 다음에 하는 프로를 생각 없이 보곤 했고 덕분에 〈더 오피스〉를 보는 사람이 늘어났다. 그러다 보니 좋아하게 된 점도 있다. 물론 큰 이유는 시즌 사이사이 그렉이 영리하고 창의적

인 결정을 내렸기 때문이다. 그렇게 〈더 오피스〉는 날아올랐고 빅히트를 쳤다. 이후

13. 그렉이 내게 새 프로그램을 같이하자고 제안했다. NBC는 그렉 다니엘스가 이뤄낸 성공 덕을 많이 본 상태라 또 다른 프로그램이 나오길 고대했고 그렉이 하고 싶은 것은 뭐든 하라고 했으며 시즌 전체 방영까지 보장했다(요즘은 흔한 일이지만 당시에는 아주 드문 일이었다). 그래서 그렉과 나는 〈팍스 앤 레크리에이션〉을 시작하게 되었으나 주인공을 누구로 해야 할지 모르고 있었는데,

14. 그때 SNL 역사상 가장 재능 있고 인기도 많았던 출연진 중 한 명인 에이미 폴러가 몇 년 만에 프로그램을 그만두기로 결정했다. 우리는 에이미에게 우리 드라마의 주인공을 제안했고 그녀는 수락했다. 이것이 무슨 뜻이냐 하면,

15. 내가 처음 만든 프로그램이 (1) 그렉 다니엘스가 멘토이고 (2) 대스타 에이미 폴러가 든든한 파트너이며 (3) 시즌 전체 방영을 보장받은 것이었다. 그러나 프로그램은 겨우 살아남기만 했을 정도로 부진을 면치 못했다. 이유는 처음 몇 편을 잘 쓰지 못한 데다 첫 번째 시즌이 끝나갈 때까지 에이미의 강점을 살릴 캐릭터를 제대로 잡아내지 못한 탓이었다. 결국 이들 문제를 해결했고 상황은 나아졌다. 거기에 더해

16. 크리스 프랫Chris Pratt이 출연했다. 그것이 가능했던 이유는,

17. 아내가 〈The O.C.〉에서 크리스와 같이 작업한 적 있는데 우리가 출연자 섭외를 고심하고 있을 때 이 세상 재능이 아니라며 강력히 추천했기 때문이다. 마침 크리스와 스케줄이 맞아 재빨리 낚아챘다. 그는 정말 끝도 없이 웃기는 훌륭한 배우였다.

18. 라시다 존스Rashida Jones(대학에 입학하고 둘째 날에 만나 그때부터 친구가 되었다)와 닉 오퍼먼Nick Offerman(〈더 오피스〉에서 내가 쓴 에피소드의 오디션을 봤지만 시간이 맞지 않아 섭외하지 못했다. 그때 포스트잇에 언젠가 어딘가에 꼭 섭외하리라는 맹세를 적어놓았다)과 오브리 플라자Aubrey Plaza도 마찬가지였다.

19. 오브리는 그때 막 LA에 도착한 상황이었고, 우리가 출연진 섭외 중일 때 어쩌다 당시 캐스팅 디렉터였던 앨리슨 존스Allison Jones의 사무실에 갔는데 "얼마 전에 지금까지 내가 본 사람 중 가장 특이한 스물두 살 여자를 만났어. 진짜 특별한 사람이야"라며 추천받았다. 한 시간 뒤 오브리를 만난 나와 다른 프로듀서들은 잘 웃긴다고 생각하며 곧바로 섭외했다.

20. 이렇게 끝도 없는 이야기가 이어진다.

내가 행운의 신에게 제물을 바치는 이유를 알겠는가? 내게 능력과 직업윤리가 없었던 것은 아니지만 할리우드에서의 길은 그야말로 운명의 젠가Jenga 게임이었다. 위 리스트에 적은 것 외에 내 인생의 다양한 시기에 딱 맞게 찾아온 1,000가지 다른 행운이 더 있었다.

셀 수도 없다. 언제나 이 생각을 한다. 내가 다른 나라에서 태어났다면, 다른 시기에 다른 몸으로 이만큼의 기회를 얻지 못하고 태어났다면, 내 삶이 어땠을까. 여러 면에서 얼마나 쉽게 인생의 비디오 게임을 해왔는지도 생각한다. 그리고 이것은 행운의 신에게 빚을 갚는답시고 라스베이거스에 가서 100~200달러를 잃는 것으로는 해결할 수 없다는 결론에 이르렀다. 매일 일상에서 내가 요구받는 도덕적 책임은 평균보다 훨씬 큰 것이어야 한다. 대다수 사람이 내게 지는 의무보다 내가 그들에게 지는 의무가 훨씬 크다.

그렇다고 운이 나쁜 사람은 하고 싶은 대로 다 하며 아무렇게나 살아도 된다는 뜻은 아니다. 모두가 지켜야 하는 최소한의 윤리, 즉 덕 윤리와 결과주의, 의무론 등에 기반한 계산의 조합이라는 게 있다는 점을 명심해야 한다. 그리고 높이 올라갈수록 자신이 누리는 행운과 부, 사회적 위치, (이 모든 것의 결과인) 세상을 두려움이나 고통 없이 돌아다닐 수 있는 자유에 감사하는 마음으로 더 높은 윤리 기준을 세워야 한다. 모든 사람이 다 같은 것은 아니지만 누구나 자신이 통제할 수 없는 어떤 힘의 영향을 받는다. 사람들은 각각의 상황에 따라 각자 다른 정도로 그 힘으로부터 이득을 얻기도 하고 고통받기도 한다. 누군가가 선천적으로 타고난 상황이나 스스로 어찌할 수 없을 만큼 갑자기 불어닥친 폭풍을 고려해주는 것이 정의로운 사회다. 이런 얘기를 하다 보니 존 롤스John Rawls가 떠오른다.

무지의 베일: 약간 레벨업을 해보자!

정치철학자 롤스(1921~2002)는 칸트와 밀의 뒤를 잇는 윤리학자이며 팀 스캔론의 친구이자 동료였다. 가장 유명한 저술은 《정의론》(1971)이라는 600쪽짜리 괴물이다. 1960년대 언젠가 롤스는 현재의 《정의론》보다 훨씬 짧게 첫 번째 버전을 완성해 여러 동료와 학생들에게 보여주었다. 그로부터 방대한 메모와 피드백을 받은 롤스는 그것을 모두 받아들여 반영했다고 한다. 이 책은 일단 길다는 점이 자랑거리다. 그리고 《정의론》에는 내가 가장 좋아하는 윤리 개념 중 하나가 나온다. 이해하기도 쉽다. 바로 '무지의 베일'이다.

아이들이 무언가를 나누려고 할 때(케이크든 M&M 초콜릿이든 무엇이든) 부모는 한 아이에게 그것을 나눈 다음 다른 아이에게 먼저 고르게 하라고 이야기한다. 무지의 베일은 더 철저하긴 하지만 본질적으로는 이와 같은 개념이다. 롤스는 사회 규칙을 정할 때 '원초적 상태original position'에서 시작해야 한다고 주장했다. 각자가 사회에서 맡을 역할을 알지 못하는 상태에서 연봉이나 그 밖의 사회자원을 분배할 방법을 결정하는 것이 이상적이라는 주장이다. 규칙을 정할 때 앞으로 무엇이 될지 모르는 채 무지의 베일 뒤에서 상상해보는 것이다. 모두가 배아 상태일 때로 돌아가 앞으로 성인이 될 사람들을 위해 규칙을 정하는 셈이다. 롤스는 이렇게 함으로써 상당히 정의로운 사회를 만들 수 있다고 주장하며, 나아가 그 사회에서는 모두가 그것을 정당하다고 여길 것이라고 한다. 롤스는 "모두가 평등한 최초 상황에서 정해질 때만 정당한 정의의 원칙들이 있다"라고 이야기한다.

이제 처음 사회를 구성하기 시작한다고 해보자. (모든 사회가 그렇듯) 자원과 자본이 제한적이며 오늘은 여러 직업(트럭 운전기사, 기술자, 야구 선수, 간호사, 교사 등)의 연봉을 정하기로 한 날이다. 그리고 이 사회는 공상과학영화에 나오는 것처럼 규칙을 정하고 나면 마법의 문으로 들어가 무작위로 지정한 어떤 재능을 갖추고 반대쪽에서 다시 나타난다. 야구 선수가 될 수도 있지만 간호사나 교사가 될 확률이 높다(야구 선수보다 교사나 간호사의 수가 많다는 것이 그 이유다). 이 문은 다른 말로 하면 운이다. 문을 통과하면 스스로 선택할 수 없는 능력과 자질, 삶의 상황 같은 것이 결정된다. 키나 인종, 지성, 눈과 손의 협응, 백파이프 부는 능력, 그 밖에 백만 가지 요인이다. 각 직업의 연봉과 대우를 위한 사회의 가이드라인을 만드는 오늘, 이런 생각을 할지도 모른다. (1) 내가 야구 선수가 될 수도 있지! 멋있겠는데? 야구를 잘하는 재능은 희소하고 다들 원하는 것이니 야구 선수의 연봉은 높게 책정하는 것이 맞겠지. 그렇지만 (2) 나는 아마도 기술자나 간호사, 교사가 될 확률이 높으니 그 직업의 최소 연봉도 너무 낮지 않게 잡아야겠다. (3) 또 학교나 병원 같은 곳에 충분한 자원이 돌아가도록 사회를 다스리는 법도 만들어야지. 혹시 교사가 됐는데 학교에 돈이 없으면 안 되니 말이야. 여기에다 돈과 자본을 쓸 데가 많으니 특정 직업이나 사회 분야에 너무 많은 자원이 흘러가지 않도록 주의해야지.

롤스의 주장은 스캔론과 사촌지간 정도인 것 같다. 스캔론은 합리적인 사람이면 누구나 거부하지 않을 규칙을 제안한다. 그리고 롤스는 우리가 세상에 나와 돌아다니고 무언가를 하기 이전의 상태에서 시작하기를 원한다. 자신이 어떻게 될지 모르는 상황에서 규칙을 정한다면 분명 모두가 동의할 것이기 때문이다. 무지의 베일 뒤에서는 누구도 상황을 미리 알고 통제할 수 없다. 이 문을 통과해 어떻게 될지는 똑같이 아무도 모른다. 스캔론의 개념은(파멜라 히에로니미가 알려주었다) 롤스와 거의 대칭을 이루지만 그 과정의 후반부에서 살짝 달라진다. '합리적인 사람' 공식 역시 비슷한 상황을 논하긴 하지만 문을 이미 통과해(비유다) 삶이 어떻게 흐를지 알고 난 후라는 점이 다르다. 어떻게 될지 안 이후에도 자신의 삶과 필요, 욕구를 타인의 것과 동등하게 대할 것이라는 믿음이 있다는 점에서 스캔론이 좀 더 낙관적이다. 행운을 더 누린 사람이 그렇지 못한 사람의 입장을 이해하고 공감하리라는 전제도 있다. 그러나 우리가 이 장에서 논의한 현실에 적용하기에는 롤스의 주장이 더 효과적이다. 성공한 사람들이 오직 자신만의 공으로 성공을 이뤘다고 생각하고 그 삶에 운이 얼마나 중요한 역할을 했는지 무시하거나 인정하려 하지 않는 현실 말이다.

개인을 모두 모아 구분 없이 '행복'과 '고통'의 큰 덩어리로 만드는 공리주의와도 다르다. 롤스의 세상에서는 어떤 직업을 갖게 될지,

어떤 능력을 점지받을지 모르는 채 어쩌면 가질지도 모르는 재능과 이론적 직업의 '사회 가치'를 받아들인다. 즉, 문을 열고 나온 후에야 개인으로서 완결성을 갖춘다. 누군가는 사회에서 더 높은 가치를 매기는 직업에서 다른 사람보다 더 뛰어날 수 있으므로 어떤 직업의 연봉이 다른 직업보다 높을 수 있다는 점을 인정한다. 동시에 운의 역할도 고려한다. 마법의 문을 열고 나오면 무엇이 될지 아무도 모르는 상황이므로 누구도 너무 낮은 곳으로 떨어지지 않도록 애초에 바닥을 높이 설정한다. 그렇게 함으로써 아무도 운명의 변덕 때문에 고통받지 않게 하는 것이다. 롤스는 "원칙을 결정할 때 누구도 자연적으로 주어진 운명 때문에 이득을 보거나 불리해져서는 안 된다. 각자의 사정과 환경에 따라 원칙을 변경할 수 없다는 점은 모두가 동의하는 것 같다"라고 주장한다. 롤스의 시나리오 안에서 M&M 초콜릿 더미를 나누면 어느 쪽을 누가 가져갈지 모르므로 일단 (어느 정도) 평등하게 분배할 것이다.

롤스는 공리주의에 본질적으로 버나드 윌리엄스와 같은 불만을 보였다. 롤스에 따르면 공리주의는 "개인 간의 차이에 주의를 기울이지 않는다." 그는 현재 상태 그대로 세상의 행복 총량을 극대화하는 것에 관심을 두지 않았다. 그보다는 모든 구성원이 상대적으로 정당한 사회일 것이라는 믿음 아래 이론상 동의할 수 있는 사회를 만들고자 했다. 그런 세상에서는 톰 행크스나 테니스 선수 세레나 윌리엄스도 알맞은 보상과 축하를 받지만 그렇다고 교사나 우체

부, 간호사, 자동차 엔지니어 같은 사람들에게 피해가 가는 것은 아니다. 그리고 롤스는 이 부분을 언급하지 않았지만 개인적으로 있을 수 있는 또 다른 이점도 상상해보았다. 그러한 세상에서 톰 행크스와 세레나 윌리엄스는 자신들이 타고난 재능이나 그 재능 계발을 위해 들인 노력의 양과 별개로 지금의 그들을 있게 한 놀라운 '행운의 문'이라는 존재를 언제나 인정할 것이다.

그 문을 기억하라!

롤스와 프랭크를 데리고 다시 4장으로 돌아가자. 마트에서 장을 본 후 쇼핑 카트를 제자리에 돌려놓아야 할까? 이러한 일상 질문을 마주했을 때, 계약주의를 적용하거나 중용을 찾거나 칸트의 준칙을 따르거나 아니면 상황에 맞게 이 모두를 조합한 뒤 마지막으로 한 가지 기억해야 할 것이 있다. 지금 그런 질문을 할 여유가 있는 사람은 꽤 운 좋은 사람일 거라는 점이다. 건강과 안전, 식량을 어디서 찾아야 할지밖에 생각할 수 없는 처지가 아니라 식료품으로 가득 찬 자동차가 있고(이 말은 차도 잘 굴러간다는 뜻이리라) 철학적 질문을 해볼 여유도 있다는 뜻이니 말이다. 다른 사람보다 상대적으로 운이 좋다는 것을 인지한다면 남보다 무언가를 더 할 여유가 있을 테고, 그렇다면 남보다 조금 더 해야만 한다. 지금 '워런 버핏' 정도의 행운을 얘기하는 게 아니다. 우리가 감수해야 할 손해가 아주 적거나 거의 없이 다른 누군가의 삶을 조금이라도 더 수월하게 해줄 수 있을 정도의 행운을 말한다. 세상에는 그렇지 못한 사람이 수십억 명이나 있으므로 좀 나눠 짊어질 의무가 있다. 도덕적으로 요구받는 것보다 조금 더 해야 한다. 만일 그렇게 운이 좋은 편이 아니라면, 즉 삶이 녹록지 않아 배터리가 1퍼센트밖에 남지 않은 채로 근근이 살아간다면 계약주의 규칙으로 다시 돌아가 서로에게 진 최소한의 의무를 갚고자 할 수 있는 일을 해야 한다.

이제 이야기가 거의 끝나간다. 지금까지 삶에서 어떤 결정을 내려야 할 때 무엇을 해야 하는지, 왜 그렇게 해야 하는지, 더 나은 선택을 할 수는 없는지 그리고 그것이 왜 더 나은 선택인지 살펴보았다. 그러면서 윤리계의 록스타처럼 번영을 일궈가고 있다! 그 와중에 크게 망쳐버린 일도 있을 것이다. 사실 많을지도 모른다. 하지만 그럴 줄 알고 있었다. 윤리적 삶을 살기 위해 노력할 때 크든 작든 끝없는 실패의 강을 피해 갈 수는 없다. 이제 마지막 한 가지가 남았는데 매우 성가신 일이다. 바로 사과하기다.

사과의 기술

내 잘못이다. 미안하다고 해야 할까

✧

아이가 있는 집이라면 다음 장면에 익숙할 것이다. 우리 집에서도 일주일에 한 번씩 일어난다.

아이1:　　아빠! 얘가 내 리모컨 뺏어가서 안 돌려줘!

아이2:　　어차피 안 쓰고 있었잖아!

부모:　　　다른 사람이 가지고 있는 걸 그렇게 뺏으면 안 돼. 그러면 안 되는 거야.

아이2:　　(리모컨을 돌려주며) 자.

부모:　　　미안하다고 해야지.

아이2:　　….

부모:　　　어서, 미안하다고 해야지. 사과해.

아이2:　　….

부모:　　　여기 계속 서 있고 싶으면 그렇게 해. 그래도 사과는 해야 해.

(그들은 '아이2가 서 있고 싶은 만큼' 거기 서 있는다. 몇 분이 지난다. 그리고 몇 시

간이 지난다. 낮이 밤이 된다. 아무도 밥을 못 먹는다. 전화벨 소리가 울리지만 응답은 없다. 모래시계 안에서 모래가 천천히 흘러내린다. 문명이 나타났다 사라지고 숲이 솟아오르다 불타 재로 변한다. 우주에서 유일하게 변하지 않는 것은 변화 그 자체일 뿐이라는 사실을 상기한다. 그러다…)

아이2:   (구시렁대며) 미안.

무언가를 잘못하는 것은 견디기 힘든 일이다. 매우 짜증 나는 일이다. 민망한 일이기도 하다. 그런데 사과는 더 힘들고 더 짜증 나고 더 민망하다. 혼자만 느끼는 죄책감이 한 가지 이유라면, 사과는 그 죄책감을 공개적으로 인정함으로써 수치심을 더한다. 무언가를 잘못했을 때 그 수치심을 피하고 싶은 마음이 들지만 사과는 좋은 사람이 되기 위해 넘어야 할 산의 마지막 오르막이다. 덕을 찾는 여정에 관한 아리스토텔레스 문장의 구두점, 아주 당연한 칸트주의 준칙의 공식, 공리주의의 행복 증강제, 우리가 갚아야 할 계약주의의 빚을 모두 다 합친 것이 사과다. 사과하지 않고는 도덕적 잘못으로 인한 상처를 완전히 치료할 수 없다.

아무튼 짜증 난다!
그래도 해야 한다.
그렇지만 짜증 난다.

사과가 어려운 이유는 사과라는 행동을 하는 순간 겪는 것, 즉 다른 사람 앞에서 잘못을 인정할 때의 민망함과 굴욕감 때문이다. 치유와 성장, 문제 해결이라는 장점은 보기 어렵다. 사과가 그 자체로 '윤리적' 행동은 아닐 수 있지만 내 생각에는 거의 비슷하다. 윤리적 행동의 핵심이 타인을 향한 배려와 지속적인 노력이고 실패는 피할 수 없는 결과라면 사과는 그 실패의 퇴직자 면접exit interview(퇴직예정자와 면접을 진행해 퇴직 원인을 밝히고 조직 내 기회에 관한 정보를 제공하는 것 -옮긴이) 같은 것이라고 할 수 있다. 우리가 무엇을 잘못했지? 왜 그렇게 했지? 그게 다른 사람에게 어떤 영향을 미쳤지? 사과할 때의 그 불쾌한 감정, 그러니까 우리가 잘못한 상대에게 잘못을 시인할 때 얼굴이 붉어지며 수치심이 몰려오는 건 좋은 것이다. 잘못으로 인해 고통을 느낀다는 의미이자 잘못을 부끄러워한다는 뜻이 아닌가(아리스토텔레스가 말하길, 수치심을 느끼지 못하는 사람은 명예를 모르는 것이란다). 이 느낌은 감기 증상과 같다. 우리를 괴롭히는 것을 치유하기 위한 몸의 반응이다.

그러나 사과할 때의 불쾌한 느낌 때문에 사람들은 보통 사과에 엉망이다. 다른 것과 마찬가지로 사과에도 좋은 버전과 나쁜 버전이 있다. 어차피 숨을 깊이 들이마신 뒤 망신에 따른 두려움을 정면으로 마주 보고 할 사과라면 제대로 올바르게 해야 한다. 싱어송라이터 톰 페티는 1985년 자신의 앨범 '서던 액센츠Southern Accents' 순회공연을 하면서 무대를 거대한 남부연합 전쟁 깃발로 꾸몄다. 몇 년 후 사람들이 그 깃발의 의미를 지적하자 톰은 잡지 〈롤링 스톤Rolling Stone〉과의 인터뷰에서 다음과 같이 말했다.

내가 플로리다 게인즈빌에서 자라던 어린 시절에 남부연합 전쟁 깃발은 그냥 벽지 같은 것이었다. 물론 남북 전쟁과 관련이 있다는 것은 늘 알고 있었지만 그래도 남부 사람들에게는 일종의 로고 같다. 이 깃발의 실제 의미에 내가 무지했다. 법원 앞 깃대에 꽂혀 있기도 했고 서부 영화에서도 자주 보았다. 솔직히 크게 염두에 두지 않았지만, 그러면 안 되는 것이었다. 나 자신이 바보 같다는 느낌이 들었다. 이 말밖에 생각나지 않는다. 정말 바보 같았다. 주변에서 일어나는 일에 조금만 더 신경 썼더라면 이런 일은 일어나지 않았을 것이다… 여전히 마음이 좋지 않다. 언제나 후회했다… [남부 사람들은] 그 깃발을 흔들 때 그것이 흑인들의 눈에 어떻게 보일지 생각하지 않는다. 나도 그랬고. 정말 잘못했다고 생각한다… 멍청한 짓이었고 일어나서는 안 되는 일이었다.

나는 톰의 이 말이 정말 좋다. 명확하고 확실하다. 괜히 버티거나 변명하지 않는다. 대신 왜 그런 일이 일어났는지 설명하고 자신이 잘못했다는 점을 인정한다. 상처받았을 사람을 언급하고 얼마나 후회하고 있는지 표현한다. 이것이야말로 사과의 올바른 방법이다. 인기 록스타가 혐오의 상징을 아무렇지 않게 휘날려 고통받은 사람이 있다면 (비록 몇 년이 지난 뒤일지라도) 이 글을 보고 그 고통이 사라질 것이다.

이제 또 다른 종류의 사과를 살펴보자. 2000년 7월 하원의원 테드 요호Ted Yoho는 국회의사당 계단에서 동료의원 알렉산드리아 오카시오코르테스Alexadria Ocasio-Cortez를 보고는 위협적으로 다가가 (다른 말도 했지만) "망할 X fxcking bxtch"이라 불렀다. 이를 사과해야 한다는 압박을 받자 그는 이렇게 말했다.

뉴욕에서 온 동료와 대화 중 태도가 좋지 않았던 것을 사과한다. 우리가 미국의 원칙과 비전에 의견을 달리하는 것은 맞지만 그렇다고 서로 존중하지 않아도 된다는 뜻은 아니다.

여기까지는 좋았다! 뭐, 대화 중 '태도가 좋지 않았던 것'이 문제가 아니라 실제로 내뱉은 그 단어를 두고 사과해야 하지만 일단 그렇다 치자.

45년간 결혼생활을 하고 있고 두 딸을 둔 아버지로서 나 자신의 언어 습관에 매우 신경 쓰고 있다. 언론에서 내가 했다고 이야기하는 모욕적인 욕설을 동료한테 쓴 적이 없으며 그렇게 받아들여졌다면 오해를 불러일으킨 점을 사과한다.

이건 아니지. 무언가를 사과하려고 나온 사람이 관련도 없는 자기

아내와 아이들을 끌어들이면 경계해야 한다. 나는 사랑받는 사람이고 부모니까 나쁜 사람이 아니다![1] 더구나 문제가 된 사건을 부정하고 있으니 사과라고 할 수도 없다. 그런 일이 없었다면…, 사과를 왜 할까? 그리고 '그렇게 받아들여졌다면'이라고? 그럼 오카시오코르테스가 '망할 X'이라는 말을 듣고 어떻게 받아들였어야 했단 말인가. 선의로 재미있게 놀렸다고 생각해야 하나? 의원님, 일단 더 해보시죠. 선로를 벗어난 기차가 다시 달릴 수 있을지 한번 봅시다.

내 아내 캐롤라인과 나는 열아홉 살에 아무것도 없이 시작했다.

땡. 더 망했다. 바퀴가 흔들리고 계기판에서 빨간 경고등이 깜박거린다. 불길한 연기가 엔진에서 뿜어져 나온다.

우리는 별의별 일을 다 했다. 시에서 저소득자에게 주는 식품구매권food stamp으로 연명하기도 했다. 나는 가난의 얼굴을 안다. 바로 그 당시 내 얼굴이다.

---

1 '나, 가족 있는 사람이야!' 방패막이의 또 다른 최신 인기 버전은 남자들이 다른 남자가 저지른 성범죄 이야기나 여자를 향한 모욕적인 언사를 들었을 때 딸과 아내, 어머니가 있는 사람으로서 용납할 수 없다고 말하는 것이다. 이런 말은, 그럼 미혼이거나 자녀가 여성이 아니면 용납했을 거라는 인상을 준다. 다음에 누가 "딸을 둔 아빠로서…" 하는 말을 들으면 바로 자리를 떠라. 그 나머지 말은 어차피 윤리적으로 말이 안 되는 헛소리일 테니.

저기요, 테드 의원님? 갑자기 의원님의 재정 상태 역사를 읊는 이유가 뭐죠? 사과하는 중이 아니었나요?

그렇기에 잘못이 있다 해도 이 나라 사람들이 여전히 일어설 수 있고 성공할 수 있으며 법을 어기지 않으리라는 것을 알고 있다.

… 무슨 말인지 모르겠다. 지금 뭐하고 하는 거지? 사람들이라니, 누구? 누가 법을 어기지? 무슨 법을 말하는 거지? 대체 뭐라고 하는 것인지 알아들을 수가 없다.

나는 열정의 자리에서 행동할 것이며 정책과 정치의 차이점은 지식으로 격렬히 토론해 이해하고, 국민이 직면한 난국을 향해 우리 마음속 국가와 우리가 섬기는 사람들에게 더 나은 방향으로 다가갈 것임을 약속한다.

멍멍. 참으로 괴로운 문장이다. 테드가 '나는 열정의 자리에서'까지 쓴 다음부터는 타이핑이 자동 완성된 것 같다. 마지막으로 끝에 가서는 이 헛소리 샌드위치에 난센스 이쑤시개를 꽂는 듯한 소리를 한다.

내 열정을 그리고 신과 가족, 가족을 향한 사랑하는 마음을 사과할 수는 없다.

요약하면 이렇다. 사과하려고 왔지만 사과할 수 없다. 나는 네가 생각하는 그런 짓을 한 적이 없다. 네가 잘못 받아들인 것이다. 나는 한때 가난했다. 신과 미국을 사랑하는 마음을 사과하지 않겠다. 요호 아웃.

나쁜 사과의 대표적인 예다. 누구한테 사과하고 있는지도 모르고 그 일이 일어났다는 사실 자체도 부정했다. 갑자기 식품구매권 받은 이야기를 꺼내더니 독불장군처럼 자신의 훌륭한 자질을 사과할 수 없다고 했다. 그러라고 한 사람도 없는데. 정말이지 개소리(실제 철학 용어라고 확신한다)다.

이제 욕이 좀 많이 나올 것이다(합당한 이유로)

해리 G. 프랭크퍼트Harry G. Frankfurt(1929~)는 프린스턴대학교 철학과 명예 교수직을 맡고 있다. 예일대학교에서도 가르쳤고 옥스퍼드대학교 올소울스 칼리지 객원 연구원이며, 구겐하임재단과 멜론재단으로부터 연구 지원을 받았고 개소리를 중심으로 책 한 권을 썼다. 특히 1986년 논문 〈개소리에 대하여On Bullshit〉를 발표한 뒤 2005년 (귀엽고 작은) 책으로 출판했다. 이것은 하나의 현상을 이끌면서 27주 동안이나 〈뉴욕타임스〉 베스트셀러 목록에 올라 있었다. 이 책의 첫 문장대로 "우리 문화의 가장 두드러진 특징 중 하나는 개소리가 엄청 많다는 것"이어서가 아니었을까 싶다.

프랭크퍼트는 개소리와 거짓말을 구분하려 한다. 그는 "거짓말하는 것은 고도의 집중력을 요구하는 행동이다. 어떤 신념 체계의 구체적인 한 지점을 노려 진실이 그 지점을 차지하지 않도록 하려고 특정 거짓을 정확히 삽입하는 것이다"라고 말한다. 그러니까 거짓말하는 사람은 진실을 알고 있으면서도 고의로 그에 반대되는 말을 한다는 얘기다. 개소리를 하는 사람은 "진실의 제약을 받지 않는다." 그들은 진실이 무엇인지에 전혀 관심이 없다. 그저 자신이 원하는 특정 방식으로 보이게 함으로써 청자에게 영향을 미치고자 할 뿐이다. 프랭크퍼트는 예를 들어 우쭐대기 좋아하는 한 미국인이 7월 4일 독립기념일 연설을 하면서 미국 창시자와 깃발, 엄마, 애플파이 등에 관해 허풍을 늘어놓는다고 생각해보라고 한다. 그 사람이 실제로 미국을 어떻게 생각하는지는 중요하지 않다. 실은 미국을 사랑할 수도 있고 미워할 수도 있으며 아예 관심이 없을 수도 있다. 요점은 그게 아니다. 요점은 이렇다.

말하는 사람의 목적은 자신의 특정 인상을 전달하는 데 있다. 미국 역사를 들먹이며 누군가를 속이려고 하는 게 아니다. 이 사람이 상관하는 것은 오로지 남들이 자신을 어떻게 생각할 것인가이다.

개소리쟁이의 목표는 한 가지다. 상대방에게 자신이 어떤 사람인지 알려주려는 것뿐이다. 애국자든, 도덕의 화신이든, 섬세하고 친절한 영혼이든, 관계없이 자신에게 유리한 이미지를 주입하려는 것이다.[2] 프랭크퍼트에 따르면 "개소리의 본질은 잘못이 아니라 가짜다."

요호는 잘못한 것을 지적받았다. 자신과 정치적 견해가 다르다고 용서받을 수 없는 죄를 지었다며 함께 일하는 여성에게 다가가 욕을 했다. 그런 행동을 표출했을 때 해야 할 적절한 행동은 사과다. 그 대신 요호는 남들, 그러니까 욕을 먹은 당사자 여성이 아니라 자신의 지지자들에게 자신을 포장하는 개소리로 가득한 말을 뱉어냈다(이는 당파적 현상이 아니다. 현대 공화당원들이 이것을 예술의 경지로까지 올려놓았을 수도 있지만 정치 웅변 역사를 보면 공화당이든 민주당이든 양쪽다 개소리투성이다). 진정성 없는 사과의 또 다른 전형은(요호는 이 부분도 보여주었다) "기분 나빴다면 미안해"라고 하는 것이다. 물론 이것은 비난보다 사과에 더 가깝기는 하다. 하지만 속뜻은 '나는 아무것도 잘못한 것이 없다'와 '네가 바보라서 내가 잘못했다고 생각하고 화를 내나 본데, 네가 바보인 점이 유감이다'를 합친 말이다. 사과로 잘못을 원래대로 되돌릴 수는 없겠지만 진정성 있고 정직한 사과는 상처 치유를 돕는다. 반면 방어적이고 제한적이며 부정직한 사과

---

2 인터넷 매체 '고커 Gawker'에 실린 탁월한 글 '알랑방귀에 관하여'에서 톰 스코카 Tom Scocca는 알랑방귀가 개소리와 어깨를 나란히 한다고 말한다(의미 전달을 위해 프랭크퍼트를 인용했다). "알랑방귀는 일종의 연기다. 진지함, 덕, 생산성 같은 형태의 본질이 없는 거만함이다. 말의 내용보다 형식의 적절함과 말투만을 문제 삼는다. 알랑방귀는 불만이 많다. 알랑방귀는 알랑방귀에 관한 것 말고는 그 무엇도 이야기하지 않는다. 알랑방귀는 묻는다. 사람들이 좀 더 친절해질 수는 없는 것일까? 알랑방귀의 대가와 개소리쟁이는 둘 다 마음속에 일어나고 있는 실제 상황을 무시하는 목표를 품는다. 알랑방귀의 대가는 상대방의 말투와 무례함만 문제 삼고 개소리쟁이는 손을 흔들며 자신이 원하는 효과를 얻기 위해 무차별로 아무 말이나 쏟아낸다.

는 아무런 쓸모가 없다. 용서를 구하는 진정한 호소여야만 한다.

일대일 사과에 따르는 저항은 그 규모를 확장해 개인뿐 아니라 기관과 정부 영역으로 이어진다. 미국이 제2차 세계대전 당시 일본계 미국인을 억류한 것이나 노예제도, 아메리카 원주민 학살 등 과거에 저지른 대규모 참상에 사과를 요구하는 목소리는 계속해서 나올 것이다. "오래전에 일어난 일이다. 지난 일은 지난 일이다. 이제 그만 극복해야 한다"는 반론도 있지만 나는…, 여전히 부족하다고 생각한다. 국가가 행한 죄는 국가적으로 사과해야 한다. 그 일이 얼마나 오래전에 일어났는지는 상관이 없다. 국가적 사과는 단순한 선언 형태일 수도 있지만 그보다 더 좋은 것은 선언과 함께 고통을 겪은 사람들의 후손에게 실제로 보상하는 일이다. 아무튼 첫 번째 단계는 일단 잘못을 인정하는 것이다.

1992년 교황 요한 바오로 2세는 가톨릭교회가 저지른 실수를 두고 전임자들을 대신해 사과했다. 이 사건에서 눈에 띄는 점은 교황이 사과한 상대가 갈릴레오 갈릴레이였고 1633년에 일어난 실수에 사과했다는 점이다. 갈릴레오는 지구가 태양 주변을 도는 것이지 그 반대가 아니라는 코페르니쿠스 이론이 맞는다고 선언했다. 그 탓에 갈릴레오는 이단자라 불렸고 투옥과 죽음, 그 밖에 교회가 가할 수 있는 모든 협박을 당했다. 그나마 갈릴레오의 유명세 덕에 가택연금 정도의 형을 받았지만 그의 주장을 철회하라는 조건을 붙였다.[3] 거의 360년이 지나 요한 바오로 교황이 그 일은 "우리 잘못"이었다고 사과한 것이다. 가톨릭교회는 당시 자신들의 지식대로 밀어붙인 것이라는 말로 확실히 조금 주춤하긴 했지만 그래도 사과했고, 그 사실이 중요하다. 그는 이미 만천하에 알려진 역사적 실수를 해결했다. 더구나 교회 차원에서 사과함으로써 가톨릭교회가 잘못을 저지를 수 있고 또 그 잘못의 상대방에게 빚이 있다는 선언을 한 셈이었다. 만일 교황이 사과 대신 "그런 적 없다. 역사학자들이 틀렸다. 그리고 교회는 좋은 일을 엄청 많이 했다. 신을 향한 믿음을 두고 사과하지 않을 것이다"라고 했다면 이는 사과가 아니었을 터다. 무엇이었을지는…, 말하지 않아도 알리라 믿는다.

잘못했으면 사과해야 한다. 정치인이든 종교기관이든 국가든 마찬가지다. 나 역시 인생에서 저지른 수많은 실수에 일일이 사과하지 않았다. 40대에 윤리 철학으로의 여정을 시작하면서 나는 여러 날을 잠들지 못했다. 내가 사람들에게 상처를 주었으면서도 미안하다고 말하지 못했음을 깨달았기 때문이다. 이 행성에서 1~2년 넘게 사는 행운을 누린 사람이라면 누구나 사랑하는 사람에게 상처를 준다. 심지어 모르는 사람에게도 그렇게 한다. 사랑하는 사람과 모르는 사람 사이에 있는 모두에게도 상처를 입히는 죄를 짓는다. 이는 필연적이다. 필연적으로 그런 잘못을 저질렀다면 해야 할 일은 한 가지밖에

---

3 모두 알다시피 갈릴레오는 죽고 싶지 않아 주장을 철회했다. 그러나 "Eppur, si muove"라고 숨죽여 중얼거렸다는 이야기가 있다. '그래도 지구는 돈다'는 뜻이다. 자신을 죽일지두 모르는 교황 앞에서 그렇게 중얼거리다니 갈릴레오, 진짜 대단하다.

없다는 사실을 최근에야 완전히 이해했다. 받아들이고 미안하다고 말하는 것이다. 최대한 빨리 사과해야 한다. 359년을 기다렸다 사과하면 아무래도 효과가 감소한다.

질문으로 가득한 이 책에서 이제 마지막 질문을 하나 던지려고 한다. 이번 것은 답하기 쉬운 질문이다. 사과할 때 바라는 것이 무엇인가? 망신당할 두려움에 직면하고 수치심을 이겨내고 얼굴이 빨개진 채 떨리는 목소리로 잘못을 인정할 때 원하는 결과는 무엇인가? 내가 잘못한 대상이 내가 진정 후회하고 있으며 어제보다 조금이라도 더 나은 사람이 되고자 하는 것을 알아주길 바란다. 그러면 안 된다는 걸 알면서 거짓말을 했더라도, 직장 연말 파티에 얼룩말 무늬 페도라를 쓰고 가라고 해서 대재앙을 몰고 오긴 했어도, 여전히 화가 나 있겠지만 친절·공감·은혜·이해를 버무려 괜찮다고 말해주길 바란다. 용서를 바라는 것이다.

자, 우리 여정의 끝자락에 드디어 윤리 수레바퀴를 매일의 삶이라는 거친 길 위로 끌어내야 할 시간이다. 어떻게 행동할지 생각하는 것은 평생에 걸쳐 이어지는 실패를 받아들이고 견디는 것이라는 이야기를 수없이 했다. 그것은 잘못을 받아들이는 일이자 누군가를 상처 입히는 일의 연속이다. 나쁜 일이라는 게 아주 미미할 때도 있으리라. 1도울러의 10분의 1도 안 되고 우주를 떠다니며 아무도 알아채지 못할 만큼 중요하지 않을 때도 있다. 그런가 하면 훨씬 더 나쁠 때도 있다. 많은 사람이 실제로 느끼는 진정한 고통을 초래해 그들의 삶에 확실하게 피해를 주기도 한다. 누군가가 악행을 저지르고 고통과 상처를 초래할 때 목소리를 높이는 것은(올바른 방법으로 적당한 때에 알맞은 양으로) 옳은 일이고 적절한 행동이다. 그러나 그것이 용서받을 수 있는 잘못일 때는 우리가 잘못했을 때의 심정을 기억해 같은 은혜와 이해를 베풀도록 노력해야 한다('용서받을 수 있다'는 게 무엇이냐고 묻겠지만 이는 매우 복잡한 철학적 질문으로 거기에 답하려면 책을 다시 한 권 써야 한다. 솔직히 토드가 나와 함께 2년을 다시 견딜 인내심이 있을지 잘 모르겠다). 이 점을 기억해야 한다. 타인에게 완벽을 기대하며 불가능한 기준을 들이대는 것은 '누구도 완벽한 사람은 없다'는 간단하면서도 아름다운 현실을 부정하는 일이다.

아이들에게:
복습 시간이다

아이비와 윌리엄에게,

부모와 윤리 철학자는 완전히 똑같은 방식으로 성가신 존재라는 것을 알았다. 둘 다 누군가를 좋은 사람으로 만들기 위해 그리고 자기 이론으로 다른 사람을 설득하기 위해 평생을 바친다. 철학자에게 '다른 사람'이란 세상에 존재하는 모든 사람을 말한다. 부모에게는 대부분 자기 자식들이다. 너희는 불행히도 윤리 철학에 푹 빠진 부모 밑에서 태어나고 말았네. 두 배로 망한 거지. 늘어놓을 이론도 두 배일 테고 너희에게 잔소리도 두 배로 하겠지. 그래도 이런 것을 왜 중요하다고 생각하는지, 왜 너희도 그래야 하는지 짧게 이야기할 테니 몇 쪽만 더 참아주길 바란다.

아이비가 태어난 뒤 할머니와 산책하다 이제부터 내가 걱정해야 할 새로운 일이 얼마나 많은지 알고 깜짝 놀랐다. "아이들이 아기일 때 걱정해야 할 것이 있고, 걷기 시작하면 또 다른 걱정이 생겨요"라고 내가 할머니에게 말했던 것이 기억난다. "유치원생 때 또 중학생 때 걱정할 일이 생기겠죠"라고도 했다. 할머니는 아무 말씀 없이 듣고만 계셨다. "부모란 그런 것인가 봐요. 어쩔 수 없죠" 하고 나는 계속 이어갔다. "애들이 다 자라서 자기 직업이 생길 때까지는 계속 걱정해야 하는 거겠죠." 그러자 할머니는 "아, 다 자란다고 더 나아지지는 않아. 나는 언제나 네가 걱정스럽다"라고 하셨다.

일단 지금까지는 할머니 말씀이 맞다. 이 글을 쓰고 있는 지금 윌리엄은 열두 살이고(!) 아이비는 열 살(?!?)이지만 엄마와 내가 너희들 걱정을 하지 않은 날은 단 하루도 없었다. 너희들이 한 일 때문이기도 하고, 하지 않은 일 때문이기도 하다. 윌리엄은 (엄마를 닮아서) 탁구 시합에서 지면 너무 심하게 화를 낸다. 아이비는 (아빠를 닮아서) 어떤 갈등만 있으면 침묵을 지키는 것이 최고라고 생각하지. 또 너희가 살아갈 이 세상이라는 곳이 가장 운이 좋은 인간에게조차(너희 둘이 속해 있는 바로 그 그룹) 헤쳐가기 불가능할 것처럼 느껴져서 걱정이다. 세상이 너희가 헤쳐갈 수 없을 것처럼 느껴질 때, 세상이 너무 많은 문제·위협·윤리적 모순으로 가득 차 어떤 부모라도 자기 자식이 걷지 않기를 바랄 만큼 위험한 길이 펼쳐질 때, 그 부모에게 남는 것은 걱정뿐이다.

하지만 몽테스키외의 말이 맞아서 정말로 지식이 사람을 온순하게 만든다면 지식이 세상을 안전하게 만들 수도 있을 것이다.

나는 그것에 걸려고 한다. 도덕을 이해하고, 크든 작든 어떤 결정을 내릴 때 윤리의 나침반이 가리키는 곳을 따라서 가다 보면 너희가 더 나은 사람이 될 테고 그 덕분에 더 안전해질 거라는 데 크게 내기를 걸고 있다. 해악으로부터 꼭 안전하지 않을 수도 있지만(물론 나는 안전하길 바란다) 현대 삶에 도사리고 있는 모든 함정, 특히 특권을 쥐고 태어난 운 좋은 사람들에게 도사리고 있는 그 함정으로부터 너희가 안전하기를 바란다. 이기심과 무관심, 잔인함, 위선, 오만함 같은 걸 말하는 거다. 지구에서 모두 함께 살기를 거부하고 80억이 각각 개별적으로 혼자 고립된 존재로 살며, (다들 잊은 듯하지만) 필연적으로 모두가 무승부로 끝날 경기에서 서로와 경쟁하는 삶을 살기로 하는 사람들의 삶의 태도도 마찬가지다.

아직까지 너희는 좋은 사람인 것 같다! 너희는 옳고 그름을 이해하고 대개는 옳은 행동을 하려고 노력한다. 친구들에게 친절하고 그렇지 않았을 때는 기분이 상하며 (때로는) 사과도 한다. 너희는 좋은 덕 스타터 키트를 타고났다. 너희는 우리가 얼마나 큰 행운을 누리는지 알고 있고 또 그 행운을 이해시키려고 엄마와 내가 들들 볶고 있으니 그 점을 잊지는 않을 것 같다. 그렇지만 행운의 개념을 이해하는 것만으로는 부족하다. 세상은 빠르게 변화하고 너희 인생에서 행운이 한 역할을 잊는 데는 그리 오랜 시간이 걸리지 않을 수 있다. 너희에게 주어진 것을 가질 자격이 있다고 생각하거나 너희가 마주할 질문을 거부하기 위해 윤리의 나침반 따위는 옆으로 던져버릴 수도 있다. 자신에게 간단한 질문도 하지 않은 채 너희가 원하는 것만 하게 될 수도 있다. 그 질문이란 이런 것이다. 나는 무엇을 하고 있는 것일까? 왜 그렇게 하는 것일까? 더 잘할 수는 없을까? 그것은 왜 더 나은 행동인가?

엄마와 내가 무엇을 걱정하는지 궁금할 것이다. 바로 그런 것들이다(그리고 기후 변화. 우리는 기후 변화도 무척 걱정이다).

하지만 좋은 소식이 있다. 여러 현명한 사람이 이러한 문제, 즉 어떻게 선할 수 있는지, 어떻게 행동해야 하는지, 우리가 서로에게 지는 의무가 무엇인지를 오랫동안 생각해왔다. 그들에게는 우리가 우리만의 작은 세계로 사라져버리지 않을 방법이 있다. 여러 개념이 광범위하긴 해도 모두 우리의 존재와 행동이 중요하다는 한 가지 단순한 생각에 기반을 둔다. 옳은 행동을 하든 그렇지 않든 계속해서 마음을 써야 하며 최선을 다해야 한다는 생각 말이다. 그런 개념을 정리한 사람들이 읽자마자 머리가 아파질 엄청나게 혼란스러운 책을 썼다는 사실을 극복하고 너희가 언젠가 그들의 생각으로 무장해 결정의 갈림길에서 그것을 사용한다면, 너희는 엄마와 내가 항상 걱정할 필요가 없는 사람이 될 것이다. 아니면 최소한 걱정을 덜 해도 되는 사람.

나는 이 책에서 그중 몇 가지를 설명했다. 나중에 나이가 들어 너희가 인생에서 이상하고 불안한 시기를 거칠 때 참고할 수 있기를 바란다. 나이 든다는 것의 역설 중 하나는 10년마다 10년 전 자신을 돌아보고 움찔하게 된다는 점이다. 그동안 저지른 실수며 10년 전 얼마나 미성숙하고 둔했는지…. 그래도 지금은 그때보다 훨씬 현명해지고 성숙해졌다는 사실에 안도의 숨을 내쉰다. 그리고 10년이 또 지나면…, 같은 일이 반복되지. 아빠는 지금 마흔여섯 살인데 현재 내가 하는 행동 중에 10년 후 돌아보았을 때 민망할 일이 무엇인지 그저 막연히 추측만 할 뿐이다('이 책을 쓴 것'이 그 일이 아니기를 바란다).

언젠가 너희에게 도움을 주기를 간절히 바란다. 지금은 너희가 열두 살(!)과 열 살(?!?)밖에 안 되니 정언명령을 가볍게 다뤄도 거의 강매 수준이겠지(엄마와 나는 밀의 아빠가 했던 교육 방식을 택하지 않았다. 그래서 너희는 유치원에서 그리스어와 라틴어를 배우지 않았지만 너희가 우리를 미워하지 않고 심각한 우울증을 앓지 않으니 대충 괜찮다고 생각한다). 이제 이 책의 마지막에 와서 내 생각 중 중요한 것을 너희에게 간략히 이야기하려고 한다. 이 책을 쓰게 된 전체 프로젝트의 6쪽짜리 요약본이라 생각해도 좋다. 요약본에서 모든 걸 다룰 수는 없겠지만 우선 시작할 수는 있다고 본다.

너희는 지구에서 살고 있다. 이곳에서 너희는 혼자 사는 게 아니다. 이는 너희가 마찬가지로 지구에서 사는 다른 사람들에게 무언가를 빚지고 있다는 뜻이다. 너희가 빚지고 있는 것을 대충 말하면, 사람들(합리적이고 괜찮은 사람들이라 가정하고)이 공정하다고 생각해 정해놓은 규칙에 따르는 것이다. 아이비, 네가 무언가를 하려고 할 때 그렇게 해도 괜찮은지 확실하지 않다면 윌리엄도 그 행동에 동의할 지 자신에게 물어보아라. 윌리엄, 너 역시 아이비가 너처럼 행동할 것 같은지 자신에게 물어보아라. 그런 식으로 생각하면 된다. 너희 친구 중 한 명이 그것이 나쁜 생각이라서 거부할 것 같은지 자신에게 물어라. 친구가 아니면 선생님도 괜찮다. 혹은 너희가 그리 좋아하지는 않지만 그래도 꽤 똑똑하다고 인정하는 아이에게 물어도 좋다. 아무래도 그들이 네가 하려는 행동에 동의하지 않을 것 같거든, 그것 말고 다른 길을 찾아보렴.

이런 방법도 있다. 무언가를 하기 전에 이렇게 생각해보는 거야.

'모두가 이렇게 하는 것이 괜찮을까? 내가 하려는 이 행동을 모든 사람이 다 한다면 세상은 어떻게 될까?'

그랬을 때 세상이 비틀어지고 불공평하고 말이 안 되게 변할 것 같다면 그 행동은 하지 말고 다른 것을 해봐야 한다.

아니면 네가 하려는 행동을 생각해보고 그 결과를 상상해라. 그 행동으로 몇 명이 행복하고 아플지 그리고 얼마나 행복하고 아플지 생각해라. 그들이 얼마나 빨리 아프거나 행복해지고 얼마나 오랫동안 그럴지도 생각해야 한다. 마음속에서 그것을 모두 합한 다음 네가 하려는 행동이 결국 행복을 가져올지, 아픔을 가져올지 계산하면 된다. 이 방법은 조금 모호할 때도 있지만 더러는 해답을 찾는 가장 좋은 방법이다.

또 살면서 너희가 사람들의 어떤 점을 좋아하는지 생각해보렴. 친절함, 관대함, 충성심, 용기, 결단력, 온화함 같은 것 말이다. 이러한 자질을 가능한 한 알맞게 갖추도록 노력하렴. 너무 과해서도 안 되고 부족해서도 안 돼. 자주 틀릴 거라는 점도 미리 알고 있어야 한다. 온화해지려 노력했지만 충분치 않게 느껴질 때가 있고 그래서 더 온화해지려다 지나칠 수도 있어. 이런 일은 계속 일어날 테고 그때마다 사람들이 너한테 짜증을 내서 마음이 아플 거야. 그래도 반복해서 시도하면 점점 알맞은 양의 온화함에 가까워질 것이다. 시도하는 것이 중요해. 계속 시도해야 해.

사는 동안 그렇게 틀린 것에서 옳은 것으로, 나쁜 것에서 좋은 것으로 가까워지는 기술을 터득하게 될 거야. 좋은 거야! 방법은 많아. 그중 너희가 좋아하고 옳다고 생각하는 것을 활용하도록 해. 혹시 모르니 다른 것도 아예 버리지는 말고 주변에 두고. 판단이 흐려질 때도 있단다. 네가 안내자로 여기던 사상이 틀릴 때도 있고, 네가 무언가는 감싸면서 다른 것은 비난하는 모습을 보며 일관성 없고 모순되게 느껴지기도 할 거야. 민망하고 창피한 순간도 있고. '선'과 '악'을 구분하는 선은 계속해서 다시 그리고 또 그려야 하겠지만 괜찮아. 너희가 그 선을 계속해서 다시 그린다는 점이 중요한 거야.

거의 다 끝나간다. 너희에게 슬슬 짜증이 올라오는 게 느껴진다. 그렇지만 다른 사람들에 관해 좀 더 이야기해야 한다.

인간에게는 자기 뇌 안에 갇혀 살도록 되어 있다는 문제가 있다. 누구나 자기 자신을 생각하도록, 어떻게 하면 자신이 행복하고 안전하고 보호받을 수 있을지 생각하도록, 기본값이 설정되어 있지. 좋은 것이기도 해! 이것은 우리가 지닌 완결성이자 (이 맥락에서는) '분열되지 않은 온전한 존재로서의 감각'이라는 뜻이다. 너희가 누구인지, 너희 자신에 관해 스스로 생각하는 바에 맞지 않는 것을 요구하는 사람이 있으면 너희 안의 작은 목소리가 너희에게 말을 걸어 그건 옳지 않다고 경고해줄 거야. 그 목소리를 무시하지 마. 도움을 줄 테니.

자기 뇌 안에 갇혀 산다는 건 한편으로는 다른 사람을 생각하지 않는다는 의미이기도 하단다. 너희가 남아프리카공화국이나 짐바브웨에서 자랐다면 다른 사람들과 더불어 살도록 배웠을 것이다. 다른 사람의 행복을 네 행복으로 알고 남의 고통을 네 고통으로 생각하도록 말이야. 그러나 너희는 미국에서 자랐고 다른 많은 나라와 마찬가지로 미국에서는 자신을 먼저 살피라고 가르친다. 심지어 이기적인 건 좋은 것이고 모두가 더 이기적일수록 세상이 더 좋아질 거라고 하는 유명한 작가도 있을 정도야(안다. 말도 안 되는 소리지. 바보 같은 사람인 데다 놀라울 정도로 글도 못 쓰는 사람이야). 어쨌든 미국에서 자란 만큼 남들보다 다른 사람을 더 생각해야 해.

엄청 어려운 일일 거야. 여기에는 노력과 집중, 수고와 희생이 따른단다. 이상하고 복잡하고 혼란스러울 거야. 모든 것을 망칠 때도 있겠지. 실수를 해서 의도치 않게 다른 사람에게 해를 끼칠 때도 있을 거고. 그럴 때는 숨을 크게 들이마시고 사과해. 인간은 언제나 잘못한다. 잘못하고 다시 시도하고 또 틀리지. 계속해서 그래. 계속 시도하렴. 다시 시도하지 않는 것 역시 선택인데 그 선택은 너희를(그 누구도) 더 나은 사람으로 만들어주지 않는단다.

몇천 년 전 그리스에 델파이라는 곳이 있었는데 사람들이 이곳에 신전을 지었어. 그들도 자기 자식을 많이 걱정했던 모양이야. 역사 속 모든 부모는 자식 걱정을 했고 그건 엄마와 나만 그런 게 아니야. 그들은 신전 벽에 자기 자식과 손자, 증손자가 볼 수 있도록 최대한 짧게 몇 마디 새겨넣기로 했어. 세상에서 어떻게 하면 좋은 삶을 살수 있을지 조언을 새기기로 했지.

너 자신을 알라.

지나치지 말 것.

솔직히 말해 이러한 '삶의 조언' 시리즈가 존재해온 이래 지난 2,400년간 이 두 가지를 이긴 것은 없었다고 생각한다. 너 자신을 알라. 네가 누구인지 생각하고 무언가를 할 때면 그것이 옳은 결정인지 자신을 점검하라는 뜻이다. 네가 중요하게 생각하고 마음을 쓰는 것이 무엇인지 기억하고, 온전한 존재로서 너 자신을 이해하며 그에 맞는 삶을 살라는 거야. 지나치지 말 것. 무엇이든 지나치면(또는 부족하면) 일을 망치고 만다. 친절이나 관대함, 용기 같은 덕을 쌓되 지나치지 않아야 한다. 나이가 들면 위스키를 마시게 되겠지. 하지만 너무 많이 마시면 안 돼(그나저나 싱글 몰트로만 마시는 것이 좋아. 이것저것 마구 섞은 쓰레기 말고). TV도 너무 많이 보지 말고. 타코를 너무 많이 먹어서도 안 돼. 운동을 지나치게 하는 것은 오히려 해롭고 욕을 너무 많이 해도 안 좋다(내가 이게 문제야). 덕을 찾는 것이나 너희가 하는 행동의 중간 어디쯤에 딱 알맞은 정도가 있단다. 그것을 찾는 게 너희가 할 일이야. 선한 삶을 살아가는 데 필요한 진정한 요약본을 원한다면, 팔에 타투로 새겨넣어도 아직 자리가 많이 남을 만큼 함축적인 안내문이 필요하다면, 바로 이것이다.

너 자신을 알라.
지나치지 말 것.

물론 그 밖에도 알아야 할 것이 많아. 이것만 계속 사용할 수는 없어. 그래도 여기서부터 시작하도록 해라.

좋은 사람이 되는 것은 어려운 일이다. 그렇지만 마음을 쓰다 보면 어렵고 힘든 일이라기보다 풀어야 할 퍼즐처럼 느껴질 거야. 가끔은 너희가 어떤 결정을 내리다가 퍼즐 조각을 정확히 맞추면서 어떻게 해야 할지 확실한 그림이 그려지기도 할 거야. 그때 진정 살아 있는 느낌을 받을 테고 만족감과 더불어 진정한 행복을 느낄 것이다. 번영하는 느낌을 받을 거야. 나와 엄마가 바라는 게 바로 그거야. 우리는 너희가 해악으로부터, 삶에서 만날 함정으로부터 안전하기를 바란다. 또 너희가 행복하기를 바란다. 친구들과 피자를 먹을 때의 그런 행복 말고 깊고도 오래 가는 행복. 우리는 너희가 선한 사람이었으면 좋겠다. 좋은 의도로 행동하고 주변에 미치는 해를 최소화하며 다른 사람들이 지켰으면 하고 바라는 규칙을 공평하게 너희도 잘 받아들이기를 바란다. 잘못했을 때는 사과하기를 바란다. 그리고 다음번에는 더 잘하도록 노력하렴. 이 모든 것이 너희가 번영하게 하고 너희 안의 가장 훌륭한 자신으로 살게 할 것이다.

다시 말하지만 그렇게 번영하지 않는 때도 무척 많단다. 그야말로 망쳐버리는 날이 있을 거야. 그때는 다시 시도하고 그래도 망치면 또다시 시도해라. 좌절하거나 우울한 날도 있겠지. 무언가를 잘 해보려고 천 번 시도하면 천 번 실패를 겪고, 주변에 있는 사람이 모두 엉망처럼 느껴지기도 하며, 더는 할 수 없을 것 같은 때도 올 거야. 자기 자신조차 신뢰하지 못하는 때도 있어. 그때 어떻게 해야 하는지 알겠니?

다시 시도하고, 계속 시도하고, 또다시 시도해라.

아빠가, 사랑을 담아.

감사의 말

솔직해지자. 사실 자신이 감사 인사를 받을 것이라고 생각하는 사람 말고는 이 부분을 읽는 사람은 없다. 지금 이 부분을 읽고 있다면 자기 이름을 확인하려는 것이거나 아니면 나한테 잊어버린 거냐고 당당하게 화를 내기 위해서일 것이다. 그렇다면 정식으로 사과한다. 이름이 있다면 축하한다! 책에 자기 이름이 나오는 것은 멋진 일이다. 내가 감사를 전한 사람도 아니고 전했어야 했지만 잊어버린 사람도 아닌데 어떤 이유로든 이 부분을 읽는 사람을 위해 간간이 재미있는 사실과 일화를 집어넣어 '감사의 말'을 조금 덜 지루하게 만들어보겠다. 지구에는 천조 마리가 넘는 개미가 있다! 천만억 마리의 개미라고?! 정말 어마어마한 수의 개미다! 이런 식으로 말이다.

이 책은 토드 메이의 지혜와 지식, 그 밖에 모든 좋은 것이 없었다면 존재하지 않았을 것이다. 토드는 나를 격려했고 책의 앞날을 무한히 지지했으며, 실존주의의 여러 버전에 담긴 미묘한 차이를 참을성 있게 700번이나 알려주어 마침내 내가 그 부분을 쓸 수 있게 해주었다. 토드, 모든 것에, 감사하며, 쉼표 많이 찍어서 미안합니다.

파멜라 히에로니미는 내가 윤리 철학 공부를 시작하게 해주었을 뿐 아니라 이 책의 앞부분을 썼을 때 읽고 의견을 주었다. 철학 교수란 건물 6층까지 걸어 올라가도록 도와주는 사람들이다. 파멜라가 말해준 것은 정말 유용했다. 감사합니다, 파멜라. 내 도움이 필요하면 언제든 이야기하세요. 그리고 자꾸 잊어버리고 '팸'이라 불러서 미안해요.

알베르트 아인슈타인은 언젠가 1,500달러짜리 수표(오늘날 가치로 약 3만 달러)를 책갈피로 썼다가 그 책을 어디다 뒀는지 잊어버렸다. 그리고 아인슈타인의 아내는 난초 꽃다발을 샐러드로 착각하고 먹어버렸다.

사이먼 앤 슈스터 출판사의 이몬 돌란은 예리한 편집자이자 나와 생각이 같은 동지로 때때로 사랑의 매를 들어 내가 정진하게 했고, 내가 '일종의'라는 표현을 너무 자주 쓰지 못하게 막아주었다. 책을 처음 쓰는 내가 스스로를 믿지 못해 파도에 휩쓸릴 때 확고하고도 친절하게 나를 이끌어준 점에도 진심으로 감사한다. 이몬, 고마워요. 그리고 '~처럼'이랑 '글케' 같은 표현을 써서 미안합니다.

사이먼 앤 슈스터의 모든 사람은 이 일이 엎어지지 않게 하려고 원고를 100만 번은 읽어야 했고, 어떻게든 내가 망쳐놓지 않을까 싶어 또 내게 100만 개의 이메일을 보내야 했다. 그중에서도 특히 로라 처카스, 지포라 베이시, 케일리 호프만에게 전하고 싶다. 정말 감사하고 이 책을 100만 번 읽게 해서 미안합니다. 케이트 키나스트는 전문가의 눈으로 책 전체를 봐주었다. 여전히 실수가 남아 있다면 전부 제 잘못입니다.

1997년 겨울 스리아츠3Arts와 처음 계약했다. 내가 만나본 에이전시 매니저 중 데이비드 마이너David Miner가 가장 사람 좋고 가장 잘 웃길 것 같아서였다. 25년이 지난 지금 내 경력의 모든 것은 데이비드와의 전화 통화에서 시작되었다. 지난 25년, 영원히 감사한다. 우리는 함께 리처드 아베이트를 만났고 리처드는 책이 출판사에 당도할 때까지 완벽하게 안내해주었다. 작가로서 내 커리어에 행운의 젠가 타워가 되어준 켄 리치맨과 맷 라이스, 줄리앤 투안에게도 감사를 전한다.

어린이를 위한 재미있는 퀴즈 하나: 한 부자가 죽으면서 세 명의 자식에게 코끼리를 남겼다. 큰아이에게는 코끼리의 반을, 둘째에게는 코끼리의 3분의 1을, 막내에게는 코끼리의 9분의 1을 남겼다.

문제: 이 부자에게는 코끼리 열일곱 마리가 있다. 아이들은 마을의 현명한 부인에게 이 일을 물었고 부인은 곧바로 해결책을 내놓았다. 무엇이었을까?(답은 주석에 있다!)[1]

이 책을 쓰며 가장 즐거웠던 점은 전 세계 철학자들과 교류한 것이다. 템플대학교 몰레피 케테 아산테Molefi Kete Asante 박사는 우분투 지식을 나눠주었다. 팀 스캔론과 알게 된 것도 감사하게 생각한다. 대화해보니 내가 상상한 그대로 매력적이고 사려 깊은 사람이었다. 북미 사르트르 모임North American Sartre Society의 크레이그 베이시Craig Vasey는 1년에 한 번 열리는 모임에서 토드와 내가 연설할 수 있게 해주었는데 매우 즐거운 일이었다. 거기서 받은 NASS 배지는 아직도 자랑스럽게 달고 다닌다. 프린스턴대학교 피터 싱어와 아이작 마르티네즈Isaac Martinez, 노터데임대학교 메간 설리반Meghan Sullivan은 나를 학교로 초대했으며 학생들과 함께 대화할 수 있었던 점에 감사한다.

무엇보다 〈굿 플레이스〉가 없었다면 이 책은 나오지 못했을 것이다. 그 프로그램을 제작한 것은 처음부터 끝까지 기쁨이었다. 작가실에서 철학과 코미디, 윤리학을 주제로 많은 대화(철학이나 코미디, 윤리학보다 훨씬 덜 중요한 여러 가지 이야기도)를 나누며 〈굿 플레이스〉 팀 작가들에게 평생 갚지 못할 빚을 졌다. 데미 아데주이그베Demi Adejuyigbe, 메간 암람Megan Amram, 크리스 밀러Chris Miller, 딜런 모건Dylan Morgan, 아이샤 무하라르Aisha Muharrar, 맷 머래이Matt Murray, 리

---

1 현명한 부인은 자기 코끼리 한 마리를 더해 열여덟 마리로 만들었다. 그리고 반(아홉 마리)은 첫째에게, 3분의 1(여섯 마리)은 둘째에게, 9분의 1(두 마리)은 막내에게 주었다. 그렇게 코끼리 열일곱 마리를 나눠주고 자기 코끼리 한 마리는 다시 데려가니 모두가 기뻐했다(이것은 윌러드 R. 에스피Willard R. Espy의 《어린이 놀이 언어 연감A Children's Almanac of Words at Play》에서 가져왔다. 내가 어렸을 때 가장 좋아한 책이다.

지 페이스Lizzy Pace, 라팟 사니Rafat Sanni, 댄 스코필드Dan Schofield, 조시 시걸Josh Siegal, 제니퍼 스태스키Jeniffer Statsky, 타일러 스트래슬Tyler Straessle, 알란 양Alan Yang이 그들이다.

한 사람 한 사람의 유머 감각이 〈굿 플레이스〉에 묻어 있고 이 책에도 그대로 녹아들어 있다. 이 괴짜들을 모두 사랑하며 이들 덕에 더 나은 사람이 될 수 있었다. 내 조수 브리짓 스틴슨Bridget Stinson에게도 감사한다. 지칠 줄 모르고 몇 년을 함께해준 모든 보조작가와 조수, 또한 〈굿 플레이스〉를 보고 무언가를 깨달은 모든 이에게도 감사한다. 이 프로그램을 제작한 이유가 거기에 있다.

사뮈엘 베케트가 어느 아름다운 봄날 친구와 함께 런던 거리를 걷고 있었다. 친구는 이처럼 날씨가 좋고 또 좋은 날 오랜 친구와 함께 걸으니 얼마나 좋으냐고 했고 베케트는 맞장구를 쳤다. 친구는 살아 있음을 기쁨으로 만들어주는 그런 날이라고 말했다. 베케트는 그 말에 이렇게 대답했다.

"음, 그 정도는 아닌데."

〈굿 플레이스〉를 만드는 동안 다양한 '특강'이 열렸고 윤리학과 사회 정의를 토론했다. 토드와 파멜라 외에 조슈아 그린Joshua Greene과 드레이 맥케슨DeRay Mckesson이 감사하게도 시간을 내 함께해주었다. 데이먼 린델로프Damon Lindelof는 특강 '강사'는 아니었지만(정신적 조언자 같은 역할을 했다) 프로그램 초반에 데이먼의 조언이 없었다면 〈굿 플레이스〉는 아예 없던 일이었을 수 있다.

모건 새킷Morgan Sackett과 데이비드 하이먼David Hyman이 이끈 〈굿 플레이스〉 제작팀은 이 아이디어가 작가실 밖으로 나와 실제 프로그램으로 만들어지도록 도와주었다. TV 프로그램 작가로서 내 경력은 대부분 정말이지, 진짜로, 이들 덕분에 가능했다. 〈굿 플레이스〉의 세트와 소품을 만들어준 재능 넘치는 예술가, 공예가는 너무 많아서 모두 언급할 수 없을 정도다. 대표로 한 사람의 이름을 대기 시작하면 줄줄이 다 말하게 될 것 같다. 그들이 열심히 해준 모든 것 덕분에 평생 갚아도 모자랄 빚을 졌다. 그리고 그 골치 아픈 생각을 받아주고 시청자에게 통역해준 배우와 감독이 있었다. 특히 테드 댄슨, 크리스틴 벨, 매니 재신토Manny Jacinto, 자밀라 자밀Jameela Jamil, 다르시 카덴D'Arcy Carden, 윌리엄 잭슨 하퍼William Jackson Harper, 마크 에반 잭슨Marc Evan Jackson, 드루 고다드Drew Goddard를 꼽고 싶다. 아, 정말 여러분. 많이 사랑하고 보고 싶네요.

'버펄로buffalo'라는 단어를 연달아 여덟 번을 쓰자 완전하고 문법적으로 올바른 문장이 만들어졌다.

그리고 다시 한번 J.J. 필빈J.J. Philbin에게 감사한다. 헌사도 받고 더구나 감사 인사까지?

얼마나 좋을까. J.J.는 내가 이 책의 초안을 완성하자마자 읽어주었다. 우리 둘 다 누군가가 자신이 쓴 책을 읽어봐달라고 하면 얼마나 짜증 나는지 아주 잘 알고 있다. 더욱이 이 책은 우리가 보통 읽어야 하는 책보다 250쪽 정도는 더 길다. 가족 말고 내가 쓴 원고 전체를 제일 먼저 읽은 사람은 댄 르 바타드Dan Le Batard다. 그의 사려 깊은 의견과 칭찬은 내 항해에 바람을 일으켜주었다.

내가 1997년 이래 계속 작가로 일할 수 있었던 것은 수많은 사람이 관용을 베풀고 돌봐준 덕분에 가능했다. 여러 사람이 내게 기회를 주었고, 내가 그런 기회를 받을만한 사람이 아닐 때도 계속해서 기회를 주었으며, 더 잘할 수 있도록 가르쳐주었고 내가 한 일을 좋아해주었다. 존 스튜어트Jon Stewart, 스티브 히긴스Steve Higgins, 론 마이클스Lorne Michaels, 마이크 슈메이커Mike Shoemaker, 티나 페이Tina Fey, 아담 맥케이Adam McKay, 벨라 바자리아Bela Bajaria, 트레이시 파코스타Tracey Pakosta, 펄레나 이그보크웨Pearlena Igbokwe, 스티브 버크Steve Burke, 제프 셸Jeff Shell 등. 그중 으뜸은 그렉 다니엘스로 누구와도 비할 수 없는 작가이자 내 인생의 가장 훌륭한 스승이다. 이 모든 분께 평생 감사드린다.

웨스턴 유콘Western Yukon에 사는 알래스카 무스가 다른 무스들과 '생일 파티'를 하고 선물(보통 자연에서 발견하는 작은 돌멩이나 금속 조각 같은 것)을 주고받는다는 것을 발견했다. 심지어 풀과 진흙으로 만든 '생일 케이크'도 있으며 함께 모여 서로에게 '노래'를 불러주기까지 하는 것으로 알려졌다![2]

마지막으로 오직 훌륭한 글에서만 가능한 방식으로 내 머릿속을

---

2 이 부분은 내가 만들었다. 무스들은 생일 파티를 하지 않는다. 말도 안 되는 소리다.

바꿔준, 내가 이미 알고 있거나 아직 만나보지 못한 수많은 글 쓰는 사람을 이야기하고 싶다. 코미디, 문학, 비문학, 희곡, 음악, 텔레비전, 영화, 언론, 그 외 모든 종류의 작가들. 글쓰기란 참으로 기묘한 일이다. 이것을 평생의 업으로 삼은 모든 이에게 경의를 표한다.

알겠다. 내가 좋아하는 작가들 이름을 모두 나열하게 되기 전에 감사의 말을 마치겠다. 이 책을 읽어주어 감사합니다. 서점에서 그냥 한 번 집어 들고 내가 감사 인사를 했는지 보려고 이 부분을 펼친 사람들에게도 감사합니다.

참고문헌과 출처

들어가며

17쪽 "다시 실패하라. 더 잘 실패하라": Samuel Beckett, Worstward Ho, in Nohow On: Three Novels(New York: Grove Press, 1998), 7.

시작하기 전에, 여러분이 묻고 싶어 할 몇 가지 질문

23쪽 "완전한 영어 사전": British Library, accessed April 23, 2021, https://www.bl.uk/collection-items/samuel-johnsons-a-dictionary-of-the-english-language-1755.

23쪽 "말의 발목": Adam Kirsch, "Samuel Johnson's Peculiar Dictionary," Slate, September 17, 2003, https://slate.com/culture/2003/09/samuel-johnson-s-dictionary-revised.html.

1장

31쪽 "사람은 너무 복잡해서": 필립 풀먼Philip Pullman, 《황금나침반: 호박색 망원경 The Amber Spyglass》(New York: Alfred A. Knopf, 2000), 447.

31쪽 각주2 "모두를 사랑하되 몇 사람만 믿어라": 윌리엄 셰익스피어William Shakespeare, All's Well That Ends Well, The Yale Shakespeare, ed. Wilbur L. Cross and Tucker Brooke(New Haven: Yale University Press, 1993), 1.1.57-58.

31쪽 각주3 "중요한 게 아니야": 〈분노의 질주: 디 익스트림 Fate of the Furious〉(2017), directed by F. Gary Gray(2017; Universal City, CA: Universal Pictures).

31쪽　각주3 "처넣어 버리는 수가 있어": 〈분노의 질주: 더 익스트림〉.

32쪽　"키케로는 ~ 표현했다": Christopher Shields, "Aristotle," Stanford Encyclopedia of Philosophy, revised August 25, 2020, https://plato. stanford.edu /entries/aristotle /#AriCorChaPriDiv.

34쪽　"얻으려 하는 좋은 것": 아리스토텔레스, 《니코마코스 윤리학Nicomachean Ethics》, 2nd ed., trans. Terence Irwin(Indianapolis: Hackett, 1983), 14.

34쪽　"그 자체로 목적이다": 아리스토텔레스, 13-14, 15.

35쪽　"이성적 사고와 덕을 수반한다": 아리스토텔레스, 23.

37쪽　"그 사람이 좋은 상태에 머물게 하며": 아리스토텔레스, 42.

38쪽　"우리는 모두 어느 정도는": 아리스토텔레스, 170.

39쪽　"어린이나 동물에게서": 아리스토텔레스, 170.

41쪽　"덕은 자연히 오는 것이": 아리스토텔레스, 32.

42쪽　"아무리 갖고 태어난": 아리스토텔레스, 170.

44쪽　각주13 "세상을 정복해 노예로 삼는 데 평생을 바친": A. C. Grayling, The History of Philosophy (New York: Penguin, 2019), 83-84.

44쪽　각주14 "우디 앨런이 쓴 소크라테스에 관한 코미디": 우디 앨런Woody Allen, 《우리가 살고 있는 이 쓰레기 같은 세상 Side Effects》(New York: Ballantine, 1980), 49.

44쪽　각주15 "책을 스물다섯 권이나 읽었다": Eliza Relman, "Jared Kushner Says He' Read 25 Books About the Israel-Palestine Conflict," Business Insider, January 29, 2020, https://www.businessinsider. com/jared-kushner-says-hes-read-25-books-about-israel-palestine-2020-1.

45쪽　"타고난 품성과 노력하는 습관, 좋은 스승": 아리스토텔레스, 292.

45쪽　각주16 "우리가 누구인지는 우리가 반복해서 하는 행동에 달려 있다": Will Durant, The Story of Philosophy(New York: Pocket Books, 2006), 98.

46쪽　"분노의 중용": 아리스토텔레스, 《니코마코스 윤리학》, 105.

48쪽　"~ 결정하는 것은 어려운 일이다": 아리스토텔레스, 107.

48쪽 "최소한 이 정도는": 아리스토텔레스, 107.

48쪽 "보면 안다": Jacobellis v. Ohio, 378 U.S. 184 (1964), 197.

53쪽 "(덕을 연습하면) 단순한 습관에": Julia Annas, 《Intelligent Virtue》(Oxford, UK: Oxford University Press, 2013), 28-29.

56쪽 "라트비아로 탈출했고": "Judith Shklar, Professor and Noted Theorist, Dies," Harvard Crimson, September 18, 1992.

56쪽 "악덕 중 최악은 ~ 잔인함이라고": Judith Shklar, 《일상의 악덕Ordinary Vices》(Cambridge, MA: Belknap, 1984), 8.

57쪽 "슈클라에 따르면 자인함은 대체로": Shklar, 29.

58쪽 "잔인함에 치를 떠는 사람은": Shklar, 13.

58쪽 "'지식은 사람을 온순하게 만든다'": Shklar, 27.

2장

62쪽 "이 질문을 처음 던졌다": Philippa Foot, "The Problem of Abortion and the Doctrine of Double Effect," Oxford Review, no. 5 (1967): 5-15, https://philpapers.org/archive/footpo-2.pdf.

62쪽 각주1 "자비스 톰슨이": Judith Jarvis Thomson, "The Trolley Problem," Yale Law Journal 94, no. 6 (1985): 1395-1415.

63쪽 "어쩌다 선로 옆에 서 있다": Thomson.

64쪽 "선로 위를 가로지르는 다리 위에 서서": Thomson.

65쪽 "당신이 의사이고 병원에서 일하는데": Foot, "The Problem of Abortion."

66쪽 "동성애자와 소수민족, ~ 주장했는데": James E. Crimmins, "Jeremy Bentham," Stanford Encyclopedia of Philosophy, revised January 28, 2019, https://plato.stanford.edu/entries /bentham/#LifWri.

66쪽 "기증하겠다고 선언했다": "Fake News: Demystifying Jeremy Bentham," UCL Culture Blog, accessed June 28, 2021, https://www.ucl.ac.uk/ culture/projects/fake-news.

66쪽 "벤담의 해골을 보존한 스미스 박사는": 같은 글.

66쪽 "수용할 만한 결과를 내지 않아": 같은 글.

67쪽 "엉망진창이 되었다": "Auto-Icon," UCL Blog, accessed June 28, 2021, https://www.ucl.ac.uk/bentham-project/who-was-jeremy-bentham/auto-icon.

67쪽 "1850년 스미스 박사는 ~ 기증했고": "Fake News: Demystifying Jeremy Bentham," UCL Culture Blog, accessed June 28, 2021, https://www.ucl.ac.uk/culture/projects/fake-news.

67쪽 "받자마자 전시하지는 않았다": 앞의 글.

67쪽 "2020년 2월 무렵 유리 상자에 담아": "Auto-Icon," UCL Blog, accessed June 28, 2021, https://www.ucl.ac.uk/bentham-project/who-was-jeremy-bentham/auto-icon.

68쪽 "획기적인 책": Christopher Macleod, "John Stuart Mill," Stanford Encyclopedia of Philosophy, published August 25, 2016, https://plato.stanford.edu/entries/mill/#Life.

68쪽 각주4 "당시 판본 표지는 재밌으면서도 충격적이었는데": John Stuart Mill, The Subjection of Women(Buffalo: Prometheus Books, 1986).

68쪽 "피부가 터져 붉은 염증을 일으키는": "Erysipelas," National Organization for Rare Disorders, https://rarediseases.org/rare-diseases/erysipelas/.

70쪽 "등급을 일곱 가지로 매겼다": Jeremy Bentham, An Introduction to the Principles of Morals and Legislation (Whithorn, SCT: Anodos, 2019), 9-10.

72쪽 "강하고 오래도록 확실하고 빠르고 풍요롭고 순수한": Bentham, An Introduction to the Principles of Morals and Legislation: A New Edition, Corrected by the Author, 1823, sec. 20, https://www.econlib.org/library/Bentham/bnthPML.html?chapter_num=5#book-reader.

74쪽 각주8 "~ 되기를 원하는 인간은 없다": John Stuart Mill, Utilitarianism, ed. George Sher, 2nd ed.(Indianapolis: Hackett, 2001), 9-10.

74쪽 각주9 "소개한 사고 실험인데": T. M. Scanlon, What We Owe to Each Other(Cambridge, MA: Belknap, 1998), 235.

81쪽   각주16 "정식 이름은": Andrew David Irvine, "Bertrand Russell," Stanford Encyclopedia of Philosophy, revised May 27, 2020, https://plato.stanford.edu/entries/russell/.

81쪽   "새로울 것이 전혀 없다": 버트런드 러셀Bertrand Russell, 《서양철학사The History of Western Philosophy》(New York: Simon&Schuster, 1972), 777.

81쪽   "명백한 구멍이 있다": Russell, 778.

81쪽   "벤담의 낙관주의는": Russell, 778.

81쪽   "존 스튜어트 밀은": Russell, History of Western Philosophy, 778.

82쪽   "그게 무엇이든": Russell, 779.

84쪽   각주18 "~라는 곳에서 태어났다": Brian Duigman, "Bernard Williams," Encyclopedia Britannica, accessed April 23, 2021, https://www.britannica.com/biography/Bernard-Williams.

84쪽   "짐은 시골의 어느 작은 마을에서 휴가를 보내다가": J. J. C. Smart and Bernard Williams, Utilitarianism: For & Against (Cambridge, UK: Cambridge University Press, 1973), 98.

86쪽   "자기 행동을 각각 책임져야 한다": Smart and Williams, Utilitarianism, 99.

3장

97쪽   "일상생활 역시 규칙적이고 정확해서": Bertrand Russell, The History of Western Philosophy(New York: Simon & Schuster, 1972), 704.

98쪽   "리스본 지진 이후": Russell, 705.

99쪽   "완전히 고립된": Immanuel Kant, Foundations of the Metaphysics of Morals(New York: Macmillan, 1990), 26-27.

99쪽   "스스로의 준칙에 따라": Kant, Foundations, 38.

100쪽   "물, 불, 공기 그리고 흙": Insane Clown Posse, "iracles,"written by Joseph Bruce, Joseph Utsler, and Mike E. Clark (Farmington Hills, MI: Psychopathic Records, 2010).

102쪽   "~ 명령은 있을 수 없다": Kant, Foundations, 35.

105쪽 "일부 도덕주의자는": Friedrich Nietzsche, Beyond Good and Evil, trans. Walter Kaufman(New York: Vintage Books, 1989), 99-100.

105쪽 "나 자신이든 다른 어떤 사람이든 ~ ": Kant, Foundations, 46.

107쪽 각주8 "정전론": Seth Lazar, "ar," Stanford Encyclopedia of Philosophy, published May 3, 2016, https://plato.stanford.edu/entries/war/.

112쪽 각주9 "타우렉은 ~ 경악을 금치 못했다": John M. Taurek, 《숫자를 세어야 할까?Should the Numbers Count?》" Philosophy and Public Affairs 6, no. 4 (Summer 1977): 293-316, http://www.pitt.edu/~mthompso/readings/taurek.pdf.

113쪽 각주10 "아이러니하게도 칸트 자신이다": Immanuel Kant, Critique of Practical Reason and Other Works on the Theory of Ethics, 5th rev. ed., trans. Thomas Kingsmill Abbott (London: Kongmans, Green and Co., 1889), 361-362, reproduced at https://oll-resources.s3.us-east-2.amazonaws.com/oll3/store/titles /360/0212_Bk.pdf.

4장

123쪽 "스캔론은 이렇게 제안한다": T. M. Scanlon, What We Owe to Each Other (Cambridge, MA:Belknap, 1998), 4.

124쪽 "그가 하고자 하는 말의 본질은 이러하다": Pamela Hieronymi, email message to author, October 8, 2020.

124쪽 "의지를 공유": Scanlon, What We Owe, 5.

125쪽 각주3 "파멜라는 ~ 설명했다": Hieronymi, email message to author, August 26, 2020.

135쪽 "고대 아프리카의 포괄적 세계관": Johann Broodryk, Africa Is Best (Waterkloof, SA: Ubuntu School of Philosophy, 2010), 47.

135쪽 "~ 질문이 나올 수 있다": Broodryk, 47.

135쪽 "이들 가치를 훨씬 깊은 수준에서 실행한다": Broodryk, 48.

136쪽 "브로드릭은 단어 자체도 ~": Broodryk, Africa Is Best, 46.

136쪽 "닥 리버스는 ~": Maggie Ryan, "Why Doc Rivers Says Ubuntu Led

Him and the 2008 Celtics to an NBA Title," Yahoo Sports, September 22, 2020, https://sports.yahoo.com/playbook-why-doc-rivers-says-072245595.html.

137쪽 "사람은 다른 사람을 통해 사람이 된다": Eze, Intellectual History, 94.

137쪽 "다치거나 상하는": Broodryk, 54.

137쪽 "관대함, 나눔, 친절": Eze, 185.

137쪽 "우리가 어렸던 그 옛날": Nelson Mandela, interviewed in "elson Mandela über Ubuntu," YouTube video, June 1, 2006, https://www.youtube.com/watch?v=Dx0qGJCm-qU.

137쪽 각주9 "상호이익을 위해 모인 협력 공동체": John Rawls, A Theory of Justice (Cambridge, MA: Belknap, 1971), 4.

138쪽 "개인은 혼자 존재하지 않으며": Quoted in Eze, Intellectual History, 94-95.

140쪽 "반면 히에로니미는 ~ 제안했다": Pamela Hieronymi, email conversation with author, October 8, 2020.

142쪽 "팀, 이건 윤리 이론이 아니잖나": T. M. Scanlon, conversation with author, September 19, 2019.

5장

148쪽 "잭 루카스는 열세 살이었다": Tyler Bamford, "The Incredible Story of Jack Lucas: The Youngest Medal of Honor Recipient in World War II," National WWII Museum, February 17, 2020, https://www.nationalww2museum.org/war/articles/incredible-story-jack-lucas-youngest-medal-honor-recipient-world-war-ii.

148쪽 각주1 "1961년 낙하산 부대 훈련 임무에": Bamford.

156쪽 "도덕적 성인에게": Susan Wolf, "oral Saints," Journal of Philosophy 79, no. 8.(August 1982): 420.

157쪽 "도덕적 성인이 배고픈 사람을 먹이고": Wolf, 421.

158쪽 "도덕적 성인은 굉장히 좋은 사람이어야 한다": Wolf, 422.

159쪽 "한계가 있어 보인다": Wolf, 423.

159쪽 각주3 "그녀의 글에는 두 종류의": Wolf, 420.

161쪽 "스스로 생각하는 내 단점은": Edith Hall, Aristotle's Way (New York: Penguin, 2018), 10-11.

162쪽 "이쯤에서 ~ 살펴보자": Judith Jarvis Thomson, "A Defense of Abortion," Philosophy and Public Affairs 1, no. 1 (Autumn 1971): 47-66.

165쪽 각주5 "풋 역시 모든 논쟁의": John Hacker-Wright, "Philippa Foot," Stanford Encyclopedia of Philosophy, published August 17, 2018, https://plato.stanford.edu/entries/philippa-foot/#ApplEthi.

6장

171쪽 "노벨평화상 후보로 지명했다": "The Life Story of Thich Nhat Hanh," Plum Village, accessed April 23, 2021, https://plumvillage.org/about/thich-nhat-hanh/biography/.

172쪽 "우황제가": Thich Nhat Hanh, The Heart of the Buddha's Teaching (New York: Harmony Books, 1998), 61.

172쪽 "현재의 순간으로 데려다주는 기운": Hanh, 64.

173쪽 각주2 "그는 인간의 삶이 ~ 설명한다": Hanh, 124.

173쪽 각주3 "스토아학파는": Bertrand Russell, The History of Western Philosophy (New York: Simon & Schuster, 1972), 256.

176쪽 "12세기 최고 걸작": Mishneh Torah, Laws of Charity, 10:7-14.

181쪽 "해결할 방법": William James, Pragmatism and Other Writings (New York: Penguin, 2000), 24.

181쪽 "일화로 들곤 했다": James, 24-25.

182쪽 각주7 "아인슈타인의 '기적의 해'": "Albert Einstein's Year of Miracles: Light Theory," Morning Edition, NPR, March 17, 2005, https://www.npr.org/2005/03/17/4538324/albert-einsteins-year-of-miracles-light-theory.

182쪽 각주7 "새로운 경험이 주는 부담감": James, Pragmatism, 31.

183쪽 "한 개념이 다른 것보다 더 맞는다고 할 때": James, 25.

183쪽 "처음의 것 ~ 바라보고자 한다": James, 29.

183쪽 "호텔 복도": James, 28.

185쪽 "중재자이자 조정자": James, 39.

186쪽 "모든 사람은 행복해지길 원하고": Hanh, Heart of the Buddha's Teaching, 34-35.

7장

198쪽 "무슬림 사원을 지어주겠다": David W. Brown, "Gingrich Denounces Ground Zero Mosque," Atlantic, July 22, 2010, https://www.theatlantic.com/politics/archive/2010/07/gingrich-denounces-ground-zero-mosque/60244/.

204쪽 "지나치게 쉽게 수치심을 느끼는 사람은": Aristotle, Nicomachean Ethics (Indianapolis: Hackett, 1983), 48-49 (1108a 34-37).

206쪽 각주10 "파멜라 히에로니미는": Pamela Hieronymi, email message to author, August 26, 2020.

206쪽 "(덕을 연습하면) 단순한 습관에": Julia Annas, Intelligent Virtue (Oxford, UK: Oxford University Press, 2013), 28-29.

8장

218쪽 "언젠가 정의와 이성의 이름으로": James C. Scott, Two Cheers for Anarchism: Six Easy Pieces on Autonomy, Dignity, and Meaningful Work and Play (Princeton, NJ: Princeton University Press, 2012), 4-5.

223쪽 "본질적으로 내 철학에서는": Ayn Rand, Atlas Shrugged (New York: Signet, 1985), 1074.

224쪽 "이타주의를 친절, 선의, 타인의 권리 존중과 혼동해서는 안 된다": Ayn Rand, "aith and Force: Destroyers of the Modern World," in Philosophy: Who Needs It (New York: New American Library, 1982), 74.

225쪽 "전 하원의장 폴 라이언은 전 직원에게": Richard Gunderman, "What Should We Make of Paul Ryan's Fondness for Ayn Rand?" The Conversation, October 29, 2015, https:// theconversation.com/what-should-we-make-of-paul-ryans-fondness-for-ayn-rand-49933.

226쪽 각주12 "메디케어와 사회보장연금": David Emery, "Did Ayn Rand Receive Social Security Benefits?" Snopes, June 23, 2017, https:// www.snopes.com/fact-check/ayn-rand-social-security/.

229쪽 "무임승차 문제는 원래 버전에서": Russell Hardin and Garrett Cullity, "The Free Rider Problem," Stanford Encyclopedia of Philosophy, revised October 13, 2020, https://plato.stanford.edu/entries/free-rider/.

9장

242쪽 "빌 게이츠는 300억 달러를 기부했지만": Peter Singer, "hat Should a Billionaire Give—nd What Should You?" New York Times Magazine, December 17, 2006, https://www.nytimes.com/2006/12/17/magazine/17charity.t.html.

243쪽 각주2 "게이츠의 재산은": "#4 Bill Gates," Forbes, accessed May 17, 2021, https://www.forbes.com/profile/bill-gates/?sh=1a365127689f.

243쪽 각주3 "빌 게이츠와 워런 버핏은": "Warren Buffett," Giving Pledge, accessed April 23, 2021, https://givingpledge.org/Pledger.aspx?id=177.

244쪽 "220만 에이커 이상의 토지": Samuel Stebbins, "Who Owns the Most Land in America? Jeff Bezos and John Malone Are Among Them," USA Today, November 25, 2019, https://www.usatoday.com/story/money/2019/11/25/these-people -own-the-most-land-in-america/40649951/.

244쪽 "100만 호주달러를 구호기금으로": Chloe Taylor, "Jeff Bezos Says Amazon Is Donating $690,000 to Australian Bush Fire Efforts," CNBC, January 13, 2020, https://www.cnbc.com/2020/01/13/jeff-bezos-criticized-for-amazons-690000-australian-fires-donation.html.

245쪽 "5분마다 버는 금액": Uke Darby, "Billionaire Jeff Bezos Donates Five Minutesof His Income to Bushfire Relief Efforts," GQ, January 13, 2020, https://www.gq.com.au/entertainment/celebrity/billionaire-jeff-bezos-donates-five-minutes-of-his-income-to-bushfires-recovery/news-story/02b5dd5281b273dd8a25e20fbb6a8156.

245쪽 "만 년이 가도록 설계한 시계를": Chaim Gartenberg, "Construction Begins on Jeff Bezos' $42 million 10,000-Year Clock," Verge, February 20, 2018, https://www.theverge.com/tldr/2018/2/20/17031836/jeff-bezos-clock-10000-year-cost.

245쪽 "향후 10년간 100억 달러를": Amy Held, "Jeff Bezos Pledges $10 Billion to Fight Climate Change, Planet's 'Biggest Threat,'" NPR, February 17, 2020, https://www.npr.org/2020/02/17/806720144/jeff-bezos-pledges-10-billion -to-fight-climate-change-planets-biggest-threat.

246쪽 "싱어가 제안한 강력한 사고 실험 하나를": Peter Singer, "The Drowning Child and the Expanding Circle," New Internationalist, April 5, 1997, https://newint.org/features/1997/04/05/peter-singer-drowning-child-new-internationalist.

247쪽 "학생들이 합리적인 문제제기를 했다", "Drowning Child."

249쪽 "싱어는 기본적인 삶에 필요한 금액이": Peter Singer, "The Singer Solution to World Poverty," New York Times Magazine, September 5, 1999.

249쪽 "공식은 간단하다": Singer, "inger Solution."

252쪽 각주4 "사람들은 대부분 그 무엇보다": Peter Singer, The Life You Can Save (New York: Random House, 2009), 131.

252쪽 "극도로 반대한다는": Peter Singer, The Most Good You Can Do (New Haven, CT: Yale University Press, 2015), 118-127.

255쪽 "이 책을 읽고 나서 느낄 점보다는": Michael Schur, foreword to The Life You Can Save, 10th anniversary ed. (Bainbridge: The Life You Can Save, 2019), xvi.

256쪽 각주8 "비판 대상이 된 적 있다": Harriet McBride Johnson, "Unspeakable

Conversa-tions," New York Times Magazine, February 16, 2003, https://www.nytimes.com/2003/02/16/magazine/unspeakable-conversations.html.

257쪽 각주9 "타이슨 푸드 공장 관리자들이": Katie Shepherd, "Tyson Foods Managers Had a 'Winner-Take-All' Bet on How Many Workers Would Get Covid-19, Lawsuit Alleges," Washington Post, November 19, 2020, https://www.washingtonpost .com/nation/2020/11/19/tyson-foods-waterloo-bets-covid/.

258쪽 "고펀드미 캠페인을 시작했고,": Danielle Zollner, "Jeff Bezos, World's Richest Man, Asks Public to Donate to Amazon Relief Fund," Independent (UK), March 24, 2020, https://www.independent.co.uk/news/world/americas/coronavirus-amazon-jeff-bezos-relief-fund-covid-19-billionaire-net-worth-a9422236.html.

259쪽 "게펜 역시 뒤지지 않고 인스타그램에": Benjamin Stupples and Kevin Varley, "Geffen's Superyacht Isolation Draws Outrage While Industry Sinks," Bloomberg, March 30, 2020, https://www.bloomberg.com/news/articles/2020-03-30/geffen-s-superyacht-isolation-draws-outrage-while-industry-sinks.

261쪽 각주11 "캘리포니아에서 사용하는 에너지의 3분의 1은": "New Data Shows Nearly Two-Thirds of California's Electricity Came from Carbon-Free Sources in 2019," press release, California Energy Commission, July 16, 2020, https://www.energy.ca.gov/news/2020-07/new-data-shows-nearly-two-thirds-californias-electricity-came-carbon-free.

10장

267쪽 "우리가 신을 향해 주먹을 휘두르며": Garth Johnston, "hristian Chick-fil-A President Prays for 'Arrogant' Marriage Redefiners," Gothamist, July 18, 2012, https://gothamist.com/food/christian-chick-fil-a-president-prays-for-arrogant-marriage-redefiners.

270쪽 각주2 "직장 내 괴롭힘으로 기소되었고": Emily Flitter and Matthew Goldstein, "Long Before Divorce, Bill Gates Had Reputation for

Questionable Behavior," New York Times, May 16, 2021, https://www.nytimes.com/2021/05/16/business/bill-melinda-gates-divorce-epstein.html.

270쪽 각주2 "팟캐스트를 듣다가": Holly Fray and Tracy V. Wilson, "Gertrude Stein and Alice B. Toklas," Stuff You Missed in History Class, February 14, 2018.

272쪽 "데이브 맥케나 기자가": Dave McKenna, "The Cranky Redskins Fan's Guide to Daniel Snyder," Washington City Paper, November 19, 2010, https://washingtoncitypaper.com/article/221900/the-cranky-redskins-fans-guide-to-dan-snyder/.

272쪽 "200만 달러의 손해배상을": Paul Farhi, "Redskins Owner Dan Snyder Drops Lawsuit Against Washington City Paper," Washington Post, September 10, 2011, https://www.washingtonpost.com/sports/redskins-owner-dan-snyder-drops-lawsuit-against-washington-city-paper/2011/09/09/gIQA3hf1IK_story.html.

273쪽 각주5 "1863: 〈위노나 데일리 리퍼블리칸(미네소타주 판)〉": Ian Shapira, "Brief History of the Word 'Redskin' and How It Became a Source of Controversy," Washington Post, July 3, 2020, https://www.washingtonpost.com/history/2020/07/03/redskins-name-change/.

273쪽 "팀 이름은 절대 바꾸지 않을 것이다": Erik Brady, "aniel Snyder Says Redskins Will NeverChange Name," USA Today, May 9, 2013, https://www.usatoday.com/story/sports/nfl/redskins/2013/05/09/washington-redskins-daniel-snyder/2148127/.

273쪽 각주6 "81년이 지난": Annys Shin and Dan Steinberg, "aniel Snyder Defends Redskins Name in Emotional Letter to Fans," Washington Post, October 9, 2013, https://www.washingtonpost.com/local/snyder-defends-redskins-name-in-emotional-letter-to-fans/2013/10/09/9a161b06-30fa-11e3-8627-c5d7de0a046b_story.html.

275쪽 "머리말에는 책을 출판하도록 도와준": Jordan K. Ngubane, An African Explains Apartheid (Westport, CT: Greenwood Press, 1976), ix-x.

275쪽 "그에게는 이것이": Ngubane, 3-.

280쪽 "보스턴 브레이브스": Jeff Kerr, "Washington Redskins Change Name: Here's a Timeline Detailing the Origins, Controversies and More," CBS Sports, July 13, 2020, https://www.cbssports.com/nfl/news/washington-redskins-name-change-heres-a-timeline-detailing-the-origins-controversies-and-more/.

281쪽 각주10 "안전은 모든 사람에게 가장 중요한 관심사다": John Stuart Mill, Utilitarianism (Indianapolis: Hackett, 2001), 54.

284쪽 "헤밍웨이는 이때 난생처음 다른 사람과 키스했다고 한다": Julie Miller, "Mariel Hemingway Says Woody Allen Tried to Seduce Her when She Was a Teenager," Vanity Fair, March 25, 2015, https://www.vanityfair.com/hollywood/2015/03/woody-allen-mariel-hemingway-manhattan.

285쪽 "끌리지 않고": Miller.

285쪽 "전화 받고 정말 놀랐어": Annie Hall, directed by Woody Allen (1977; New York: United Artists).

286쪽 "순이가 11학년일 때": Daphne Merkin, "Introducing Soon-Yi Previn," Vulture, September 16, 2018, https://www.vulture.com/2018/09/soon-yi-previn-speaks.html.

286쪽 각주11 "팟캐스트 방송 〈You Are Not So Smart〉": David McRaney, "The Backfire Effect," You Are Not So Smart (podcast), June 10, 2011, https://youarenotsosmart.com/2011/06/10/the-backfire-effect/.

286쪽 각주11 "그리 강력한 건 아니라는 증거도 있다": Brooke Gladstone, "Walking Back the Backfire Effect," On the Media (podcast), WNYC, July 20, 2017, https://www.wnycstudios.org/podcasts/otm/segments/walking-back-backfire-effect.

287쪽 "역겹도록 부적절하며": Maureen Orth, "0 Undeniable Facts About the Woody Allen Sexual-Abuse Allegation," Vanity Fair, February 7, 2014, https://www.vanityfair.com/news/2014/02/woody-allen-sex-abuse-10-facts.

288쪽 "말리부 경찰에게 한": Maureen O'Connor, "All the Terrible Things Mel Gibson Has Said on the Record," Gawker, July 8, 2010, https://

gawker.com/5582644/all-the-terrible-things-mel-gibson-has-said-on-the-record.

288쪽 "여배우 위노나 라이더가 밝힌": Ben Child, "Winona Ryder: Mel Gibson Called Me an 'Oven Dodger,'" Guardian (US edition), December 17, 2010, https://www.theguardian.com/film/2010/dec/17/winona-ryder-mel-gibson. (See also "MelGibson and Winona Ryder at Odds over Anti-Semitism Claims," BBC, June 24, 2020, https://www.bbc.com/news/entertainment-arts-53162246.)

298쪽 "팀 이름이 적절치 않다는 점에": Rosa Sanchez, "NFL's Washington Redskins to Change Name Following Years of Backlash," ABC News, July 13, 2020, https://abcnews.go.com/US/washington-redskins-change-years-backlash/story?id=71744369.

298쪽 "팀의 수뇌부 경영진이 자행한": Will Hobson and Liz Clarke, "From Dream Job to Nightmare: More Than a Dozen Women Allege Sexual Harassment and Verbal Abuse by Former Team Employees at Redskins Park," Washington Post, July 16, 2020, https://www.washingtonpost.com/sports/2020/07/16/redskins-sexual-harassment-larry-michael-alex-santos/.

11장

303쪽 각주1 "아무것도 의미하지 않게 되어버렸다": Jean-Paul Sartre, Existentialism Is a Humanism, ed. John Kulka, trans. Carol Macomber (New Haven: Yale University Press, 2007), 20-21.

303쪽 "기독교인은 사르트르가": Sartre, ix.

304쪽 "실존은 본질에 앞선다": Sartre, 22.

304쪽 "인간은 자기 존재에 책임이 있다": Sartre, 23.

304쪽 "인간은 먼저 존재한다": Sartre, 22.

305쪽 "신이 존재하지 않는다면": ??

305쪽 각주2 "내 말 잘 들어": Kurt Vonnegut, speech at Case Western University, 2004, as posted at "We Are Here On Earth to Fart Around, Kurt Vonnegut (2004)," YouTube, September 12, 2019, https://www.youtube.com/watch?v=nxpITF8fswE.

306쪽 "어떤 선택을 할 때 모든 사람을 위한 결정을 해야 한다": Sartre, Existentialism Is a Humanism, 24.

306쪽 "내가 지금 하는 행동을 다른 모두가 한다면": Sartre, 25.

307쪽 "책임을 지는 사람이 겪는 그런 것": Sartre, 27.

308쪽 "그 어떤 사상도 이보다 낙관적일 수는 없다": Sartre, 40.

308쪽 "인간은 자유롭도록 저주받았다": Sartre, 29.

308쪽 "선택하지 않기로 결정하는 것": Sartre, 44.

308쪽 각주4 "결정하지 않기로 했다면": Rush, "Freewill," comp. Geddy Lee/ Alex Lifeson, lyrics by Neil Peart, track 2 on Permanent Waves (Chicago: Mercury Records, 1980).

308쪽 "인간의 운명은 자신에게 달려 있다": Sartre, 40.

309쪽 "사르트르는 ~ 예를 들었다": Sartre, Existentialism Is a Humanism, 30.

310쪽 "카뮈는 노벨상을 수락했으나": Josh Jones, "Jean-Paul Sartre Rejects the Nobel Prize in Literature in 1964," Open Culture, June 17, 2014, https://www. openculture.com/2014/06/jean-paul-sartre-rejects-the-nobel-prize.html.

312쪽 "세상이 부조리하다고 말하긴 했지만": Albert Camus, The Myth of Sisyphus (New York: Vintage Books, 2018), 21.

313쪽 "자신을 죽인다": Camus, 27.

313쪽 "부조리 방정식에서 반을 없앨": Camus, 54.

313쪽 "철학적 자살": Camus, 28.

313쪽 "모든 것을 설명하는 사상은": Camus, 55.

314쪽 "이 세상이 스스로를 초월하는 의미를 지녔는지는": Camus, Myth of Sisyphus, 51.

315쪽 "오늘날의 노동자 역시": Camus, 121.

315쪽 "자기 운명은 자신의 것이다": Camus, 123.

315쪽 "누군가는 행복한 시시포스를 그려야 한다": Camus, 123.

316쪽 "다른 사람 앞에서": Sartre, Existentialism Is a Humanism, 47.

316쪽 "오류": Sartre, 47.

319쪽 각주10 "인간의 의지에 달려 있거나 어떤 행동을 할 가능성이 있는 일에 한해": Sartre, 34.

12장

322쪽 "오늘날 세상의 많은 사람이": Julia Annas, Intelligent Virtue (Oxford, UK: Oxford University Press, 2011), 31.

325쪽 "미국에서의 삶을": John Scalzi, "traight White Male: The Lowest Difficulty Setting There Is," Whatever, May 15, 2012, https://whatever.scalzi.com/2012/05/15/straight-white-male-the-lowest-difficulty-setting-there-is/.

330쪽 "로버트 프랭크가 친구와 테니스를 치다": Robert H. Frank, Success and Luck: Good Fortune and the Myth of Meritocracy (Princeton, NJ: Princeton University Press, 2016), 1-2.

331쪽 "운이 얼마나 중요한지": Frank, 11.

331쪽 각주6 "진짜 남자는 운을 스스로 만든다": Titanic, directed by James Cameron (1997; Los Angeles: Paramount).

333쪽 "내 부는 미국에서": "arren Buffett", Giving Pledge, accessed April 23, 2021, https://givingpledge.org/Pledger.aspx?id=177.

333쪽 "일련의 믿어지지 않는 사건 중": Frank, Success and Luck, 35.

342쪽 방대한 메모와 피드백: Frank Lovett, Rawls's A Theory of Justice: A Reader's Guide (New York: Continuum, 2011), 20-21.

342쪽 "원초적 상태": John Rawls, 《정의론A Theory of Justice》(Cambridge, MA: Belknap, 1971), 17.

343쪽 "~ 때만 정당한 정의의 원칙들이 있다": Rawls, 21.

344쪽 "롤스와 거의 대칭을 이루지만": Pamela Hieronymi, email conversation with author, October 11, 2020.

345쪽 "이득을 보거나 불리해져서는": Rawls, Theory of Justice, 18.

345쪽 "주의를 기울이지 않는다": Rawls, 27.

13장

352쪽 "내가 플로리다 게인즈빌에서 자라던 어린 시절에": Andy Greene, "om Petty on Past Confederate Flag Use: 'It Was Downright Stupid,'" Rolling Stone, July 14, 2015, https://www.rollingstone.com/feature/tom-petty-on-past-confederate-flag-use-it-was-downright-stupid -177619/.

353쪽 "뉴욕에서 온 동료와 대화 중": "epresentative Yoho Apologizes for 'brupt'Conversation with Representative Ocasio-Cortez, Denies Name-Calling," video, CSPAN, July 22, 2020, https://www.c-span.org/video/?c4894103/representative-yoho-apologizes-abrupt-conversation-representative-ocasio-cortez-denies-calling.

353쪽 "45년간 결혼생활을 하고 있고": "epresentative Yoho Apologizes."

354쪽 "내 아내 캐롤라인과": "epresentative Yoho Apologizes."

354쪽 "우리는 별의별 일을 다 했다": "epresentative Yoho Apologizes."

355쪽 "그렇기에 잘못이 있다 해도": "epresentative Yoho Apologizes."

355쪽 "나는 열정의 자리에서": "epresentative Yoho Apologizes."

355쪽 "내 열정을 그리고": "epresentative Yoho Apologizes."

356쪽 "우리 문화의 가장 두드러진 특징 중 하나는": Harry G. Frankfurt, On Bullshit (Princeton, NJ: Princeton University Press, 2005), 1.

356쪽 "거짓말하는 것은": Frankfurt, 51.

357쪽 "진실의 제약을 받지 않는다": Frankfurt, 38.

357쪽 "말하는 사람의 목적은": Frankfurt, 18.

358쪽 각주2 "알랑방귀는 일종의 연기다": Tom Scocca, "On Smarm," Gawker, December 5, 2013, https://gawker.com/on-smarm-1476594977.

358쪽 "개소리의 본질은": Frankfurt, 47.

359쪽 "1992년 교황 요한 바오로 2세는": Alan Cowell, "After 350 Years, Vatican Says Galileo Was Right: It Moves," New York Times, October 31, 1992, https://www.nytimes.com/1992/10/31/world/after-350-years-vatican-says-galileo-was-right-it-moves.html.

맺음말

371쪽 "몇천 년 전 그리스에": Sebastian Bertolini, "Know Thyself," Ancient Greek Courses, September 19, 2018, https://ancientgreekcourses.com/anthropology/know-thyself/.

찾아보기